일하는 딸

Working Daughter

일하는 딸

일하면서
부모를 돌보는
여성들을 위한
안내서

리즈 오도넬 지음 — 이상원 옮김

심플라이프

머리말

벗어나는 최선의 방법은 통과하는 것이라 그는 말하지.
나도 동의해.
통과하지 않고 벗어나는 길은 보지 못했거든.

-로버트 프로스트

"벗어나는 유일한 길은 통과하는 거야."

프로스트의 말을 따와 내 신조로 삼은 것은 섭씨 40도가 넘는 비크람 요가 교실에서 독수리 자세를 30초간 유지하려고 애쓰던 때였다. 물론 요가 교실 밖에서도 이 신조가 유용했다. 5킬로미터를 쉬지 않고 달리려 했을 때나 직장에서 지겨운 작업을 힘들게 이어나갈 때도. 하지만 지옥에 빠졌다가 마침내 헤쳐 나오기 전까지는 이 말을 온전히 이해하지 못했다고 할 수 있다.

2014년 6월 14일 언니에게서 걸려온 다급한 전화로 나는 오랫동안 피해왔던 역할을 결국 떠맡게 되었다. 늙은 부모님을 보살피는 역할이었다. 그러지 않아도 이미 온라인 장보기,

청구서 처리, 어머니를 집에서 돌봐줄 보조인과 방문간호사를 고용하고 관리하는 일, 병원 모시고 가기 등 내가 하는 일은 몇 년 새 계속 늘고 있었다. 기꺼운 마음으로 했던 것은 아니다. 도와드리고 싶기는 했지만 전적인 책임은 지고 싶지 않았다. 나는 그러기에 적합한 사람이 아니었다. 부모님이 마치 일부러 만들어내는 것처럼 보이는 문제를 해결하느라 내 귀중한 여유 시간을 포기해야 한다는 데 화가 났다. 부모님이 느릿느릿 움직이며 무질서하게 생활하는 모습을 참기 힘들었다. 냉장고에서 자리만 차지하고 있는 유효 기간 지난 식료품, 창고에 계속 쌓여가는 쓰레기를 보면서 속으로 잔소리를 퍼부었다. 전자우편을 사용하지 않는 방문간호사에게, 마냥 우리를 기다리게 만드는 의사에게 무례하게 굴었다. 남편에게 스트레스를 풀었고 그러다 부부 관계에 위기가 찾아오곤 했다. 나만큼 참여하지 않는 두 언니한테도 화가 났다. 사실 그 전화가 오기 불과 한 주 전 "너 같은 사람을 도와주는" 돌봄 지원 그룹에 참여해보라는 언니의 문자를 받고 발끈했었다. 나 같은 사람이라니? 아마 어떻게든 배려해주려는 마음이었겠지만 나한테는 언니가 책임을 회피하는 것으로 보였다.

피하려 하긴 했어도 위기 상황에선 항상 내가 부모님 곁에 있었다. 시작과 끝이 분명한 일이라면 내가 처리할 수 있었다. '범위가 정해진 고통'이라 부르는 그런 일은 내가 꽤 잘하는 것이었다. 어머니가 발작을 일으켜 병원에 가야 했을 때 나는 아버지가 운전하지 않고 구급차를 부르도록 조치했고 신경외과 의사를 만나야 할 때는 언니들과 함께 참석했다. 당시 나는 스물세 살이었다. 그러고 3년 후, 멀리 이사해 살고 있던 나는 아버지가 입원 중 팔에 정맥주사 감염이 일어났다는 소식을 들었고 바로 간호사실에 전화해 치료 계획을 묻고 규칙적으로 상태를 알려달라고 요청했다. 다시 8년 후 어머니가 심장 절개 수술을 받게 되었을 때는 담당 외과의를 만나고 집중치료실에서 밤잠을 잤으며 심장재활교실에 모시고 다녔다. 어머니가 넘어져서 코가 부러졌을 때는 피투성이가 된 어머니를 부축해 응급실에 갔고 두 주 동안 친정에 들어가 지내면서 회복을 도왔다. 그로부터 몇 달 후 다시 넘어져 손목이 부러진 어머니는 그 사실을 숨기려 했지만 나는 목소리만 듣고도 이상한 낌새를 알아채고는 한 시간 반을 운전해 병원으로 찾아가기도 했다.

매번 나는 할 일 목록을 만들었다. 집 청소할 사람 구하기, 전문가들과 만날 약속 잡기, 부모님의 재정 상태 살피기, 재가 돌봄 서비스 시간 늘리기, 요양 시설 알아보기 등등. 사건이 하나 지나가고 나면 딸의 의무에서 벗어나 며칠 휴식을 누렸다. 하지만 일상으로 되돌아간 후 그 며칠은 몇 주가 되고 다시 몇 달이 되기 일쑤였다. 그렇게 지내는 것이 이기적이라는 비판을 받을 수도 있지만 늘 너무 바빴다. 난 결혼한 사람으로 학교 다니는 아이가 둘이었으며 한동안 집에서 생활비를 버는 유일한 사람이기도 했다. 마케팅 관련한 내 일은 스트레스가 많기는 했지만 나는 일을 좋아했다. 다른 할 일들도 있었다. 가까이에 사시는 연로한 고모가 잊을 만하면 연락해 도움을 청하거나 입원을 했다. 자식이 없었으므로 나와 사촌들이 그 역할을 해야 했다. 일과 가정사 외에 주민자치회에 참여했고 재무위원으로도 활동했다. 내 첫 책 『전문가, 엄마, 그리고 하녀Mogul, Mom & Maid』가 나온 후에는 대중 강연을 할 기회도 생겼다. 나는 무엇 하나도 포기하고 싶지 않았다. 그랬기에 종종 이런 생각이 들었다. '나도 좀 한가한 시간을 가지면 안 돼?' '어째서 늘 내가 도와야 하는 거지?' '난 언제 놀란 말이야?' '차라리 아이들과 시간을 더 보내고 싶어. 요즘 얼굴도 거의 못 봤는데' '이건 공평하지 않아'라는.

사람들의 반응은 달랐다. "돌봐드리는 일은 축복이야." 부모님 때문에 힘들다고 하면 이런 말을 했다. 불면증으로 한밤중에 구글 검색을 해봐도 그런 말이 나왔다. 나도 부모님을 사랑했고 도와드리면 뿌듯했다. 하지만 부모님이 나를 힘들게 할 때가 있었고 실제로 돌봐드리는 일은 축복 못지않게 부담도 컸다. 남들은 아무도 이렇게 생각하지 않는 걸까?

나는 어찌할 바를 몰랐다. 부모님은 너무나 많은 도움을 필요로 하는데 나는 그걸 드릴 수 없어서, 이미 하고 있는 일이 너무 많아서 그랬다. 일하는 엄마들이 당면한 어려움에 대해 책을 쓰면서 나는 직장에 다니는 엄마들 셋 중 한 명이 출산 후 직장을 그만두고 싶어 한다는 조사 결과를 접했다. 개인적으로 나는 아이들 때문에 일을 그만둬야겠다는 마음은 한 번도 먹은 적이 없다. 하지만 부모님 때문에는 고민하게 되었다. 처음으로 그만둬야겠다고 생각한 때는 어머니 주치의가 나더러 어째서 매일 전화드리지 않느냐고, 매일 식사를 얼마나 하시는지 왜 보고하지 않느냐고, 우리 집으로 어머니를 모셔갈 생각을 왜 안 하느냐고 다그쳤던 날이었다. 무슨 운명의 장난인지 나는 바로 그날 오후 갓 엄마가 된 여성들을 위한 행사에서 일과 가족의 균형을 어떻게 맞춰야 하는지, 우선순위를 어떻게 관리하면서 일하는 엄마의 죄책감을 피해 가야 하는지 강연하기로 되어 있었다. '일을 이렇게 많이 벌이면 안 되는 거였나 봐.' 나는 생각했다. '생활비를 좀 덜 벌어도 살 수는 있을 거야. 책 홍보 행사는 그만둬야 하나.' 엄마 노릇을 좀 소홀히 할 계획까지 세웠다. '내가 없어도 아빠가 있으니 아이들은 괜찮을 거야. 나중에 부모님이 가시고 나면 시간을 좀 더 보내지, 뭐.'

그때 나는 혼자가 아니라는 것을 몰랐다. 돌봄 제공자의 60퍼센트가 돌봄 역할 때문에 일하는 데 어려움을 겪는다는 것, 돌봄 의무를 다하기 위해 부담이 적은 직종으로 옮겨 가거나 업무 시간을 줄이거나 아예 그만두는 등 일을 조정한다는 것에 대한 자료를 보지 못했던 것이다. 7개월 동안 일하는 시간을 절반으로 줄이고 부모님 돌보는 데 휴가를 몽땅 쓴 나도 그런 여성에 속한다는 걸 몰랐다. 의문, 패배감, 죄책감 같은 내 감정이 전혀 가볍지 않으며 아주 깊은 곳까지 상처를 남겼다는 점도 알지 못했다.

아버지 상태가 불안정하고 어머니는 혼자서 안절부절못하고 있다면서 언니가 전화를 걸어왔을 때 나는 아들의 축구 시합을 관전하고 있었다. 2주간의 업무 출장에서 막 돌아온 상황이었고 주말은 가족과 보내고 싶었다. 그날 밤 아이들과 동네 퍼레이드에 참여하고 친구 집에 가서 파티를 하기로 되어 있었다. 언니 말을 듣고 나서 나는 또다시 부모님이 위기 상황에 처했다는 데 짜증이 확 몰려왔다.

언니는 다른 주에 살고 있어 움직일 수가 없었다. 나는 부모님 근처에 사는 다른 언니에게 전화를 걸어 부탁했다. "내일 갈게. 오늘밤에는 애들하고 있고 싶어서 그래." 언니가 그날 밤 근무를 취소해야 하고 차가 없는 탓에 200달러 택시비를 물며 부모님 집에 가야 한다는 점은 모른 척했다. 나는 아직 새로운 위기를 맞이할 준비가 되어 있지 않았다.

다음 날은 아버지의 날이었다. 나는 짐을 챙기고 가족과 작별했다. 화요일, 언니와 함께 아버지를 응급실에 입원시켰는

데 우리가 떠나자마자 아버지가 탈출을 시도했다. 응급실에서는 강력한 항정신성 약물을 주사해 아버지를 무력하고 몽롱하게 만들었고 요주의 환자라며 72시간 감독 처분을 내렸다. 수요일, 나는 다시 응급실로 갔고 다른 곳으로 옮겨주지 않으면 아버지 옆에서 버티겠다고 고집을 부렸다. 목요일, 아버지가 노인 정신과로 입원 처리된 후 나는 어머니가 가 계실 요양 시설을 조사하고 답사했다. 혼자 집에 둘 수 없었기 때문이다. 금요일, 한 시간 넘게 운전해 가서 아버지 담당 간호사들을 만났다. 토요일, 배가 아프다고 호소하는 어머니를 요양 시설에 30일 예정으로 입소시켰다. 집에 돌아가 대문을 들어선 때는 아들의 생일인 6월 22일 자정을 막 지난 시간이었다. 생일에는 꼭 집에 같이 있겠다고 약속했는데 말이다. 남편과 아이들은 자고 있었다. 포도주 한 잔을 들고 어둠 속에 혼자 앉아 있던 나는 이 상황을 벗어나는 유일한 길이 통과하는 것임을 다시금 깨달았다.

병원 네 곳, 요양 시설 세 곳 이상, 말기 진단 두 번, 호스피스 입원 한 번을 거친 후에야 우리 가족은 위기 상태를 벗어났다. 그리고 그때에서야 나는 돌봄 제공자로서의 내 역할을 받아들일 준비를 갖추었다. 나는 상담가, 의사, 노인 전문 변호사, 장례 지도사를 만났다. 위임장, 의료 대리인 신청서, 유언장, 생명보험 등의 서류 작업을 했다. 전일제 업무로 돌아왔고 다시 출장을 다니기 시작했다. 그리고 돌보는 일을 어머니 역할 및 직업인 역할과 균형 있게 조화시키려 애썼다.

쉽지 않은 여정이었다. 어머니는 언니가 전화했던 때로부터 넉 달 후에, 그리고 아버지는 그다음 몇 년 후에 돌아가셨다. 그 과정에서 나는 오늘날의 돌봄 제공이 어떤 것인지 많이 배웠고 값진 통찰도 얻었다. 우리 가족의 위기를 헤쳐나가면서 내가 수집한 정보와 배운 교훈을 다 모아놓은 이 책이 독자들 가족의 향후 계획 수립에 도움이 되었으면 한다.(사생활 보호를 위해 일부 이름과 세부 내용은 바꾸었다.) 이 책을 통해 더 중요하게는, 부모님의 발병 소식을 들은 여성이 일을 그만둬야 할지, 자녀들과 보내는 시간을 포기해야 할지 고민하지 않길 바란다. 마지막으로 이 책이 돌봄 제공자로서 그저 살아남는 법을 넘어 성장하는 법을 배우는 계기가 되었으면 한다.

차례

1장

받아들이기

받아들이기

그날 언니와 나는 부모님 댁 근처 호숫가를 산책하고 있었다. 어릴 때 수영하던 익숙한 호수와 익숙한 산책로였다. 하지만 상황은 낯설었다. 아버지 행동이 이상해졌다. 단순한 일을 이해하지 못했고 손녀딸을 알아보지 못했으며 어머니에 대해 무엇 하나도 참아주지 않고 화를 냈다.

어머니는 괴로워했다. 몇 년 전 신발에 걸려 넘어지면서 코가 부러지고 온몸에 찰과상을 심하게 입어 당신이 좋아하는 팬지꽃 같은 모습이 되어버렸던 사건 이후 어머니는 많이 달라져 있었다. 운전을 그만두고 보행 보조기를 사용하기 시작했으며 볼일이 있을 때나 병원 갈 때, 이웃사람이나 나랑 외식하러 갈 때를 빼고는 집에만 있었다.

우리 자매는 어머니가 점점 더 서글프게 늙어가는 것을 보면서도 할 수 있는 일이 없었다. 우리는 부모님께 요양 시설로 옮겨 가시길 권했고 어머니는 좋다고 했지만 아버지가 거부했다. 아버지를 두고 어머니만 가라고(두 분이 따로 지내야 더 행복하실 것 같기도 했다) 하니 어머니는 싫다고 했다. 하긴 양쪽 생활비를 대는 것도 문제였다. 이제 아버지한테 분명하게 문제가 나타나기 시작했으므로 어머니가 뭔가 결단을 내릴 수 있을 것 같았지만 우리 자매는 여전히 뭘 해야 할지 몰랐다.

대부분의 사람들이 자기 부모가 언젠가는 돌아가시리란 걸 염두에 둔다. 그리고 전혀 모르는 무언가에 대비하는 그런 수준으로 마음의 준비를 한다. 하지만 부모님이 신속하게 혹은 편안하게 돌아가시지 못할 수 있다는 점에 대해서는 고려도, 준비도 하지 못한다. 부모님은 늙고 편찮으신 상태로 여러 해 동안 생존할 수 있다. 점점 더 병약한 모습이 되기도 한다. 역할 전환, 그러니까 돌봄을 받던 입장에서 돌봄을 주는 입장이 된다는 것에 대해 자식들은 준비가 되어 있지 않다. 부모님이 지원을 거부하고 도움을 차단하며 조언을 무시하는 상황, 그리하여 기둥 같던 부모님이 무너지는 모습을 그저 멍청하게 바라보아야 하는 상황에 대해서도 준비가 되어 있지 않다.

나도 전혀 준비되어 있지 않았다. 몇 년 동안 뒷좌석에 앉던 아버지가 운전을 다시 시작하겠다고 결정했던 때도 그랬다.

80대 중반이던 아버지는 식료품점이나 도서관에 혼자 갈 수 없는 걸 견딜 수 없어 했다.

"면허 신청하러 갈 때 동생이 태워주기로 했다." 아버지가 말했다.

"시험에 떨어지시면 좋겠네요." 나는 아버지를 막을 수 없었으므로 경찰이 면허 발급을 불허하기만 빌었다.

"면허가 나오든 안 나오든 아버지는 운전하실걸." 언니들이 말했다. 그러면서 나더러 차 열쇠를 치우든지 점화 플러그를 없애버리라고 했다. 언니들의 압박, 그리고 제발 아버지를 말리라는 어머니의 울먹이는 전화에도 나는 아무것도 하지 않았다. 아버지는 면허를 따냈고 손목이 부러져 재활 센터에 입원해 있던 어머니를 보러 혼자 운전해 갔다. 나도 그날 어머니를 보러 간 참이었고 아버지와 나는 함께 출발하기로 했다. 차에 타고 보니 아버지가 주차장을 이리저리 오가고 있었다.

"무슨 일이에요?" 내가 차창을 내리고 물었다.

"어디에 주차했는지 기억이 안 나."

"차를 찾지도 못하시면서 어떻게 운전을 하신다는 거예요?"

"무슨 소리, 난 60년 넘게 운전한 사람이다. 도로에서 이보다 더 능숙한 사람은 없어."

'신이 계시다면 제발 도와주세요.' 난 생각했다.

사촌 한 명이 내 첫 책 출간 축하 파티를 열어주었던 날 밤에 일어난 일에서도 나는 준비가 되어 있지 않았다. 파티에 가려고 샤워를 하고 나오자마자 전화가 울렸다. 부모님과 같은 동네에 사는 고모였다. "걱정시키고 싶지는 않은데 말이다, 네 어머니가 전화를 했구나. 아버지가 산책 나갔다가 돌아오질 않고 긴급 호출 벨을 눌렀다지 뭐냐."

긴급 호출 벨은 부모님이 목에 걸고 다니는 물건으로 버튼을 누르면 자동 구조 요청이 발신되는 방식이었다. 벌써 어두워진 시간이었고 부모님 댁은 외딴 곳이었다.

"아버지 휴대전화 번호 알고 있니?" 고모가 물었다.

"알긴 하는데 보나마나 전화기를 토스터 옆에 두고 나가셨을걸요."

정말 그랬다. 부모님은 휴대전화 전원을 켜는 일도, 갖고 나가는 일도 없었다.

내 마음 한쪽에서는 걱정할 필요 없다고 했다. 아버지는 늦게 돌아오는 일이 많았다. 알츠하이머 환자로 헤매 다녀서가 아니라 다른 집에 불쑥 들러 몇 시간씩 수다를 떠느라 그랬다. 하지만 내 또 다른 한쪽은 공포에 질렸다. 나는 아버지가 길가에 쓰러진 모습을, 더 끔찍하게는 호수에 빠진 모습을 떠올렸다. 파티에 온 손님들 50명이 주인공인 나를 기다리고 있는데 아버지가 실종된 것이다. 금요일 저녁이므로 부모님 댁까지

가려면 두 시간은 걸릴 터였다. 어쩌면 가는 사이에 아버지가 돌아오실지도 몰랐다. 어떻게 해야 할까?

일단 파티용 드레스를 차려입되 가방도 챙기기로 했다. 방향이 같았으므로 사촌네 집으로 차를 몰면서 결정을 내릴 작정이었다. 눈 화장을 하려 했지만 울음이 터져버려 불가능했다. 막 집을 빠져나오는데 전화벨이 울렸다.

"그 몹쓸 양반 안 죽었다." 어머니가 흐느꼈다. 아버지는 또 이웃집에 들러 이야기판을 벌였고 긴급 호출 벨 작동을 시연해 보이신 거라고 했다.

그 무렵 한번은 아버지와 통화를 하는데 조만간 사다리를 타고 지붕에 올라가 홈통을 청소하겠다는 얘길 하셨다.

"그러다가 떨어져 죽을 수도 있어요."

"괜찮을 거다." 아버지는 아무렇지 않게 대답했다.

"떨어져 크게 다치시면 제 책임이 되는데 전 돌봐드릴 시간이 없다고요."

아버지는 내 말을 듣지 않았다. 그래서 그 통화 후 주말에 아이들을 데리고 친정집에 갔다. 일요일 아침 일찍 알람을 맞추고 친정집에서 빠져나와 그놈의 사다리를 사촌네 별장 뒤쪽 덤불 속에 감춰버렸다. 사다리가 없어진 것을 알게 된 아버지는 어머니가 종종 부르는 수리업자가 훔쳐 갔다고 생각했다. 사다리는 아직도 친정집에서 몇십 미터 떨어진 덤불 속에 있지만 부모님은 더 이상 거기 계시지 않는다. 그리고 그때까지도 나는 앞으로 일어날 일에 전혀 준비가 되어 있지 않았다.

우리가 준비해야 할 시간

매일 1만 명 이상의 미국인이 65세가 된다. 평균 기대 수명은 78.8세다. 그 결과 미국의 65세 이상 인구는 2050년이면 지금의 두 배가 될 것이다. 미국은퇴자협회AARP는 2030년이 되면 환자와 노인을 돕는 돌봄 제공자가 570만 명에서 660만 명 필요할 것으로 예측한다. 현재 미국에서 노인 인구를 돕는 돌봄 제공자 190만 명에 비해 대폭 늘어난 숫자다.

하지만 돌봄 직종은 대개 보수가 낮고 육체적 부담이 크며 의료 보장 혜택이 미미하거나 아예 없다. 더욱이 재가 돌봄 서비스는 대부분 건강보험이나 저소득층 의료 보호 예산으로 제공되는데 두 곳 모두 재정 압박을 받고 있어 향후의 수요를 감당할 수 없다는 것이 전문가들의 의견이다. 빈틈을 메우며 노인의 돌봄 수요를 채우는 것은 가족원의 무보수 노동이 될 것이다. 지금은 돌봄 제공자가 아니라 해도 앞으로 그렇게 될 가능성은 퍽 높다. 그러니 노인이 늘어나는 사회에, 그리고 그 현상이 우리 각자에게 미칠 영향에 대비할 필요가 있다.

무보수로 노인이나 18세 이상 장애인을 돌보는 미국인은 지금도 4400만 명이 넘는다. 대개 40대 후반의 여성으로 65세 이상의 부모가 있고 아직 양육하거나 지원해야 할 자녀를 둔 사람이다. 자녀와 부모의 요구 사이에서 균형을 맞추려 애쓰면서 자신의 요구는 도외시하고 마는 샌드위치 세대이다. 아직은 대부분의 돌봄 제공자가 여성이지만 남성들의 참여도 점점 늘어나 지금은 무보수 가족 돌봄 노동자의 40퍼센트를 차지한다고 한다.

돌봄 제공자는 친구와 가족에게서, 그리고 이른바 전문가들과 심지어 전혀 모르는 이들에게서조차 돌봄이 정말 멋진 일이라는 말을 듣곤 한다. 나 역시 그랬다. "부모님을 돌봐드리는 건 대단한 영광이지. 예전에 너를 돌봐주셨던 분들을 돌봐드리게 되다니 그보다 더 큰 기쁨은 없을 거야"라는 식의 말들이었다. 하지만 내가 받은 느낌은 달랐다.

어머니가 긴 입원에서 놓여난 지 한 주가 지난 어느 일요일 오후의 일이 기억난다. 방문간호사가 약속했던 상태 보고를 해오지 않았다는 걸 떠올리고 방문간호사협회에 전화를 걸었다. 처리할 일이 많으니 그날 바로 보고를 받으면 좋겠다고 요청했다. 전화 받은 직원은 "매일이 선물이죠"라고 말하며 나를 다독이려 했다.

"나도 알아요. 그러니까 선물 영수증을 달라는 거예요. 교환

하고 싶거든요."

내게 돌봄 제공은 선물이 아니었다. 그건 부담, 내가 원치 않고 해낼 준비도 되어 있지 않은 부담이었다. 나는 사전 예고도, 훈련도, 지원도 받지 못했다. 내가 아는 이들 중 부모님을 돌봐드리는 경우가 얼마나 되는지 알지도 못했다. 주변 친구나 동료들은 아무도 그런 얘기를 하지 않았다. 내가 일하는 엄마일 때는 아이 재우는 법부터 부모 노릇과 일을 조화시키는 방법에 이르기까지 모든 것에 수많은 이들이 도움과 조언을 주었다. 반면 일하는 딸로서 나는 외톨이였다. 내가 아는 사람 중 가족에게 돌봄 노동을 제공하는 몇 안 되는 이들은 누구도 불평하는 말을 하지 않았다. 나만 그랬다. 모두들 돌봄은 선물이라고 생각하는 게 틀림없다고 나는 생각했다. 그걸 부담으로 여기는 나는 끔찍하게 이기적인 인간임이 분명했다.

당신은 혼자가 아니다

그때는 크리사를 만나기 전이었다. 60세의 크리사는 92세 어머니를 돌보면서도 유머가 넘쳤다. "우리 어머니는 해마다 부모님 무덤에 꽃을 가져갔어요. 제가 조부모님 묘에 모셔다 드릴 때마다 '내가 죽고 나면 네가 이걸 해야 한다. 안 그러면

귀신이 되어 널 괴롭힐 거야'라고 말씀하시곤 했죠. 그럼 전 '귀신이 되어 절 괴롭힐 수 있다면 직접 꽃을 가져다드릴 방법도 알아내실 거예요'라고 대답했어요." 부모님과 막 사별한 사람에게는 그런 농담이 거북할지 모른다는 생각이 들었지만 크리사는 "부모님이 다시 살아 돌아오실 수 있다면 뭐든 하겠다는 사람이 많죠. 하지만 아마 안 그럴걸요. 더군다나 그게 편찮으신 부모님을 다시 돌봐야 한다는 뜻이라면요"라고 했다.

그때는 애니도 만나기 전이었다. 아이들 축구 시합 때 애니의 남편은 애니가 암 환자인 친정어머니가 어서 돌아가셨으면 한다고 내게 말해주었다. 한편 내 친구 셰릴의 아버지가 초기 알츠하이머 진단을 받았고 셰릴이 알츠하이머 상담 센터에 자주 전화를 한다는 것도 나는 눈치 채지 못했다. 나와 셰릴은 학부모 모임에서 만났을 뿐, 딸로서 연결될 일은 없었다.

우리가 마침내 각자의 부모님에 대해 이야기를 하게 되었을 때 셰릴은 말했다. "아버지가 카펫 여기저기에 소변을 보고 새벽 3시에 저한테 고함을 지르는 상황에 짜증이 나고 화가 치미는데, 그런 내 감정이 당연하다는 걸 이해받으니 정말 좋네요. 하지만 그건 선물이 아니에요. 지옥이지요."

나는 혼자가 아니었다. 나 혼자 그렇게 생각했을 뿐이었다. 나 같은 상황에 처한 사람이 4400만 명 이상이었고 그중 58퍼센트는 돌봄 제공의 부담이 '높다' 혹은 '중간이다'라고 답변했다.

돌봄 제공자를 힘들게 하는 것은 사소한 일상일 수도 있고 극적인 사건일 수도 있다. 대개는 두 가지가 섞인다. 돌봄 노동은 서서히 다가와 예측할 수 없는 경우가 많다. 내 경우도 그랬다. 부모님을 위해 장을 보고 병원에 모시고 가고 아버지가 운전을 못 하게 말리는 것이 시작이었다. 이어 남편이 부모님의 돈 관리를 맡았고 나는 재가 돌봄 서비스와 간호사를 구했다. 직접 몸 쓰는 일은 맡지 않았지만 늘 신경 쓰고 관리하다 보니 힘들었다. 밤중에 집 전화가 울리거나 가족 중 누가 사무실로 전화를 해오면 가슴이 철렁했다. 어머니는 "리즈 네가 없으면 난 어떻게 해야 할지 모르겠다"라고 말하곤 했는데 나는 그 말이 반갑지 않았다. 그런 책임은 지고 싶지 않았다.

이어 위기가 나를 강타했다. 2014년 6월 14일, 언니가 전화해 부모님을 좀 보러 가달라고 했다. 그로부터 채 3주가 지나지 않은 7월 1일, 의사는 아버지에게 알츠하이머와 치매 초기 단계 진단을 내렸고 한 주 안에 인지 치료 시설로 옮겨드리라고 했다. 같은 날 어머니는 난소암 진단을 받았다. 그때 어머니는 요양 시설에 들어간 지 한 주 만에 동네 병원으로 옮겨 입원한 상태였다. 어머니는 보스턴의 브리검 여성병원으로 다시 옮겨 갔다. 퀸시 병원의 아버지 병실에서 막 나오는데 브리검 병원의 의사가 전화를 했다. "오늘 밤 어머님께 진단 결과를 알려드리려 합니다. 언제 여기 오실 수 있나요?"

그다음 몇 주 동안 내 삶은 지옥이었다. 밤은 악몽과 불면증의 시간이었다. 아침에 눈을 뜨기 전 몇 초 동안만 평화를 누릴 수 있었다. 그 이후로는 그날 겪을 일들을 떠올렸고 스트레스, 불안, 분노에 휩싸였다. 몸을 일으켜 양치질을 하고 커피를 타고 엑셀 파일에서 그날 부모님을 위해 해야 할 일을 확인했다. 할 일이 가장 많았던 날의 항목 수는 196개였다.

지원하지 않은 일, 돌봄

집중 돌봄 시기는 다섯 달로 끝났지만 내 돌봄 의무는 여러 해 동안 이어졌다. 돌봄 제공자의 역할은 평균 4.6년간 지속된다고 한다. 알츠하이머와 치매 환자 돌봄 기간이 1~4년인 것과 비교하면 길다. 가족 돌봄 제공자가 돌보는 일에 투여하는 시간은 주당 평균 24.4시간이지만 전체의 3분의 1 가까이는 주당 41시간 이상을 할애한다. 그리고 많은 수가 나처럼 일이며 자녀 양육으로 이미 분주한 일상 속에 부모 돌볼 시간을 끼워 넣어야 하는 상황에 처한다.

돌봄 노동에 해당하는 일은 식사 준비, 옷을 입고 목욕하는 일을 돕는 것부터 돈 관리, 교통편 제공, 쇼핑까지 다양하다. 이런 일상적 도움에 더해 절반 이상의 돌봄 제공자들은 주사 놓기,

급식 튜브 관리, 욕창 관리 등 의료와 간호 측면의 업무도 처리한다. 무보수 돌봄 제공자들은 교육이나 훈련을 거의 받지 못한 채로 의료적, 법적, 금융적 지식이 필요한 업무에 투입되고 따라서 어려움을 겪을 수밖에 없다. 보험 서류, 주택 관련 행정, 지역 사회 지원 서비스 등을 조사하고 찾아다녀야 한다. 업무 처리 과정에서 까다로운 상대를 만나 협력해야 할 경우에는 협상, 설득, 공감, 인내 같은 감정적 능력도 발휘해야 한다. 92세 어머니를 돌보던 60세 여성 크리사는 돌봄이 "원했던 일도 아니고 지원 서류를 제출한 일도, 훈련을 받은 일도 아니죠. 그래서 시행착오가 계속돼요"라고 했다. 이 상황은 바꿀 필요가 있다.

또 다른 문제는 가족을 돌보는 사람이 도움을 받기 어렵다는 점이다. 무급으로 가족을 돌보는 사람들 중 다른 무급 돌봄 제공자의 도움을 받았다는 사람의 비율은 절반을 약간 넘는 수준이고 유급 돌봄 제공자의 도움을 받았다는 비율은 32퍼센트에 불과하다. 그러니 스트레스와 책임감에 시달리는 돌봄 제공자들 중 22퍼센트가 돌봄 노동으로 건강이 나빠졌다고 느끼는 것도 당연하다. 이 비율은 정신적 문제가 있는 사람을 돌보는 경우, 그리고 돌봐주는 사람과 함께 사는 경우, 장시간 돌봐야 하는 경우, 의료 업무까지 맡는 경우에 더 높다.

직장에 다니면서 가족을 돌보는 사람은 돌봄 책임 때문에 업무에서 심각한 문제를 겪는다. 특히 여성이 그렇다. 직업이 있는 돌봄 제공자의 70퍼센트가 업무 조정을 하게 되는데, 부담이 적은 종류로 일을 바꾸고 무급 휴직을 하고 아예 일을 그만두거나 조기 퇴직을 선택할 확률이 남성보다는 여성의 경우가 더 높다. 그렇게 생활이 바뀌면서 소득이 줄고 건강보험이나 퇴직 연금, 사회 보장 등 직장 관련 혜택에서 배제되는 결과가 나타난다. 돌봄 제공으로 평생 치르는 비용은 여성이 약 32만 4000달러, 남성이 약 28만 4000달러로 여성의 경우가 더 높다. 성별에 따른 임금 차이 때문에 평균적으로 여성이 버는 액수가 적은 반면 수명은 여성이 남성보다 5년 정도 더 길다는 점을 감안하면 이런 상황은 바꿀 필요가 있다.

일, 자녀, 늙은 부모 사이에 균형을 맞추려 애쓰면서 스트레스를 겪고 경력 관리에 위기를 맞는, 별다른 지원이나 훈련도 없이 이 상황을 유지해야 하는 비공식 돌봄 네트워크는 지속 가능하지 않다. 특히 노인 인구가 두 배로 증가해가는 현실에서는 더욱 그렇다. 퇴근 후에 자녀를 돌봐야 하는데 이것도 모자라 부모까지 책임져야 하는 여성들에게 특히 그렇다. 미국 여성 셋 중 한 명은 이미 빈곤하거나 빈곤 직전 단계에 있다. 노년기 가족을 돌보는 이 여성들, 그리고 남성들을 지원할 방법을 시급히 찾아야 한다. 돌보는 사람과 돌봄을 받는 이들 모두에게 이보다 더 불공평한 상황은 없다.

우리 사회가 돌봄 제공자를 도울 방법은 많다. 세금 혜택,

교육 프로그램, 직장 근무 조건의 유연화, 의료 전문가의 진료 제공 등등. 이런 지원이 실현될 때까지 돌봄 제공자들은 스스로를 다잡으며 역할 수행을 준비할 수밖에 없다. 그 첫 단계는 받아들이는 것이다.

저항에서 수용으로

어머니에게 호스피스 입원이 필요한지 여부를 판단해줄 방문간호사와 함께 요양 시설로 들어서는 순간까지도 나는 돌봄 제공자로서의 역할을 거부하고 있었다. 전날 밤 일기에 이렇게 썼다. "나는 내 일을 늘 잘 해왔다. 그런데 이제 그만두고 싶다. 작가로서 성공적이었지만 지금은 어떻게 돼도 상관없다는 생각이다. 전에는 항상 깔끔한 모습이었는데 지금은 아무거나 걸치고 산다." 나는 수렁에 빠져 있었다.

설상가상으로 어머니 역시 상태가 좋지 않았다. 하루는 친정집에 갔는데 어머니가 옷을 다 벗고 화장실에 계셨다.

"무슨 일이에요?"

"몸이 안 좋아."

"어떻게 해드리면 좋겠어요?"

"아무것도 필요 없다." 어머니가 눈을 피하며 대답했다.

"엄마, 전 도와드리려는 거예요!"

우리 대화가 더 날카로워지기 전에 고맙게도 누군가 문을 두드렸다.

처음에 나는 호스피스 간호사 페그가 마음에 들지 않았다. 종이 타월을 통째로 옆구리에 낀 채 방에 휙 들어오더니 타월을 자기 가방 아래 한 장, 앉을 자리에 한 장 깔았다. 그러더니 어머니한테 어떤 약이 처방되었는지 다짜고짜 설명을 시작했고 내가 직장을 쉬고 매일 어머니를 돌볼 때 어떻게 약 수발을 들어야 하는지 읊어댔다.

"따로 좀 얘기할까요?" 내가 말을 가로막았다. 그렇게 집 밖에서 마주앉은 페그에게 나는 털어놓았다. 내가 혼자 벌어 가족을 부양한다는 것, 갑자기 닥친 이 위기 상황을 해결하려고 6주 전부터 남편과 아이들은 아예 버려두었다는 것, 아버지가 알츠하이머 진단을 받아 바로 아래층 인지 치료 센터에 계신다는 것, 내 병가와 휴가를 다 써가는 상황이라는 것, 회사 일이 바쁘다는 것, 계속 이렇게 매달려 있을 수는 없다는 것, 일이 끝나면 돌아갈 삶을 유지해두어야 한다는 것, 내 삶이 박살 난 느낌이라는 것, 마음에 들지 않는 상대인 페그와 함께 어떻게 상황을 헤쳐나갈지 모르겠다는 것……. 그러고는 흐느껴 울기 시작했다.

페그는 의자를 내 쪽으로 가까이 당기고 상체를 숙인 채 내 말을 들었다. 공감을 표시하면서 어려운 대화를 나누어야 할 때 취하는 자세였다. 페그는 아이들 걱정은 하지 말라고 했다. 무조건적 사랑의 훌륭한 본보기가 될 거고, 잠시 떨어져 있어도 이후에는 늘 곁에 있을 테니 문제없다는 얘기였다. 나는 그 말에 더 울음이 터졌다.

"자, 알겠어요. 지금 가장이라는 얘기죠. 저도 10대 두 딸을 혼자 키우는 엄마예요. 그러니까 이해해요. 우리가 함께 해결해봅시다. 어머니 상태에 대해 의사가 뭐라고 했죠? 난소암은 아주 심각한 병이에요. 길어야 몇 달일 거예요."

"그렇군요. 그럼 가능할 것 같아요."

그 대화는 내게 전환점이 되었다. 돌봄 제공을 거부하던 마음이 수용하는 쪽으로 돌아선 것이다. 페그가 내 말을 귀 기울여 들어준 덕분이었는지도 모른다. 여러 해 동안 가족 중 누가 내게 부탁을 해올 때면, 혹은 부탁한 일을 왜 아직 안 했느냐고 물을 때면 으레 "네가 얼마나 바쁜지 알지"라는 말로 운을 떼곤 했다. 그럼 나는 속으로 '내가 얼마나 바쁜지 알면 왜 부탁을 하는 건데!'라고 고함을 질렀다. 가장이자 어머니로서 나는 엄청난 압박을 느꼈다. 가족이 별생각 없이 혹은 어쩔 수 없는 상황에서 내 시간을 내달라고 부탁해오면 나는 내가 어떤 책임을 떠맡고 어떻게 살고 있는지 몰라준다는 마음에 섭섭했다. 혼자만을 위한 시간은 물론이고 아이들과 보낼 시간조차 충분치 않다고 내가 하소연하는 소리를 제대로 듣지 않았구나 싶었다.

페그는 잘 들어주었다. 그리고 바로 그 자리에서 자기 계획을 변경했다. 내가 낮 시간 동안 어머니 진통제를 챙겨드릴 수 있으리라는 생각을 접고 전화를 몇 통 걸어 요양 시설 내에서 그 일을 맡아줄 사람을 찾아냈다. 그리고 일을 계속한다는 내 결정이 전혀 비난받을 일이 아니라고 짚어주었다.

하지만 그날 이후 돌봄 제공에 대한 내 태도가 달라진 근본적인 이유는 페그가 다른 면을 보게 해주었기 때문이라고 생각한다. 내가 하려는 일이 자식들에게는 사랑이 어떤 것인지 가르쳐줄 것이고 어머니한테는 생애 마지막 시간, 가장 취약한 그 시간을 도와주게 된다는 것이었다. 그 대화를 하기 전 나는 돌봄 제공이 내게서 무언가를 빼앗는 것이라고만 생각했다. 업무에 열중할 능력을 빼앗고 아이들과 남편과 보낼 시간을 빼앗으며 휴식하고 놀고 편안하게 지낼 기회, 심지어는 누군가의 보살핌을 받을 기회를 빼앗는다고 말이다. 나는 바위였고 가장이었고 어른이었다. 무언가를 빼앗기고 싶지 않았다.

페그는 돌려서 부드럽게 말하지 않았다. 어머니가 곧 돌아가실 거란 사실을 분명히 했다. 하지만 내가 돌봄 역할을 받아들일 경우 무엇을 얻게 될지 또한 분명히 알려주었다. 실제로 그렇게 되었다. 나는 그날 돌봄을 선택했다.

희생자에서 보스로

돌봄 제공 역할을 선택하기로 결심하면서 나는 태세를 전환했다. 받는 사람뿐 아니라 주는 내게도 돌봄을 의미 있는 일로 만들어 희생자에서 보스로 변신한 것이다. "능동적으로 돌봄 문제를 해결하려 접근하는 사람은 걱정하거나 무력감을 느끼는 사람보다 스트레스가 훨씬 덜하다"라는 연구 결과가 있다. 미국은퇴자협회와 전국돌봄연합National Alliance for Caregiving이 조사한 결과, 가족을 돌보는 사람 중 절반은 어쩔 수 없이 그 책임을 떠맡았다고 응답했다. 그리고 이들은 돌봄을 선택했다고 느끼는 사람에 비해 스트레스 지수가 높았다. 돌봄 역할을 스스로 결정해 받아들였다고 느끼는 경우 돌봄의 긍정적 측면을 인식할 가능성이 더 높은 셈이다.

페그를 만난 후 나는 시간을 내 운동도 하고 아이들과 여행도 다녀왔다. 여전히 스트레스 때문에 악몽을 꾸고 남편과 자주 말다툼을 했지만 뭔가 달라졌다는 것은 확실했다.

일단 페그와 한 팀이 되었다. 페그를 만나기 전까지 나는 돌봄을 제공하며 외롭다고 느꼈다. 언니들이 도와준다고 나서도 내가 필요로 하는 만큼 손발이 맞지 않았다. 남편은 이런 상황에 당혹스러워했고 불만을 표했다. 내게 식사를 만들어주고 부모님 가구를 요양 시설로 옮길 때 도와주었으며 부모님 돈 문제를 챙기는 등 고마운 역할도 했지만 부모님의 위기가 우리 가족에게 주는 피해에 대해 투덜거리는 원망스러운 행동도 했다. 나는 그런 말을 듣고 싶지 않아 남편이 부모님 일에 개입되지 않도록 조치하기 시작했다. 반면 페그는 훌륭한 팀원, 내게 필요했던 바로 그 팀원이었다. 페그는 어머니 약을 주문하고 가져오는 과정 하나하나를 챙겨주었고 보험사에 무슨 말을 해야 하는지 알려주었다. 내가 제대로 먹고 자고 스스로를 챙기는지 또한 확인했다. 페그에게 기대면서 나는 무언가 부탁하고 도움받는 일을 더 편하게 느끼게 되었다.

더 나아가 계획을 세우는 것도 가능해졌다. 돌봄 제공자 역할을 받아들이기 전에는 그저 할 일 목록을 만드는 것이 다였다. 암이 진행되면서 어떤 일이 일어날지 알지 못했다. 이제는 누구에게 도움을 청해야 할지, 어머니가 어디 계셔야 할지, 어머니의 죽음이 다가올 때 내가 할 역할은 무엇인지 알고 있었다. 내 역할을 받아들인 것, 온전히 경험하기로 한 것, 계획을 수립한 것은 돌봄의 긍정적 측면을 바라볼 수 있도록 해주었다. 긍정적 측면은 분명 존재했다.

돌봄 제공자가 얻는 유익

이른바 '돌봄 제공의 유익'에 대한 연구가 늘어나고는 있지만 '사랑하는 이를 도울 수 있다는 축복'이라는 식의 공허한 표현 외에 돌봄의 긍정적 측면은 부정적인 측면보다 훨씬 덜 다뤄져왔다. 미국 노년학회지에 실린 2006년의 한 연구는 돌봄이 "도전적 과제를 해결하는 능력에 자신감을 갖게 해주고 자기 가치감이 상승하며 관계 친밀도를 높이고 의미나 다정함, 기쁨 등에 대한 감각을 키운다"고 하였다. 2011년 〈뉴욕 타임스〉에 실린 「돌봄 제공의 숨은 혜택」이라는 기사에서는 돌봄 제공자가 "사망률이 낮고 신체적 능력이 우월하며 기억력 검사에서도 유의미하게 좋은 점수를 보였다"고 한 보스턴대학교 전염병학자 리사 프레드먼의 연구를 인용했다. 최근 프레드먼 교수는 존스홉킨스대학교의 데이비드 로스, 사우스플로리다대학교의 윌리엄 헤일리와 함께 연구를 진행해, 돌봄 제공은 스트레스가 많고 부담스러운 역할이지만 동시에 개인에게 여러 혜택을 준다고 밝혔다.

돌봄 제공자들은 긍정적인 경험과 중압감을 동시에 겪게 된다. 다른 사람, 특히 가족 구성원을 보살피는 관계란 누구나 원하는 보편적 인간 경험이다. 노년기 가족, 또는 만성 질환이나 장애가 있는 사람을 돌보는 일은 점점 더 늘어나고 또 중요해지고 있다. '돌봄은 스트레스'라는 생각은 이러한 인간관계 유형을 바라보는 지나치게 좁고 단순하고 제한된 시각에 불과하다.

계속 선택하기

어머니가 돌아가신 후 나는 돌봄 역할을 계속했다. 고맙게도 지원해주는 이들이 있었다. 아버지 주치의는 내 말에 귀 기울여주는 멋진 분이었다. 아버지가 계신 시설 직원들과 나는 긴밀한 협력 관계를 구축했다. 남편도 팀원이 되었다. 아버지 상황을 알게 되자 나를 돕는 역할을 기꺼이 받아들이고 자기 몫을 감당해주었다. 나는 전체 일정을 계획해 집중 상태를 유지하고 지쳐 나가떨어지지 않도록 했다. 일례로 2014년 10월 말에 어머니가 돌아가신 후 나는 연말까지 애도 기간을 보냈다. 이듬해 1월에 살펴보니 보험, 은행 계좌, 유품 정리 등 어머니와 관련해 여전히 할 일이 많았다. 그래서 위기 상황이 터진 지 1년이 되는 6월 14일을 기한 삼아 남은 숙제를 해결하기로 했다. 6월 14일이 되었을 때 나는 돌봄의 새로운 단계가 시작되었다고 스스로에게 말해주었다. 점점 더 약해지고 병세가 심해지는 아버지를 앞으로 어떻게 보살펴드려야 할지 걱정하기보다는 그 시점에 해야 할 일들에 집중했다. 물론 나빠질 상황에 대한 계획은 세워두었다. 아버지가 가진 돈이 얼마인지 확인했다. 도움이 필요하면 누구한테 전화해야 할지도 알고 있었다. 정기적으로 아버지를 찾아갔고 필요한 일을 해드렸다.

당신이 혹시 지금 돌봄 제공 역할을 거부하는 중인가? 그렇다면 그냥 받아들이고 맡으라는 말을 해주고 싶다. 쉽지는 않지만 대부분의 경우 피할 수 없는 일이다. 내가 만난 어느 부인은 자신의 아버지가 휠체어 타는 어머니를 전담해 돌보시는데, 본인이 많이 아픈데도 딸의 도움을 거부하신다고 했다. 그 부인은 아주 능력 있는 사람이었고 부모님이 까다롭다고 해도 충분히 돌볼 수 있을 것 같아 보였다. 하지만 부인은 이렇게 말했다. "그래서 전 포기했어요. 제 도움이 필요 없다는데 억지로 도울 수는 없잖아요."

나는 생각했다. '그래도 그냥 아버지를 도와드려야지. 싫다고 하셔도 그래야 한다고 말해줄까. 상황은 점점 악화될 텐데.' 하지만 당시 나는 어머니를 보내드린 지 겨우 몇 주밖에 되지 않은 상황이었고 남에게 조언을 할 만한 감정 상태가 아니었다. 나중에는 후회했지만 말이다. 9개월 후 다시 그 부인을 만났는데 아버지 건강이 더 나빠져서 자식들이 요양 시설을 알아보느라 제정신이 아니라고 했다. 겪어야 넘어갈 일은 겪을 수밖에 없다.

분명히 해두자. 자신을 팽개치고 남 생각만 하는 사람이 되라는 얘기가 아니다. 돌봄 제공자가 되는 데 가장 중요한 것은 자신의 상황에 맞춰야 한다는 점이다. 돌보는 역할을 맡기로 했다면 자기 선택에 자부심을 가져라. 이렇게 수용해야 돌봄 제공의 유익에 접근하기가 더 쉬워진다.

돌봄 역할을 받아들이는 데에 도움이 될 두 가지 지침을 소개한다.

1. 끝을 생각하며 시작하라

스티븐 코비의 책 『성공하는 사람들의 일곱 가지 습관』에 소개된 말이다. 부모님을 돌보기 시작했을 때 나는 돌봄 제공의 유익이라는 것을 알지 못했다. 오로지 부담과 스트레스만 느꼈다. 하지만 당신은 이미 아는 상태다. 돌봄 경험이 가져다 줄 긍정적인 측면을 생각하자. 가장 취약한 상황에 놓인 사람을 돌본 후 어떤 감정을 느낄지 상상해보자. 감정도 과거사도 떨쳐버린 채, 현재 존재에만 바탕을 두고 그 가족과 관계 맺을 가능성을 떠올려보자. 당신이 해야 할 일이라고 등 떠밀려서가 아닌, 혹은 외적 보상이나 감사를 기대해서가 아닌, 하고 싶어서 무언가 할 때 얻는 만족감을 상기하자. 이는 돌봄 선택이 가져다줄 무형의 유익이다.

2. 속마음을 소리 내 말하라

돌봄에 있어서는 긍정의 화신이 될 필요가 없다. 돌봄 제공이 정말 멋진 일인 것처럼 꾸며대지 않아도 된다. 때로는 엿같을 테니 말이다. 불평하라. 솔직해지는 거다. 내가 페그에게 막막한 감정과 내 한계에 대해, 심지어 페그의 부정적인 첫인상에 대해 솔직하지 않았다면 제대로 도움을 받지 못했을 것이다. 내가 원하는 바를 전달할 수 없었을 테니까.

이렇게 한번 해보자. 아침마다 타이머를 1분씩 두 번 맞추는 것이다. 첫 1분은 불평하고 울고 넋두리하면서 보낸다. 스트레스를 표현하는 시간이다. 그다음 1분 동안에는 감사한 일들을 떠올린다. 건강이나 자녀들 같은 큰 감사거리도 있지만 초콜릿과 와인 같은 사소한 일들도 많을 터이다. 돌보는 일이 힘든 순간 감사한 일들 목록을 되새긴다면 기분이 한결 나아질 것이다. 타이머가 울리면 하루를 시작하자. 돌봐야 할 시간이니까.

Working Daughter — 2장

용서하기

용서하기

"리즈, 난 네 아버지를 다시는 보고 싶지 않다."

아버지를 인지 치료 시설에 보낸 지 며칠 만에 84세의 어머니가 말했다. 그전 몇 해 동안 나는 두 분이 따로 지내시는 게 좋겠다고 여러 차례 권유했다. 그게 두 분 다에게 더 행복한 길이라고 생각했다. 하지만 이제 와서? 알츠하이머와 치매 진단을 받은 아버지는 본인 의지에 반해 갇혀 지내는 신세가 되었는데 그런 아버지에게 앞으로 아내 볼 생각 말라는 얘기를 하라는 건가? 나는 화가 났다.

난 어머니가 직접 얘기하라고, 아니 그런 얘기는 아예 안 하는 게 좋겠다고 쏘아붙이고 싶었다. 그렇지만 어머니는 난소암으로 여명 석 달을 선고받은 상태였다. 내 감정을 솔직히 털어놓을 수가 없었다. 어머니는 남은 삶을 원하는 대로 살 수 있어야 하지 않을까? 하지만 아버지는 어쩌지? 나는 또 어쩌고?

내가 아버지를 응급실에 입원시킨 후 부모님은 이미 3주를 떨어져 지낸 참이었다. 어머니는 아버지가 병원에 가고 이후 치료 시설로 들어간 것이 자기 탓이라고 여러 차례 말했다. 당신이 언니한테 전화를 하는 바람에 이 모든 일이 일어났다는 것이다. 나도 죄책감을 느꼈다. 응급실에 가야 한다고 고집을 부린 게 나였으니까. 언니와 나는 아버지에게 아이스크림을 사드리고 차에 태워 병원에 갔다. 그리고 거기 둔 채 다음 날 가보니 아버지가 침대에 묶여 있었다. 자기가 어디 있는지, 올해가 몇 년도인지, 우리가 누구인지 물어도 횡설수설했고 스스로 걷지도 못했다. 늘 알던 아버지가 영원히 사라졌다는, 내가 아버지를 죽여버렸다는 생각이 들었다.

아버지에게 입원 조치가 필요했기 때문에, 또한 아버지가 집에 돌아왔을 때 어떤 나쁜 상황이 펼쳐질지 알 수 없었기 때문에 우리 자매들은 어머니를 인근 요양 시설로 보내기로 했다. 딸들이 문제를 해결할 딱 한 달 동안만 말이다. 어머니는 겁먹은 상태였고 노쇠했다. 더 이상 운전을 하지 않았으므로 혼자 집에 계실 수 없었다. 출근을 해야 하는 딸들이 어머니 옆에 붙어 있을 수도 없었다.

그보다 몇 달 앞서 나는 캘리포니아에 본부를 둔 광고 회사의 보스턴 사무소 개소 준비 작업을 시작했다. 상사 및 동료들과 무려 4800킬로미터 떨어진 곳에서 일하는 건 축복인 동시에 저주였다. 일단 위기 상황에서 친정집에 달려갈 수 있는 점은 좋았다. 고객들에게 잘 대응하며 업무를 진행하기만 하면 내가 사무실에 있는지 없는지 아무도 알 수 없었다. 다른 한편 내게는 물리적인 지원이 전혀 없었다. 더 나아가 사무소 출범은 정해진 근무 시간 내에 되는 일이 아니었다. 나는 네트워킹을 위해, 지원자 면접을 위해, 고객 확보를 위해 계속 추가 업무를 해야 했다.

임시로 거처를 옮기는 것이 싫었겠지만 어머니는 우리가 함께 있어드릴 수 없다는 걸 이해했다. 다정하지만 수줍은 성품의 어머니가 집을 떠나 아는 이 하나 없는 사람들 틈으로 들어가야 한다는 것, 매일 모르는 사람들과 식사를 해야 한다는 것이 얼마나 부담스러울지 나도 충분히 짐작이 갔다. 하지만 어머니도 몸이 안 좋은 상태였고 아버지의 향후 상황에서 차단될 필요가 있었다. 어머니한테는 아버지가 행동이 좀 굼뜨고 기억을 잘 못한다고, 아마 병원에서 진단받은 요도관 감염 때문일 거라고 애매하게 설명해두었다. 어머니 앞에서 최대한 인내력을 발휘하려 했지만 자꾸만 당신 탓이라고 자책하셔서 마음이 불편했다. 아버지 쪽 일을 해결하느라 어머니 곁에 붙어 안심시켜드릴 시간을 내기도 어려웠다.

나와 아버지는 갈등 관계가 될 가능성이 다분했지만 그렇게 되지 않았다. 아버지는 다혈질에 성격이 급했다. 하루에 한 번씩은 고함을 질렀는데 그 강도는 화난 정도에 비례했다. 당신이 시킨 대로 딸들이 정원 꽃밭에 물을 주지 않았거나 잡초를 방치했을 때, 누군가 얼음을 다 먹고 새로 채워두지 않았을 때, 쓰레기차가 비워놓은 통을 제자리에 가져다두지 않았을 때 아버지는 고함을 질렀다. 나는 그게 싫어서 아버지를 실망시키지 않는 착한 딸이 되려고 노력했다.

10대와 20대 때는 아버지와 무척 사이가 좋았다. 아버지는 호기심이 많고 똑똑한 분이었다. 어떤 주제로든 우리는 몇 시간씩 이야기를 나눌 수 있었다. 내가 플루트를 배우기 시작하면서 음악 얘기를 자주 했다. 아버지는 라벨과 스트라빈스키를 좋아했고 줄리아드 음악학교 출신 친구를 내게 소개해주었다. 내가 밴드에 들어가 캠프에 참가하게 되자 아버지는 예전에 군대에서 무더위에 무거운 배낭을 메고 수 킬로미터씩 행군하던 이야기를 들려주었다. 아버지는 전시회나 대회라면 빠짐없이 참석했고 어느 고등학교 밴드가 동네 백화점 개점식에서 공연했을 때는 유일한 관객으로 관람하기도 했다. 내가 기술 분야에서 일하기 시작하자 컴퓨터를 열심히 익히셨다.

하지만 나이가 들면서 아버지의 단점을 참지 못하게 된 나는 아버지가 별것도 아닌 일에 고함칠 때 그만 입 좀 다물라고 거침없이 말했다. 아버지는 내 말을 듣지 않았고 나도 물러서지 않았다. 우리 둘 사이의 소통에는 커다란 균열이 생겼다. 나는 늘 아버지가 이해되지 않았다. 아버지가 싫었다. 하지만 동시에 늘 아버지를 사랑했고 아버지도 그것을 알고 있었다.

그리하여 아버지가 퀸시 병원으로 옮겨졌을 때 나는 전사의 자세를 취했다. 아버지를 돌보게 될 간호사, 의사, 간병인 등을 빠짐없이 만났고 필요하다면 언제든, 낮이든 밤이든 내게 전화해달라고 했다. 당시 아버지의 상태가 평소와 다르다는 점도 강조했다. 간호사 중 한 명인 조시가 이미 그 얘기는 하지 않았느냐고 했을 때 나는 "그래요, 이미 말했죠. 하지만 명심해서 들어줬으면 해서 또 하는 거예요. 명심한 것 같지 않아서요"라고 대답했다.

나는 종일 아버지 곁을 지켰다. 첫날 밤 아버지는 갑자기 깨어나더니 말했다.

"난 딸이 셋 있어요. 리타, 에일린, 그리고 또 한 명…… 아, 생각이 안 나는군요. 리타, 에일린, 그리고…… 조금 있으면 생각이 날 거요. 기다려봐요. 오, 이런."

"지금 장난치시는 거예요?" 내가 물었다. 아버지 상태는 내 생각보다 더 안 좋은지도 모르지만 나는 그냥 넘어갈 수 없었다. "리즈지요, 아빠! 막내딸 이름은 리즈예요. 그게 저고요. 지금 밤 11시에 여기 앉아 있는 저 말이에요. 다른 사람은 아무도 없잖아요."

아버지는 소리 내 웃었다. 난 늘 아버지가 제일 좋아하는 자식이 나라고 믿었다. 그런 말씀을 하신 적은 없지만 그렇게 생각할 근거는 충분했다.

그날 밤 나는 다시 친정집으로 운전해 돌아갔다. 다음 날 아침 어머니를 요양 시설로 옮겨야 했기 때문이다. 몸이 좋지 않았던 어머니는 한 방에서 같이 자자고 했다. 그래서 우리는 손님방의 침대에 나란히 누워 잠들었다. 머리 부분에 황금 도토리가 그려진 그 침대는 작은언니와 내가 아이 때 쓰던 방에 있던 것이었다. 어머니는 열과 오한, 메스꺼움 증세가 있었다. 나는 아버지가 걱정되었고 너무 피곤해 짜증이 났다.

한밤중에 어머니는 손을 마구 내젓고 땀을 흘리면서 정신이 혼미한 상태가 되었다. 공황발작으로 보였다. 응급실에 모시고 가야 한다고 생각했지만 나는 그 대신 오하이오의 언니한테 문자를 보냈다. "어머니가 몸을 떨면서 헛구역질을 해. 어떻게 해야 할지 모르겠어. 한 주에 두 번씩이나 응급실에 갈 수는 없어! 정말 싫어!!!"

어찌어찌 밤을 보내고 아침이 되자 간호사 조시가 전화를 했다. 아버지가 잘 자고 일어났다고 했다. 어머니는 그렇지 못했다. 아픈 어머니를 씻겨야 했는데 그건 내가 준비되어 있지 않은 일이었다.

가까스로 어머니를 씻긴 후 바깥으로 달려 나가 신선한 공기를 마시며 구토를 했다. 되돌아오자 어머니가 말했다. "넌 정말 네 아버지랑 똑같구나."

요양 시설에 도착한 것은 오후 4시쯤이었다. 사무실에서 서류를 작성하고 있는데 퀸시 병원에서 또 전화가 왔다. 간호사는 아버지를 좀 설득해달라고 했다. 약 먹기를 거부하고 있다는 것이었다.

"리즈, 경찰에 신고해라. 나 납치당했어." 아버지가 말했다.

"아빠, 지금 병원에 계신 거예요. 약을 드셔야죠. 약을 드시면 제가 오늘 밤에 보러 갈게요."

당장 퀸시 병원으로 달려가 아버지가 어떤 상태인지 확인하고 싶은 마음이 굴뚝같았지만 요양 시설 문간에 어머니를 내려놓고 갈 수는 없었다. 최소한 저녁까지는 머물면서 어머니의 짐 정리를 도와야 했다. 어머니를 시설에 두는 것도 죄스러웠고 밤 11시까지 퀸시 병원으로 갈 수 없는 것도 죄스러웠다. 다음 날 부모님을 보러 갈 수 없었기에 더더욱 죄책감이 들었다. 아이들과 생일 기념으로 뉴욕 여행을 하기로 했기 때문이었다. 여행하고 싶은 마음은 사라진 지 오래였지만 아이들을 실망시킬 수는 없었다.

결국 뉴욕 여행은 내게는 여행이 아니었다. 택시에서도, 여객선에서도 계속 휴대전화를 들여다보고 있었고 일 처리를 해야 했다. 휴가를 낸 상태이기는 했지만 그 전주에 해야 할 업무가 마무리되지 않았다. 고객이 새로운 웹페이지를 공개할 예정이있고 나는 매 화면을 검수해야 했다. 남편과 아이들이 관광을 하는 동안 나는 이메일을 주고받느라 바빴다.

다음 날 타임 스퀘어 한가운데에서 우리 가족은 오토바이 배달원이 택시에 치이는 사고를 목격했다. 남편이 달려가 상황 처리를 돕는 동안 나는 신고 전화를 하려 했다. 버튼을 누르는데 전화가 걸려왔다. 어머니가 심한 복통으로 병원에 옮겨졌다는 요양 시설 전화였다.

며칠 후인 2014년 7월 1일, 언니와 나는 아버지의 담당 의료진을 만났다. 아버지가 알츠하이머와 치매 초기 단계여서 집으로 돌아가지 못할 거라고 했다. 몇 시간 후 보스턴 브리검 여성병원 의사가 전화를 해왔다. 어머니는 전날 그리로 옮겨진 상태였다.

"어머님은 난소암입니다." 의사는 앞으로 어머니가 석 달 더 사실 거라고 했다.

이후 며칠간, 그리고 몇 주 동안 나는 태엽 인형처럼 정신없이 움직였다. 친정집에서 보험과 연금 서류, 그리고 유언장을 찾아냈다. 변호사를 만나 내가 아버지의 법적, 재정적 대리인이 되는 절차를 밟았다. 간호사인 사촌들과 몇 시간씩 통화하면서 부모님 상태를 논의했다. 사회복지사인 사촌에게 요양 시설 관련 조언을 받았고 근처에 놀러 온 친척에게는 우리 아이들을 해변에 데려가 달라고 부탁했다. 사무실에서 업무를 보는 틈틈이 아버지를 위한 인지 치료 시설과 어머니를 위한 요양 시설을 답사했다. 어머니는 치료받을 게 없었으므로 당장 병원에서 퇴원해야 했다. 어쩔 수 없이 일단은 전에 있던 시설로 어머니를 보냈다. 한 달 치 비용도 치른 상태였으니 말이다. 하지만 좀 더 가까운 곳으로 모시는 게 좋을 것 같았다.

마침내 집에서 3킬로미터 떨어진 시설을 찾아냈다. 인지 치료 센터와 요양 시설이 모여 있는 곳이었다. 나는 부모님 각각의 입소 서류에 서명을 했다. 나랑 가까운 곳에, 게다가 두 분이 한 지붕 아래 계신 게 가장 좋겠다고 판단했다. 그런데 바로 그 순간 어머니가 아버지를 떠나겠다고 말씀하신 것이다.

나와 어머니의 관계는 단순하지 않았다. 어머니와 딸 사이는 늘 그런 것인지도 모른다. 어머니가 심장 수술을 받은 몇 년 전, 나는 친정에 머물고 있었다. 어머니가 열네 가지나 되는 약을 정리하느라 허둥대자, 아버지가 고함을 지르며 도우려 했다. 아버지 도움을 원치 않았던 어머니는 침실로 들어가버렸다. 나는 아버지한테 왜 그렇게 배려가 없냐고 쏘아붙인 뒤 자리를 피해버렸다. 늦은 밤에 물 마시러 부엌으로 가보니 아버지는 드라마를 보고 있었고 어머니는 아이스크림을 먹는 중이었다. 어머니가 자러 가면서 아버지를 껴안더니 "잘 자요. 사랑

해요"라고 했다.

그 모습에 확 열이 받았다. 어머니 편을 들어 아버지를 비난했는데 어느새 어머니는 화가 다 풀려버린 건가?

그래서 어머니가 이제는 아버지를 보고 싶지 않다고 했을 때 그 독립 선언에 박수를 쳐드려야 마땅했음에도 제일 처음 떠오른 생각은 '어머니 스스로 한 번도 하지 않았던 말을 어째서 내가 해야 한다는 거지?'였다. 이어 '내가 부모님의 삶을 완전히 바꿔버리는구나' 하는 생각이 뒤따랐다.

나는 요양 시설의 관리 책임자를 만나 상황을 설명했다. 그러자 책임자는 아무 문제 없다고, 아버지는 다른 구역으로 들어가실 테니 두 분이 마주칠 일은 없으며 직원들에게도 설명을 해두겠다고 말했다. 해결해야 하는 문제는 딱 하나, 치매 환자와 가족들을 위해 여름마다 여는 파티에 누가 참석할지 정하는 것이라 했다.

혹시라도 문제가 생길까 봐 걱정이 되긴 했지만 달리 방법이 없었으므로 나는 두 분을 그리로 옮겼다. 어머니가 시설에 들어간 날 밤에 오하이오의 언니에게서 문자가 왔다. "어머니는 잘 들어가셨어? 어떠셔? 아버지는? 너는 괜찮아?"

나는 주어를 넣어 답장했다. "내가 어머니를 옮겨드렸어."

언니들에 대한 원망이 점점 커졌다. 난 병원 수발, 매일의 문병, 주거지 옮겨드리기 등 너무 많은 일을 하고 있었고 내 삶은 엉망이 되었다. 잠을 잘 수 없었고 세탁할 시간이 없어 옷도 깔끔하게 챙겨 입지 못했다. 남편과 자주 다퉜고 업무도 쌓였다. 반면 언니들은 일상을 잘 유지하는 듯 보였다. 내 안에서 분노가 자라났고 옆에 있는 남편이 싸움 상대가 되었다. 나는 일기장에 나를 돌아버리게 만드는 사람들을 적어 내려갔다. 언니들, 남편, 대답할 기운도 없는데 인사를 건네는 낯선 이들, '실패한 결혼으로 요양 시설에서조차 떨어져 지내야 해 내가 거짓말을 하게 만들고 스트레스를 안겨주는 부모님' 등등.

나는 부모님 양쪽을 오가며 그 주말을 보냈다. 들킬까 봐 조심해야 하는 것만 빼고는 두 분이 같은 시설에 있어서 아주 편했다. 헤어질 때마다 어머니는 방 창문으로 내다보며 손을 흔들어주셨고 어쩔 수 없이 나는 차에 올라타 밖으로 나갔다가 다시 뒷문으로 들어가 아버지를 보러 가야 했다. 하지만 이 상황은 오래 지속되지 않았다. 불과 이틀 후 어떤 직원이 어머니를 파티에 초대하는 일이 벌어진 것이다. 사실을 알려드려야 했다.

그보다 며칠 앞서 나는 보스턴 일류 병원의 부인과 종양치료과장과 만났다. 내 사촌의 동료여서 그런지 퍽 친절했다. 어머니 암의 예후 얘기를 할 작정이었는데 나도 모르게 어머니가 여명 석 달을 선고받은 상태에서 52년간의 결혼 생활을 끝내고 아버지를 떠나려 한다는 얘기가 나왔다.

"어머님 결정을 존중해드려야 합니다." 의사는 전에도 그런 환자를 본 적 있다고 했다. "죽음에 당면한 환자들은 자기 삶에 대한 생각이 뚜렷해집니다. 그걸 존중해야죠."

나는 그 말을 기억하면서 어머니한테 아버지가 아래층에 계시다는 말을 했다. 그런데 어머니가 자기 암 판정 얘기를 아버지한테 하지 말라고 해서 화가 났다. 물론 내 생각이 부끄러웠으므로 겉으로 화내지는 않았다. 나중에 아버지가 모든 걸 알게 되었을 때 받을 타격과 상실감을 나더러 감당하라는 말이 아닌가. 어째서 내게 그런 짐을 지우는 거지? 암에 걸린 사람이 누구인데? 어머니는 모든 보살핌을 다 누리면서 나만 인생이 망가지는 셈 아닌가? 물론 어머니의 마지막이 얼마 안 남은 건 맞지만 이미 84세이니 그리 큰 비극도 아니지 않나? 아직 살날이 많은 내 삶이 이렇게 엉망진창이 되고 있으니 진짜 비극은 여기 있는 게 아닌가?

"피곤한 모양이구나." 내 침묵에 어머니가 말했다.

"아니, 괜찮아요." 나는 자리를 뜨면서 대답했다.

주차장으로 가면서 올려다보니 어머니는 조카가 선물한 봉제 인형을 안고 손을 흔들고 있었다. 그 순간 나는 그저 어머니를 안아드리고 싶었다.

관계의 역전에 직면할 때

부모님을 돌보는 역할을 하게 되면 가족 내의 역할 내지는 역전 상황이 고스란히 수면 위로 떠오른다. 어른이 되어야 하는 과업 앞에서 갑자기 아홉 살 아이가 되어버리는 셈이다. 과거의 기억이 물밀듯 떠오른다. 중심을 잃고 혼란에 빠질 수 있는 순간이다. 부모님을 보살피는 입장이 되어 지시를 내리다가 다음 순간 아이로 돌아가 부모님의 보살핌이 받고 싶어진다. 어린 시절이 힘들었다면, 더 나아가 위험했다면 그때의 감정이 되살아나면서 다시금 취약한 상태에 빠질 수 있다.

일하는 딸들을 위해 내가 운영하는 온라인 지원 그룹에 올라온 글을 보면 의료적 관리, 재가 돌봄 서비스 일정 조정, 돈 관리 등 돌봄의 기술적 측면뿐 아니라 고마워할 줄 모르고 염치없이 구는 부모님, 도와주지 않는 형제자매, 고집만 부리는 친척 등 감정적인 측면도 자주 등장한다.

니콜은 20대 초반에 아버지와 연락을 끊었다. 아버지는 유능한 외과의였지만 엄하고 냉정했다. 50세가 된 니콜은 가족 모임에서 몰라보게 변한 아버지와 마주쳤다.

"노숙하시더라고요. 차에서 살고요. 의사까지 했던 분이 돈 한 푼 없었어요."

그 아버지는 알츠하이머 환자였다.

그날 당장 니콜은 아버지를 '입양'했다. 10대 아들과 둘이 살던 집에 아버지를 모시고 왔다. 하지만 본래 포악한 성격에 알츠하이머 영향까지 더해지면서 아버지는 점점 견디기 힘든 모습이 되었고 때로는 폭력까지 휘둘렀다. 아들은 집을 떠나기 위해 기숙학교에 진학했다. 친구들이 전화를 해오지 않게 되면서 니콜의 대인 관계는 대폭 축소되었다. 친척들은 왜 아버지를 모시고 있는 거냐며 의도를 캐물었다. 그간 해왔던, 스타트업 기업들을 컨설팅 하는 일도 하기 어렵게 되어 수입이 줄었다. 그래도 니콜은 자기 결정을 후회하지 않는다고 했다.

"전 선택을 했고 제 일과 아들의 삶을 조정하고 있어요. 그래도 정말로 힘든 상황에 처한 아버지를 내버려둘 수는 없죠. 어떻게 돌봐야 하는지도 아는데 말예요. 제가 아버지를 지켜드리겠어요. 언젠가 오빠를 돌봐야 할 날이 온다면 그때도 이렇게 할 거고요."

니콜은 돌봄 제공자로서 자신의 역할, 그리고 아버지와 평화롭게 공존하는 방법을 찾았다. 자신이 참아내야 하는 것, 기꺼이 포기할 수 있는 것, 그 과정에서 자신이 얻는 것의 경계를 분명히 그은 덕분에 가능했다. 몇 개 기업 컨설팅을 이어가던 니콜은 마케팅에서 투자로 업무 방향을 바꾸었다. 가족의 자산을 운용할 수 있었던 덕분이었다. 그리고 가장 중요하게는 여전히 자기 상황에 만족하고 있다.

좋은 면은 무엇인가

매주 목요일이면 나는 온라인 지원 그룹의 일하는 딸들에게 "좋은 면은 무엇인가?"라는 질문을 던진다. 어떤 상황이든 좋은 면은 있기 마련이기 때문이다. 물론 그걸 찾아내기 어려울 때도 있다. 내가 늘 긍정적인 사람이었던 것은 아니다. 하지만 2014년 여름, 내게는 집중할 수 있는 긍정적인 것이 필요했다. 계속 부정적인 생각이 떠올라 병이라도 날 것 같았다.

'제일 불쌍한 건 나야' '어째서 나만 이래야 하지?' 같은 생각이 반복되었다. 막내딸인 내가 언니들 대신 부모님을 돌봐야 한다니 불공평하다는 마음이 점점 커졌다. 희생양이 된 듯했다.

그래서 나는 관점을 바꿔보기로, 내 상황의 좋은 면을 찾아보기로 했다. 그래, 부모님 돌보는 일 대부분을 맡아 하고 있지만 그건 내가 그걸 해낼 만큼 유능하다는 뜻이지. 희생양 느낌이 든다는 걸 바꿔서 보면 내가 일 처리를 체계적으로 잘한다는 뜻이자, 돌봐드리는 데 필요한 에너지를 갖고 있다는 뜻이었다. 그렇게 생각하니 기분이 한결 나아졌다.

형제자매와의 관계에서 주의할 점 네 가지

첫째로 주의할 점은 분노다. 이는 내가 관점을 바꿈으로써 그럭저럭 극복되었다. 남은 세 가지는 다음과 같다.

헛된 기대

"언니들한테 부탁하면 안 돼?" 내가 부모님을 위해 무언가 하려 할 때 남편은 종종 이렇게 말했다. 왜 그런 말이 나오는지 이해할 수 있었지만 그건 헛된 기대일 뿐이었다. 사람마다 강점과 약점이 다르다. 나는 실행이 빠르고 이동 계획을 짜는 일을 잘했다. 또 의사와 상담하고 요양 시설과 협상하고 변호사와 회의하는 데도 언니들보다 능숙했다.

반면 감정적 위로나 배려 면에서는 나보다 언니들이 훨씬 나았다. 그러니 내가 처리하는 일의 일부를 언니들한테 맡기고 나처럼 해결해주기를 바라는 것은 헛된 기대였다. 그보다는 내가 잘 못하는 부분을 맡기는 것이 나았다.

결정 유보

책임을 지는 한 사람이 결국 부모님의 의료 대리인 역할을 맡게 된다. 당신이 그런 입장이라면 그 상황을 그냥 받아들이기 바란다. 형제자매에게 의견이나 정보를 묻는 것은 나쁠 것 없지만 의견 수합을 언제 중단하고 행동에 나서야 할지는 당신 결정이다. 부모님은 신뢰하는 자식에게 역할을 맡긴다. 그러니 스스로를 신뢰해야 한다. 형제자매가 그걸 싫어한다면 안타깝지만 그냥 내버려두라. 보살펴야 할 사람은 그쪽이 아니니까.

가족을 배제하지 않으면서 결정이 유보되지 않을 수 있는 한 가지 방법은 충분히 의견을 듣되 결정은 비민주적으로 내리는 것이다. 내가 직장 상사한테서 배운 방법이다. 모든 사람의 의견을 듣고 평가, 분석하자. 이후 최선의 결정을 내리자. 그 결정이 본인들 의견과 방향이 다르더라도 이해해줄지 모른다. 설사 이해 못 한다고 해도 충분히 고려한 후 최선의 결정을 내렸다는 점을 알리면 그만이다.

부주의한 갈등 노출

돌봄 제공자는 나이 들고 병약한 부모님과 오랜 시간을 함께 보내게 된다. 그 과정에서 지치고 스트레스를 받으며 형제자매와 갈등도 생겨난다. 마음에 의지가 될 친구, 배우자, 온라인 지원 그룹이 필요하다. 돌봄을 받는 사람에게 애먼 원망을 쏟아내지 말자. 그쪽은 이미 걱정할 일이 많을뿐더러 가족 안에 생겨나는 균열을 보며 죄책감과 근심을 느낄 필요가 없는 존재이다.

어머니는 돌아가시기 한 주 전 마지막으로 깨어났을 때 내 손을 잡고 말했다. “언니들이랑 잘 지내겠다고 약속해주렴.”

“제길, 이런 순간은 정말 맞고 싶지 않았는데.” 나는 농담조로 대답했다. “물론 그럴 거예요, 어머니.”

어머니가 듣고 싶어 하던 말을 나는 그대로 해드렸다.

복잡한 가족 관계와 감정을 헤쳐나가기 위해 때로는 전문가의 도움이 필요하다. 부모님 두 분이 한꺼번에 아프기 시작했을 때 난 전문가 상담을 받고 싶었다. 언니들도 내가 그러기를 바랐을 것이다. 하지만 시간과 비용의 문제로 결국 상담은 받지 못했다. 부모님을 돌보고 내 가족을 위해 시간을 내고 일도 해야 하는 상황에서 어떻게든 나 자신의 감정을 처리할 방법도 찾아야 했다. 모든 상처를 치유하지는 못하더라도 방법을 찾는 것은 가능하다. 새로운 가족 드라마에 대한 기대를 버리고 기존의 가족 역학 안에서 돌봄 스트레스를 최소화할 길을 찾도록 하자.

경계 짓기를 도와줄 질문 여섯 가지

분노, 불안, 죄의식 등으로 괴로워하고 있다면 다음 질문들에 답하면서 자기만의 경계를 설정할 수 있다. 누군가를 돌보면서 동시에 자신도 돌보기 위해 필요한 경계다.

1. 현재 혹은 과거에서 나는 무엇을 느끼는가?

과거로부터 떠오른 감정이 있다면 그걸 놓아 보낼 수 있는가? 지금 여기의 당신으로서 새로운 관계를 만들어갈 가능성이 열려 있는가? 스스로에게 물어보라. 그 감정들이 현재의 내게 어떤 도움이 되는가?

2. 용서할 수 있는가?

과거나 최근의 갈등으로 화난 상태라면 용서할 수 있겠는가? 상처 준 사람이 나름대로는 최선을 다한 것이라고, 혹은 자기 행동을 반성하고 있으리라고 생각할 수 있는가?

3. 지금이 문제 해결에 적절한 시점인가?

지금은 과거의 문제나 상처를 해소할 적기가 아닐지도 모른다. 아픈 부모님 앞에서 혹은 위기 상황에서 오래된 형제자매 간 경쟁 관계를 드러내지 말자. 다음으로 미뤄두자. 반면 부모님과 묵은 갈등이 있다면 시간이 얼마 남지 않은 만큼 과거 일들에 평화로운 해결을 시도하라. 병원이나 호스피스 센터의 관련 전문가에게서 도움을 받을 수도 있다.

4. 남들의 어떤 행동을 참아낼 수 있는가?

감사 인사를 하지 않는 사람, 당신이 시간 내준 것을 고마워하지 않는 사람에 대해 어떻게 대응할 것인가? 정답은 없다. 미리 생각하고 자신에게 맞는 답을 찾아두는 것이 중요하다.

5. 지금 당장 내가 처리할 수 있고 처리할 생각도 있는 일은 무엇인가?

얼마나 책임질 것인지 선택해야 한다. 내키지 않더라도 필요한 일이다. 나는 부모님을 이리저리 옮겨드리는 일을 담당하고 대신 언니가 매일 전화해 대화 상대가 되어드리도록 했다. 두 가지 다 내가 맡고 싶지는 않았기 때문이다.

6. 나는 무엇을 포기할 수 있는가?

무언가 할 능력이 있다는 것이 꼭 해야 한다는 의미는 아니다. 돌봄 제공을 제대로 하고 싶다면 나름의 기준을 세워두어야 한다. 나는 잠을 좀 줄이고 아이들의 축구 시합 관전을 포기했지만 부모님을 돌보느라 내 일을 잃고 싶지는 않았다. 남을 돌보느라 자신의 몸과 마음을 망가뜨리고 싶지는 않다고? 그럼 그럴 수 있어야 한다.

'착한 딸'이라는 병

내가 어렸을 때 착한 딸이 되려고 늘 노력했다는 말은 앞서 이미 했다. 사실 많은 여성들이 이런 과정을 거친다. 부모님을, 다음으로 선생님과 배우자, 자녀들, 궁극적으로 다시 늙은 부모님을 기쁘게 해드리려 애쓰는 것이다. 자신을 그 역할에 계속 집어넣으면서 우리는 남들이 우리에게 그것을 기대한다고 믿기 시작한다. 하지만 완벽한 행동에 주어지는 금메달은 없다. 돌봄에서 완벽함이라는 것도 없다. 우리가 할 수 있는 최선이 결국 최선이다.

자신이 남들을 기쁘게 해주려는 마음에서 행동하지는 않는지 돌이켜보라. 이는 분노로 가는 가장 빠른 길이고 건강한 가족 관계를 가로막는 장애물이다. '착한 딸'이라는 병을 앓고 있다면 작은 거울을 하나 구해 가까이 두라. 그리고 그 거울을 들여다보는 것으로 하루를 시작하고 마무리하라. 아침에는 거울 속의 내가 나를 인정하면 그것으로 충분하다는 걸 기억하자. 저녁에는 거울 속의 나를 바라보며 할 수 있는 최선을 다했는지 자문해보자. 거기 그 거울 속에 당신의 가장 중요한 인간관계가 있다.

죄책감 처리하는 법

경계를 설정할 때 죄책감을 어떻게 처리할지 준비하자. 돌봄 제공자의 죄책감은 상처 주는 행동을 했다는 생각('내가 찾아뵙지 않아서 부모님이 쓸쓸하실 거야')에서부터 하지 않은 일에 대한 후회('어제 전화를 걸려 했는데 결국 안 했어'), 충분히 하지 않은 일에 대한 자책('남들처럼 늦게까지 일했어야 했는데'), 심지어는 머릿속 생각에 대한 반성('더는 못 하겠다는 약해빠진 맘을 먹다니!')에 이르기까지 다양한 차원으로 나타난다.

죄책감을 해결하려면 자신이 전지전능하다는 생각부터 버려야 한다. 죄책감은 자기 능력을 실제보다 크게 바라보도록 하기 때문이다. 한 사람의 힘에는 한계가 있다. 또한 남들이 느끼는 감정은 내 책임이 아니다. 행동 전문가들은 이를 부당한 죄의식disproportionate guilt이라 부른다. 자신이 통제할 수 없는 것, 예컨대 남들의 삶에 책임감을 느끼게 만들기 때문에 그렇다.

다음은 죄책감을 해결하기 위한 네 가지 방법이다.

1. 용서를 연습하기

주말에 아버지를 찾아뵙지 않았다고 자책하고 있는가? 아이의 축구 시합을 지켜보고 생일 파티를 열어주며 좋은 부모 역할을 하느라 그랬던 거라면 용서할 만하지 않은가? 스트레스 가득한 힘든 한 주를 끝내고 지쳐서, 가족을 먹여살리기 위해 초과 근무를 한 후 휴식과 재충전이 필요해서 그랬다면 역시 용서할 만하지 않은가? 치매로 늘 난폭하고 화만 내는 아버지를 상대하기가 너무 힘들어서, 참는 데 한계를 느껴서 갈 수가 없었다면 용서할 만하지 않은가? 내가 대신 답해주겠다. 충분히 용서할 만하다.

2. 우선순위 정하기

내가 가진 모든 것을 다 쏟아 부을 수는 없다. 선택을 해야 한다. 어디서 정면 돌파를 하고 어디서 좀 여유를 부릴 것인가? 내 부모님이 연달아 투병을 하게 되었을 때 직장 상사는 병가를 내고 편안한 마음으로 보살펴드리면 어떻겠느냐고 권했다. 내게는 두려운 말이었다. 상사는 내가 받는 급여만큼의 몫을 충분히 해낼 수 있을지 걱정했던 것이다. 하지만 나는 수입이 줄면 생활이 어려운 상황이었다. 그래서 하루 근무 시간을 조금 줄이되 병가와 휴가를 이용해 벌충하기로 타협했다. 나는 업무에 지장이 없도록 하겠다고 약속했다. 그러나 지장이 생겨버렸고 그해 말 고과 평가에서 처음으로 최고점을 놓쳤다. 나는 모든 일을 완벽하게 해내지 못한다고 스스로를 괴롭히고 죄책감을 느끼기보다, 당시 가장 중요한 일은 가족을 돌보는 것이었다고 계속 스스로에게 말해주었다. 그해의 보너

스는 우리 가족이 내 덕분에 위기 상황을 헤쳐나갔다는 자부심이었다. 모든 위기는 결국 끝나기 마련이고 그다음에는 다시 내 일에서 최선을 다할 수 있을 터였다.

일하는 딸들이 자주 던지는 질문은 부모를 보살피는 상황에 대해 직장 상사에게 알려야 하는가이다. 나는 늘 "상황에 따라 다릅니다"라고 답한다. 4장에서 이와 관련해 몇 가지 시나리오가 제시될 것이다. 안정된 직장이라면 가족 내에 위기 상황이 발생해 간혹 근무 시간에 자리를 비울 수 있다는 점을 알리는 편이 좋다. 그런 경우 어떻게 하면 좋을지 미리 의견을 구할 수도 있다. 거기서 나오는 대답에 따라 우선순위가 결정될 것이다. 더 나아가, 솔직한 태도는 사적인 일이 업무에 영향을 미치는 상황에서 오는 죄책감을 줄여준다.

3. 상황을 통제할 수 있다는 생각 버리기

돌봄 노동이 우리에게 가르쳐주는 것을 하나만 꼽는다면 통제할 수 없다는 마음가짐이 될 것이다. 질병은 통제할 수 없고 죽음도 통제할 수 없다. 형제자매가 어떻게 행동할지, 부모님이 어떻게 느낄지 통제할 수 없다. 내가 아무리 애를 써도 의사는 늦게 도착할 수 있다. 그러니 이런 것들에 책임질 필요는 없다. 이를 빨리 깨달을수록 돌봄 제공자는 죄책감을 더 덜어낼 수 있다.

4. 완벽해지려 하지 말기

완벽함은 몹시 과대평가되어 있다. 완벽한 딸, 완벽한 직원, 완벽한 아내와 어머니가 되려고 한다면 결국 실패할 것이 뻔하다. 삶에는 우리가 통제할 수 없는 일들이 너무 많기 때문이다. 그리고 혹시 모를까 봐 말해주자면, 당신이 완벽하길 기대하는 사람은 당신 혼자뿐이다. 그러니 그 생각은 떨쳐버리자.

돌봄 제공자에게 가장 나쁜 말

힘겨운 인간관계를 잘 헤쳐가고 싶을 때 머릿속에서 지워버려야 할 한 단어가 있다. '해야 한다'이다. '해야 한다'고 생각하거나 말하는 것은 누군가 다른 사람의 기대와 가치를 내게 욱여넣었다는 뜻이다. 어머니한테 전화를 해야 하는데, 더 자주 찾아뵈어야 하는데, 이 모든 일을 다 처리해야 하는데 등등.

몇 분만 시간을 내 머릿속의 '해야 한다'들에 귀를 기울여보라. 돌봄 제공자로서 내면화한 '해야 한다'가 무수히 많이 떠오를 것이다. 너무 많아서 놀랐을지도 모르겠다. 그중에서 자신의 목소리는 몇 개이고 남들의 가치 판단에 근거한 목소리는 몇 개인가? 자신의 목소리라고 여기는 것이 실은 남들에게서, 즉 부모님, 형제자매, 친척들, 직업적인 돌봄 제공자, 의사,

온갖 전문가들, 언론 매체 등에서 왔을 수도 있다. 아버지를 집으로 모셔야 한다, 직장 일을 줄이고 부모님을 도와드려야 한다, 더 자주 전화하고 찾아가야 한다 같은 것들 말이다. '하고 싶다'가 아니라 '해야 한다'를 따라 행동하는 경우 금방 분노가 커진다. 하루가 끝날 때 중요한 딱 한 가지는 자신에 대한 스스로의 생각이다. 돌봄을 수행하는 데 영향을 미치는 상황, 시간 부족, 자원, 관계를 아는 사람은 오로지 당신뿐이다. 그러니 남들이 뭐라 평가하든 신경 쓸 필요 없다.

마음속에서 '해야 한다'를 지워나가는 연습을 하자. 종이를 가져와 반으로 접어 두 부분으로 나눠라. 왼쪽에는 '해야 한다'에 해당하는 내용을 쓰자. 그리고 오른쪽에는 돌봄 제공자로 당신이 진짜 원하는 일들을 써라. 어떻게 다 해낼 수 있을지, 결과가 어떨지 생각하지 말고 그냥 쓰기만 하자. 오래 고민하지 말고 생각나는 대로 빨리 써 내려가자.

다 썼다면 '해야 한다'와 '하고 싶다'의 관계를 살펴보자. 왼쪽에 '매일 어머니에게 가서 집안일을 도와드려야 한다'가 있다고 하자. 이것을 오른쪽으로 옮기려면 '어머니가 독립적으로 사실 수 있도록 도와드리고 싶다' 정도로 바꿀 수 있다. 이제 어느 정도로 발을 담가야 할지 생각할 차례다. 어머니가 집에서 계속 사시게끔 집안일을 해드리고 싶은 건가? 물론 이건 아니다. 어쩌면 형제자매가 도움을 줄 수 있을지 모른다. 가사

도우미라는 대안도 있다. 어머니는 적절히 손보는 정도만 원하는지도 모른다. 한 주에 두세 번 차를 태워드리거나 음식을 가져가는 것으로 충분할 수도 있다. 당신은 어머니의 삶을 다 알지 못한다. 방법은 여러 가지가 있다. 해야 한다고 생각하는 것이 아닌, 하고 싶다고 생각하는 것을 바탕으로 행동하자.

어머니가 운전을 그만두었을 때 나는 주말마다 장을 함께 보러 가야 한다고 생각했다. 그래야 친척들이 착한 딸로 여겨줄 것 같았다. 하지만 일주일 내내 일한 후 휴식하고 내 가족을 보살피고 개인적인 일을 처리하는 데 쓰기에도 48시간은 부족했다. 그럼에도 나는 머릿속의 '해야 한다' 때문에 왕복 세 시간 운전을 감수했다. 보행 보조기를 사용하는 어머니가 장을 보려면 예상보다 시간이 훨씬 오래 걸렸고 나는 식료품을 내려놓자마자 집으로 달려와야 했다. 짜증이 났다. 어머니와 함께 있을 때도, 남편과 집에 있을 때도, 아이들 앞에서도 짜증이 났다. 시간에 쫓긴다는 느낌 때문이었다. 여기서 만족하는 사람은 아무도 없었다. 그러던 어느 날 새로운 방법이 떠올랐다. 내가 장을 봐서 가져다드리고 싶었다. 어머니를 모시고 가고 싶지 않았다. 이렇게 하는 편이 훨씬 속도가 빨랐다. 물론 어머니 속마음을 다 알 수는 없었고 내가 가져다드리는 식료품 중에는 마음에 들지 않는 품목도 있겠지만 말이다. 나는 온라인으로 식료품을 주문해서 주말마다 가져다드렸다. 어머니는 직접 장보던 일을 그리워했고 가끔은 이웃이 차를 태워 식료품점에 데려다주었다. 결과적으로 어머니한테는 늘 먹을 것이 있었고 나는 한층 여유롭게 어머니 옆에 앉아 이야기를 나눌 수 있게 되었다.

또 다른 예를 보자. '해야 한다' 쪽에 '병원 진료 때마다 아버지를 모시고 가야 한다'가 있다면 '아버지의 치료 과정을 관리하고 조언해드리고 싶다'로 방향을 바꿀 수 있다. 한 달 혹은 한 주에 몇 시간을 대기실에서 보내지 않더라도 원하는 바를 이룰 방법이 있다. 의사와 상담할 시간을 따로 예약하면 된다. 의사에게 이메일을 보낼 수도 있다. 직장 근무를 빼먹고, 혹은 자녀를 돌볼 시간까지 희생하며 매달리지 않아도 충분히 원하는 역할을 할 수 있다.

관계 재설정하기

부모님과 더 건강한 관계를 만드는 또 다른 방법은 관계를 재설정하는 것이다. 관계 변화가 불가능하다는 생각은 버리자. 돌봄 제공자들은 부모 돌보기를 시작하면서 역할 전환을 경험했다는 말을 종종 한다. 부모의 상태를 걱정하고 경제적으로 지원하며 먹고 씻는 문제를 해결하면서 자식이 갑자기 부모의 부모처럼 바뀐다는 것이다. 하지만 다른 길도 있다. 아직 가보지 못한 길, 부모-자녀에 중점을 두지 않은 길이다. 돌봄 제공자 역할을 통해 노년기 부모님과 완전히 새로운 관계, 과거에 묶이지 않고 협력하는 성인들의 관계를 만들어갈 수도 있다.

안타깝게도 우리 어머니는 요양 시설에서 오래 머물지 못했다. 겨우 두 주 만에 호스피스로 옮겨 24시간 관리를 받게 되었던 것이다. 그리고 이후 내 역할은 다시 돌봄 제공자에서 딸로 바뀌었다. 내가 할 일이 별로 없었다. 그저 옆에 앉아 남은 시간을 함께 보내드리는 게 다였다. 해야 할 일들이 없는 상황에서 나는 어떤 부담도 기대도 없이 그저 함께 있는 법을 배웠다. 과거와 미래는 중요하지 않았다. 그저 그 순간에 우리는 연결되어 있었다.

어느 날 어머니가 아버지를 모시고 와달라고 했다. 나는 잔뜩 긴장했다. 어머니는 아버지에게 허심탄회하게 속마음을 털어놓았고 용서한다고 말했다. 그러고는 마지막으로 덧붙였다.

"언제든 날 보러 와도 돼요."

아버지를 다시 인지 치료 시설에 모셔다드리러 나서면서 나는 어머니한테 입을 맞추었고 "정말 자랑스러워요, 어머니"라고 속삭였다. 하지만 자랑스러움 그 이상이었다. 내 감정은 경탄과 존경에 가까웠다.

Working Daughter — 3장

우선순위 정하기

우선순위 정하기

2014년 가을, 나는 친구에게 말했다. "어머니와 내 결혼 생활 중 어느 쪽이 더 오래갈지 모르겠어." 어머니는 호스피스 생활 두 달째였고 나는 매일 어머니를 찾아갔다. 출근길에 들렀다가 그 시간을 벌충하려 야근하기도 했고 저녁 먹은 후 어머니한테 가서 한밤중까지 드라마를 함께 보기도 했다.

부모님에게 문제가 생겼다고 언니가 전화로 알려온 이후 두 아이를 돌보는 일은 온전히 남편 몫이 되었다. 남편은 불평 없이 역할을 해냈지만 나는 더 많은 것을 기대했다. 어느 날 일기에는 "나도 살뜰하게 배려받고 싶은데 남편은 그런 사람이 아니다"라고 쓰기도 했다.

부모님이 편찮으시면서 내 삶이 송두리째 날아간 것과 달리 남편은 아무 영향을 받지 않고 아이들 학교, 축구, 숙제를 봐주면서 변함없는 일상을 사는 것으로 보였다. 나는 짜증이 나기도, 부럽기도 했다. 남편은 남편대로 내가 부모님 때문에 다른 모든 역할을 팽개치는 상황에 짜증이 나 있었다.

우리의 결혼 생활은 삐걱거렸다. 힘들 때마다 의지가 되었던 사촌이 "우리 부모님이 편찮으셨을 때 내게 제일 위로가 되었던 일은 밤마다 남편이 꼭 안아주었다는 거야"라고 말해서 불에다 기름을 부은 격이 되었다. 아니 그럴 수가? 나는 매일 남편과 험한 말을 주고받는 상황이었는데 말이다. 하루는 출근한 후에 남편에게서 문자를 받았다. 아침 먹은 그릇을 식기 세척기에 엉망으로 넣었다는 잔소리였다. 나는 "어머니가 오늘낼 하시고 내가 그 모든 과정을 책임지는 상황인데 그 빌어먹을 식기 세척기에 그릇이 어떻게 들어가는지가 중요해? 제발 닥쳐"라고 답신을 보냈다.

암 선고를 받은 어머니가 삶의 우선순위를 정리했듯 나도 호스피스 간호사 페그와 대화하고 난 뒤 우선순위를 재설정했다. 어머니가 가신 후에도 일과 아이들은 그대로 있어줄 것이므로 후순위가 되었다. 부모님을 최우선순위에 두겠다는 내 선택을 남편과 의논하지는 않았다. 그냥 이해해주려니 했다. 어느 정도는 그랬던 것 같다. 내가 처리해야 할 수많은 일들을 대신해주었으니 말이다. 남편은 트럭을 빌려 요양 시설로 어머니 가구를 옮겨주었고 몇 주 후 어머니가 호스피스로 가게 되자 다시 트럭을 가져와 가구를 친정집에 되돌려놓았다. 부모님의 돈을 관리하며 의료비를 처리하고 보험금 청구도 했다. 하지만 다른 면에서는 전혀 이해를 해주지 않았다.

어느 날 밤 어머니랑 텔레비전을 보고 있는데 호스피스 간호사가 들어와 귓속말을 했다. "방금 환자 한 분이 돌아가셨어요. 어머님이 시신 옮기는 소리를 듣지 못하도록 문을 닫을게요."

이어 장례지도사가 도착하는 소리, 바퀴 달린 침대가 옮겨지는 소리가 들렸다. 처음으로 죽음이 바짝 다가온 느낌이라 긴장이 되었다. 그때 남편이 자지 않고 기다리겠다는 문자를 보내왔다. 다음 날부터 내가 샌프란시스코로 며칠 출장을 가야 하는 상황이었기 때문이다. 고마웠다. 하지만 집에 돌아가 내가 낭만적인 시간을 보낼 기분이 아니라고 말하면 어떤 반응이 나올지 뻔했다. 남편은 "이번에도 부모님이 1순위라는 얘기군"이라고 말할 것이었다.

그러나 내가 어떤 상황에 처해 있는지를 남편이 어떻게 이해한다는 말인가? 돌봄 제공자가 되어본 적이 없는 사람은 알 수 없다. 조사에 따르면 노년기 부모님을 보살피는 사람들 중 80퍼센트가 부부나 연인 관계에서 갈등을 겪으며, 성생활에 부정적인 영향을 받았다는 비율도 34퍼센트에 이른다. 돌봄 제공자들은 왜 그럴 기분이 아닌지 조목조목 적어놓고 설명해야 하는지도 모른다. 그 목록에는 질병, 죽음, 위독함, 치매 등등이 포함될 것이다. 그리고 잠과 다른 것 중 하나를 선택하라면 두말할 것 없이 잠을 고르리라는 것도.

그렇다. 노인 돌봄은 우리 삶을 정말이지 엉망으로 만든다. 그 파급력은 배우자나 연인뿐 아니라 자녀, 친구, 상사, 동료, 고객에게까지 미친다. 전업 혹은 부업 일까지 얽히면 일파만파로 퍼져나갈 수 있다.

최근 내가 아는 어떤 여성은 친정어머니가 병이 나고 세상을 떠나기까지 한 해 동안 "가족을 그냥 버려둘 수밖에 없었어요"라고 말했다. 남편이 최선을 다해 도우려 했지만 하루 종일 일하면서 아이들을 여기저기 실어 나르기까지 하느라 너무 힘이 들어 식사는 패스트푸드나 배달로 때웠다고 한다. 결국 아이들은 체중이 과다하게 늘었고 학교 성적도 떨어졌다. 그 여성은 "학교에서 선생님이라도 아이를 신경 쓰고 챙겨주었다면 좋았을 텐데 말예요"라고 한탄했다.

어머니가 호스피스에서 보낸 석 달째, 그리고 마지막 한 달 동안 나도 괴로운 시간을 보냈다. 며칠씩 어머니랑 함께 자면서 아이들을 그리워했다. 어머니랑 있을 때는 아이들 생각을 했고 아이들과 있을 때는 어머니 걱정을 했다. 업무는 제일 마지막 순위가 되어버렸지만 어머니를 돌보면서도 일을 처리하겠다고 상사에게 약속했던 터라 호스피스의 계단 아래 있는 작은 방을 임시 사무실로 삼았다. 전화를 받거나 집중해서 뭘 써야 할 때 그곳을 이용했다. 일하다가 어머니한테 무슨 일이 생기면 계단을 뛰어 올라 어머니 방으로 갔다.

한번은 자녀들과 통화를 하며 숙제를 봐주고 있는 여성을 보게 되었다. 환자 가족용 주방에서 가끔 마주치면 미소로 인사를 나누는 사이였지만 대화를 시작할 에너지는 없던 터였다. 통화가 끝난 후 내가 말을 걸었다. "저희 집 아이들과 비슷한 나이인 것 같네요."

"애들은 플로리다에 있어요. 제가 이렇게 장기간 와 있는 건 두 번째고요. 멀리서라도 엄마 노릇을 하고 싶은데 어렵네요."

마음이 아팠다. 그래도 나는 근처에 살고 있어 정말로 필요할 때는 언제든 달려가 아이들을 볼 수 있는 상황이었으니 말이다. 어디서든 업무도 할 수 있었다. 그 여성은 호스피스에 오느라 직장이며 경력을 다 잃었을지도 모를 일이었다.

마라톤에 대비한 훈련

앞서 소개한 두 여성, 그리고 내 상황은 '범위가 정해진 고통'이었다. 힘들었지만 끝이 있었다. 돌봄 제공자 역할이 언제 끝날지 정확히는 모른다 해도 어머니들의 죽음이 임박했다는 것은 분명했다. 아이들을 버려두는 일이 쉽지 않다고는 해도 어쨌든 일시적이었다.

그러나 끝을 예상할 수 없는 돌봄 제공 상황이라면 전혀 다를 것이다. 극적인 면은 덜한 대신 끊임없이 자신을 소진시킬 것이다. 언제쯤 끝나게 될지 안다면 선택이 쉬워진다. "어머니가 몇 달 못 사실 거야. 매주 세 번씩은 찾아뵈어야지" 혹은 "아버지가 병원에 계시니 퇴원 때까지 조금 일찍 퇴근해 매일 가봐야겠어"라고 말할 수 있다. 배우자, 자녀, 친구, 상사에게 가족의 위기 상황 때문에 기기에 신경을 써야 한다고 설명할 수 있다. 스스로를 설득하기도 좋다. 끝날 때까지 당분간만 일상을 포기하자고, 우선 필요한 일을 하자고 말이다. 머지않아 위기 상황이 끝난다는 점이 중요하다. 이를 바탕으로 우리 스스로도, 주변 사람들도 희생을 감수할 수 있다. 돌봄을 위해 평소의 생활도 포기할 수 있다. 배우자나 이웃에게 아이들을 태워다 달라고 부탁할 수도 있고 직장 동료에게 업무 일부를 맡길 수도 있다. 잠을 줄이고 운동도 포기할 수 있다. 그런데 미국은퇴자협회와 전국돌봄연합의 자료에 따르면 노년기 가족을 돌보는 평균 기간이 4년이고 무급 돌봄 제공자의 15퍼센트는 10년 이상 그 역할을 수행한다고 한다. 돌봄 제공이 단거리 경주가 아닌 마라톤이라면 누구의 필요를 먼저 고려하며 어떻게 우선순위를 정해야 할까?

노인 돌봄과 삶의 다른 역할을 조화시키는 일은 특히 여성들에게 힘들 수 있다. 일단 더 쉽게 피곤해진다는 것이 이유가 된다. 질병통제예방센터 보고서에 따르면 남성보다 여성들이 더 쉽게 지치고 에너지 고갈을 겪는다고 한다. 충분히 그럴 만하다. 내가 만난 여성들 대부분이 과도한 일정을 소화하며 정신없이 바쁘게 살고 있었다. 배우자, 자녀, 부모, 동료, 친구 등 여러 우선순위 사이를 오가면서 말이다. 자녀를 둔 여성은 배우자에 비해 가사와 양육 일을 두 배나 더 많이 한다. 반려동물 돌보는 일도 떠맡고 자원봉사도 남성보다 30퍼센트 더 한다. 이 모든 것을 감당하는 스트레스는 해소하기 쉽지 않다.

미국인의 시간 사용 실태 조사 자료를 바탕으로 자녀를 둔 평균적 여성의 하루를 그려보자. 식사에 한 시간, 집안일에 2.2시간, 자녀 돌봄에 두 시간을 쓴다. 평균 수면 시간은 여덟 시간이고 씻고 옷 입는 데 한 시간, 근무 시간 평균 8.9시간, 출퇴근에 한 시간을 쓴다. 부모님을 돌보는 책임까지 맡는다면 2.3시간이 추가된다. 자녀가 없는 여성의 경우에는 노인 돌봄으로 3.4시간을 쓴다. 계산을 해보면 아이가 있든 없든 총계가 24시간을 넘는다. 게다가 이 실태 조사에 포함되지 않는 비가시적 일이 추가된다. 비가시적 일이란, 해두면 아무도 모르지만 하지 않으면 문제가 발생하는 일이다. 자녀 학교와 관련된 서류 작성, 보험 관련 일 처리, 의사가 작성한 처방전 내용

확인 등등. 아이가 기저귀도 안 차고 돌아다니지는 않는지, 부모님이 용변 실수를 하지 않았는지도 살펴야 한다. 이런 일에도 에너지와 시간이 든다. 하지만 하루를 24시간보다 더 늘릴 수는 없는 노릇이다. 오래전 이집트인들이 해시계로 정해놓은 하루는 앞으로도 쉽게 바뀌지 않을 것이다. 그럼 이미 꽉 찬 일정에 새로운 돌봄까지 더해지는 경우, 어떻게 하면 좋을까?

일정 계획은 답이 아니다

하루 안에 28시간을, 아니 25시간만이라도 끼워 넣기는 불가능하다. 그 불가능한 일을 나는 시도해본 적이 있다. 부모님의 위기 상황이 닥치기 몇 년 전, 집안일을 돕고 병원 진료에 모시고 가던 때의 일이다. 몇 시간 정도는 충분히 추가로 쓸 수 있다고 생각했다.

어머니가 친정 근처 병원에 데려다줄 수 있느냐고 해서 휴가를 냈다. 운이 좋아서 가능한 일이었다. 미국은 유급 휴가를 보장하지 않는 전 세계 13개 국가 중 하나이고 부모님을 위해 하루를 쉬면 그만큼 소득이 줄어드는 노동자가 많다.

병원 진료에 동행하는 일이 늘 예상보다 오래 걸린다는 것 정도는 나도 경험상 알고 있었다. 그럼에도 나는 다른 일정을 집어넣었다. 〈허핑턴 포스트〉에서 글 청탁을 받았는데 그날이 마감이었고 나는 시작도 못 한 상태였다. 그날 밤에는 보스턴에서 강연을 해야 했다. 그 일들을 다 해낼 수 있을까? 유연근무의 이점을 충분히 누리는 내 입장에서도 쉽지 않아 보였다.

나는 아침 5시 반에 일어나 고객과 동료에게 메일을 보내 사무실을 비우는 동안 프로젝트가 진행되도록 조치했다. 아이들이 학교 가는 것을 배웅하고 나갈 준비를 한 뒤 9시에 친정집으로 출발했다. 가는 길에 휴대전화에 대고 글 내용을 녹음했다. 〈더 애틀랜틱〉에 실려 논란이 되고 있는 앤마리 슬러터의 글 「어째서 여성들은 여전히 모든 것을 가질 수 없는가?」에 대한 내 의견을 쓰는 것인데 마침 내가 처한 상황에 딱 들어맞는 주제였다.

친정에 도착하니 10시 15분이었다. 어머니를 차에 태우고 모셔다드리기에 충분한 시간이었다. 그런데 집 안으로 들어서니 샤워하는 소리가 들렸다.

"아니, 어머니 뭐 하세요? 지금 출발해야 돼요!"

"재촉하지 마라. 빨리빨리 움직여지지가 않아서 그래."

다행히도 외래 진료가 전체적으로 늦춰진 덕분에 지각은 면했지만 일정이 어그러지기 시작했다. 의사를 만나고 검사를 한 후 당장 집으로 달려가고 싶었지만 그럴 수가 없었다. 그랬다가는 죄책감이 클 것 같았다. 어머니와 함께 점심을 먹고 약국에도 들렀다. 돌아오니 아버지가 컴퓨터 로그인이 안 된다면서 좀 봐달라고 했다. 결국 오후 3시에나 스트레스를 잔뜩 받은 채 출발할 수 있었다.

집으로 운전해 가는데 차에서 이상한 소리가 나기 시작했다. 무시하려 했지만 계속 들려 어쩔 수 없이 고속도로 갓길에 차를 세웠다. 내려서 살펴보니 커다란 나뭇가지가 차체 아래 끼어 있었다. 차 밑으로 기어 들어가 나뭇가지를 빼내려 끙끙거리면서 나는 머릿속으로 남편과 말싸움을 벌이고 있었다. 어떻게 나뭇가지를 못 보고 경솔하게 그 위로 차를 몰았느냐고 남편이 잔소리를 하고 나는 갓길에서 고생하는 마누라 걱정은 안 하고 차 얘기만 하느냐고 소리 지르는 장면이었다.

5시 직전에 집으로 들어가 서둘러 글을 정리해 이메일을 발송하고 이를 닦고 옷을 차려입은 다음 강연을 하러 갔다. 언젠가는 완벽하게 화장하고 갖춰 입은 모습으로 갈채를 받고 싶었다. 그날 밤에는 양치하고 깔끔한 옷을 입은 것만으로도 감사해야 할 판이었다. 청중은 나처럼 일과 삶의 균형을 맞추느라 애쓰고 있는 신참 엄마들이었다. 자정이 다 되어 집에 들어온 나는 중얼거렸다. "일하는 엄마 얘기는 충분히 많이 했어. 이제 일하는 딸 얘기를 해야 하지 않을까?"

나는 일하는 엄마에 대해 책을 쓴 터라 일과 양육 사이에서 균형을 잡으려는 어머니에 대한 책과 자료가 얼마나 많은지,

또 어떤 지원 서비스가 있는지 잘 알고 있었다. 아이를 출산한 어머니는 친구와 가족의 축하와 함께 필요한 물품들을 선물받는다. 경험담과 조언을 들을 수 있는 기회도 많다. 그런데 일하는 딸은 어떤가. 자기 일과 부모 돌봄, 자녀와 배우자 관계를 혼자 힘으로 해결해야 한다. 친구들의 조언도 얻기 어렵다. 일하는 딸들은 일정을 미리 계획할 수 없는 상황에서 결국 친구를 잃게 된다는 하소연을 많이 한다.

불면증이던 내가 새벽 3시쯤에 처음으로 정보를 찾기 시작했을 때 쓸 만한 내용은 전혀 없었다. '부모님 보살피기와 결혼생활의 조화'나 '노년기 부모님과 직장 일 병행' 같은 검색어를 넣어보았지만 결과가 신통치 않았다. 정부 웹 사이트들도 마찬가지였다. 링크된 가족 건강 연구소나 개인 블로그들은 돌봄은 축복이라는 식의 쓸모없는 찬사나 가족 및 직장 상사에게 터놓고 말하라는 무익한 충고만 늘어놓았다. 그렇게 간단하면 얼마나 좋겠는가. 인터넷 속 글들은 도움이 되기는커녕 상처만 더했다. 한밤중에 피곤과 절망감 속에서 그런 얘기를 읽고 있자니 세상천지에서 나 혼자 발버둥치고 있다는 느낌이 들었다.

빡빡한 일정을 어떻게 관리해야 할지, 돌봄 제공 과업을 어떻게 완수해야 할지 알려주는 정보가 전혀 없는 이유는 어쩌면 노인 돌봄이 할 일 목록에 추가해 몇 시간만 들이면 끝나는 일이 아니기 때문일지도 몰랐다. 이건 삶에서 무엇이 중요한지 알아가는 일이었다. 일하는 딸들 중 가장 안정적으로 균형을 잡은 이들은 일정 계획의 노예가 아니었다. 무엇이 중요한지 분명히 알고 그에 따라 우선순위를 설정하는 이들이었다.

무엇이 가장 중요한가

자신에게 무엇이 가장 중요한지 알고 있는가? "잘 모르겠다"라는 대답이 나왔다 해도 아마 어느 정도는 알고 있을 것이다. 하지만 더 분명하게 파악하려면 일단 내면의 착한 소녀와 이별하고 '착한 딸'이라는 병도 치료해야 한다.

이 병에 시달리는 사람이 나 혼자는 아니다. 가족 안에서 혼자 책임을 떠맡는 돌봄 제공자들 대부분이 그렇다. 생각해보라. 우리는 착한 딸, 착한 학생, 착한 직원, 착한 아내, 착한 어머니, 그리고 착한 성인 딸로 키워졌다. 기대에 부응해 도움이 되는 좋은 사람이 되기 위해 열심히 노력한다. 그래야 한다고 믿기 때문이다. 그리하여 실제로 그런 모습이 된다. 지금까지 지녀온 착한 사람 증후군을 뒤흔들기는 쉽지 않지만 경계 설정 방법을 배우지 못한다면 과도한 헌신, 과도한 일, 만성 피로에 시달릴 수밖에 없다. No라고 말할 수 없을 때 어떻게 해야 할까? 노력을 중단하라. 그리고 Yes라고 답하라. 예상을 벗어난 어이없는 조언 같은가? 그렇지 않다. 자신에게 가장 중요한 걸 분명히 아는 사람에게는 말이다.

나는 Yes라고 대답할 일들의 목록을 만들어두었다. 이른바 '절대 포기할 수 없는' 일들이다. 내 삶에서 논쟁이나 물음표를 허락하지 않는 부분이다. 길지는 않아서 세 개에서 다섯 개 정도이고 시간이 흐르면서 내용이 바뀐다. 아이들과 시간 보내기, 생활비 벌기는 늘 들어 있다. 목록에 포함될 수 없는 것은 무엇일까? 내가 해야 한다고 남들이 생각하는 일, 예를 들어 집안일이 있다. 또 '최고'라는 말이 들어가는 것들도 빠진다. 최고로 날씬해지기, 최고로 부자가 되기, 최고로 똑똑해지기 등등. 이런 것들은 나한테 전혀 중요하지 않다.

다음 세 질문에 답하면서 자신에게 가장 중요한 일의 목록을 만들어보자.

1. 가장 중요한 것은 무엇인가?

우선 자신에게 중요한 것을 다 써보자. 친구, 연인, 자녀, 배우자, 부모님, 건강, 직업, 운동, 취미, 관심사, 자원봉사, 종교 등등. 그것들과 관련해 실천할 일들을 적는다. '해야 한다'는 빼버리라고 했던 말을 기억하는가? '해야 한다'가 개입되어 있지는 않은가 확인한다. 목록이 완성되었다면 최소 한 시간쯤

놓아두었다가 다시 살펴보면서 필요한 내용을 더한다.

2. 지금 가장 중요한 것은 무엇인가?

이제 목록을 검토하며 인생의 지금 이 단계에서 가장 중요한 일과 미룰 수 있는 일을 구분하자. 중요하지만 당장의 우선순위에서는 빼도 될 일은 무엇인가? 하프 마라톤을 완주한다는 계획이 있다고 하자. 멋진 계획이지만 돌봄 역할을 해야 하는 올해 넣기는 어렵지 않겠는가?

3. '절대 포기할 수 없는' 일은 무엇인가?

한 번 더 목록을 들여다보자. 지금 당장 제일 중요한 세 가지는 무엇인가? 세 가지를 선택하기가 너무 어렵다면 최대 다섯 개까지 골라라. 그 이상은 안 된다. 자, 이제 가장 중요한 일의 목록이 만들어졌다. 부모님과 시간 보내기, 아이 학교에서 봉사하기, 건강 챙기기나 새로운 사업 시작하기 등이 있을 수 있다. 사람마다 목록은 다를 것이다. 그 세 개 내지 다섯 개에 대해서는 매일 Yes라고 말하라. 그 밖에는 모두 선택 가능하다.

Yes라고 말하라

'절대 포기할 수 없는' 것의 목록에 Yes라고 말하기 시작하면 다른 일에 No라고 답하기가 쉬워진다. 예를 들어 매일 운동하기가 목록에 포함된 경우 운동할 시간에 무언가 해달라는 부탁을 받았을 때 분명하게 거절할 수 있다. 정말 중요한 것에 Yes라고 말하면 말할수록 삶에서 나름의 균형을 찾기가 더 쉬워진다. 습관이 될 때까지 연습이 좀 필요할 수도 있다. 착한 사람이 되어야 한다고 우리를 압박하는 내면의 목소리 때문에 그렇기도 하고 TV 속 등장인물, 신문이나 잡지의 기사에서 받는 메시지 때문에, 더 다정하게 남들의 부탁을 들어줘야 한다고 말했던 선생님이나 부모, 상사, 친척들의 영향 때문에도 그렇다.

완벽하지 않아도 괜찮다

자동차 밑에 나뭇가지가 걸려버렸던 그날로부터 4년이 지난 후 나는 아버지를 요양 시설의 독채에서 요양병원의 다인실로 옮겨야 했다. 우리 둘 다에게 큰 변화였다. 아버지는 치매가 진행되어 지금이 몇 년도이고 자신이 어디 있는지, 때로는 내가 누구인지도 알지 못했다. 하지만 난 아버지가 여전히 내 아버지이고 내가 아버지를 사랑한다는 점을 알고 있었다. 아버지 당신이 결코 원하지 않는 어딘가 다른 세상에 살고 계신다는 것도 알고 있었다. 그리고 나는 아버지가 새 공간에 잘 적응하실 수 있도록 가능한 한 오래 곁을 지켜드리고 싶었다.

이 단계의 돌봄 제공은 영혼을 파괴하는 일이었다. 이건 범위가 정해진 고통이 아니었다. 아버지가 언제까지 사실지 전혀 알 수 없었다. 벌써 90세였지만 내가 입버릇처럼 말했듯 '돌아가시기에는 아직도 너무 꼬장꼬장했다.' 저녁 시간 이후로는 치매 증세가 심해져서 나는 되도록 그전에 매일 아버지와 시간을 보내려 했다.

하지만 그렇게 하기가 쉽지 않았다. 공식 업무 시간은 월요일에서 금요일 8시 반부터 5시 반까지였다. 동료와 고객들이 있는 캘리포니아 시간이 세 시간 늦었기 때문에 근무 시간이 연장되는 일도 많았다. 매주 토요일과 일요일에는 한 시간 이상 운전해 가야 하는 경기장에서 딸아이가 축구 시합을 했다.

당시 내 삶에서 '절대 포기할 수 없는' 것은 아이들과 함께해주는 것, 아버지 곁에 있어드리는 것, 그리고 일자리를 유지하는 것이었다. 승진은 기대하지 않았다. 몇 년간 계속된 돌봄 역할로 지친 상태였고 한 분을 떠나보낸 후 남은 한 분까지 서서히 스러지는 모습을 지켜보다 보니 가족과 되도록이면 많은 시간을 보내고 싶다는 생각이 들었다. 한때 내게 넘쳐나던 일에 대한 열정은 사라지고 없었다.

아이들의 삶에 함께한다는 건 매주말 딸의 축구 시합에 참여한다는 뜻이었고 아들 학교에 행사가 있을 때 출장을 포기한다는 뜻이기도 했다. 일자리를 유지하는 것은 업무에서 계속 성과를 내고 간혹 출장을 간다는 뜻이었다. 아버지 곁에 있어드린다는 것은 매일 찾아뵙고 싶다는 뜻이었다. 운 좋게도 당시 나는 재택근무를 했고 그래서 주중이라도 언제든 요양병원에 갈 수 있었다. 휴대전화로 메일을 확인하고 업무 회의를 하면 되었다. 일이 밀리면 밤에 해결했다. 주말 시간 대부분은 아버지 찾아뵙기와 딸의 축구 시합에 들어갔다. 시간 관리 원칙을 적용하려 했다면 아마 모든 것이 뒤죽박죽이었을 것이다. 나는 가장 중요한 것에 집중했다.

완벽해지겠다는 희망을 버렸다. 완벽함이란 실현 불가능한 이상임을 기억해야 한다. 매일의 할 일 목록이 세 쪽을 채운다면, 그래서 아이들을 학교에 태워주고 세일즈 프레젠테이션을 준비하고 보험 회사에 전화하고 의료 지원 요청 서류를 작성하고 아버지를 안과 검진에 모시고 가고 4시 45분까지 딸을 축구 연습에 데려다주어야 한다면 완벽함은 기대할 수 없다. 일하는 딸은 선택을 해야 한다. 어디서 정면 돌파를 하고 어디서 좀 여유를 부릴 것인가?

그리하여 나는 대부분의 경우 아버지 상태가 괜찮을 시간에 찾아뵐 수 있었다. 15분밖에 머무르지 못할 때도 있었다. 이미 취침 시간이 되어 아버지가 주무시는 모습을 지켜볼 때도 있었다. 완벽하지 못했지만 그럭저럭 괜찮았다.

그럭저럭 괜찮게 한다는 건 쉬워 보일지도 모른다. 어쨌든 완벽함보다는 낮은 단계니까. 하지만 그리 간단하지 않다. 근무 일정을 바꾸고 여유 시간을 잡아두어야 한다. 어떻게든 통제하려 애쓰는 우리에겐 결코 쉬운 일이 아니다. 노화와 질병 앞에 우리는 무력하다. 삶의 질서를 그대로 지키려고 하면 무력감이 한층 커진다. 성공할 가능성도 낮다. 정말 중요한 것을 우선 해결하려면 작은 것을 놓아버려야 한다. 그럭저럭 괜찮게 하려면 우선 생각을 바꾸고 다음으로 말을, 마지막으로 행동을 바꿔야 한다.

그럭저럭 괜찮게 하기 위한 세 단계는 다음과 같다.

1. 생각 바꾸기

완벽함과 그럭저럭 괜찮음 사이의 핵심적 차이는 상황에 대해 생각하고 반응하는 방식이다. 어머니를 식료품점에 모시고 가고 약을 챙겨드리고 집을 청소할 사람이 당신 혼자뿐이라고 생각한다면 그건 틀렸다. 당신과 똑같은 식으로 이를 해낼 사람은 없다는 건 참이다. 당신 방식이 유일하고 최선이라는 생각은 거짓이다.

아버지에게 긴급하지는 않지만 중요한 외래 진료 약속이 있다고 하자. 그런데 근무 시간을 조정하지 못하거나 딸의 춤 공연이 있어 모시고 갈 수가 없다. 그 외래 진료를 못 받으면 큰일이라고 생각하는가? 틀렸다. 예약을 연기하면 어떤 끔찍한 일이 발생하는가? 별일 없다면 일정을 조정하자. 완벽한 사람은 자기가 동시에 세 곳에 있을 수 있다고 생각할지 모르지만 당신은 그럭저럭 괜찮게 하면 된다. 다음 주에 모시고 가면 그만이다.

당신 업무를 완벽하게 해낼 사람은 당신 자신뿐이라고 생각한다면 틀렸다. 물론 직장에서 꼭 필요한 사람으로 인정받으면 직업 안정성이 높아지고 상사의 평가도 좋을 것이다. 하지만 업무에는 다른 사람에게 맡겨서 해결 가능한 부분도 분명 존재한다. 당신만이 할 수 있는 부분을 우선순위에 두고 나머지는 남에게 부탁해야 돌봄 제공 역할이 가능하다.

부모님이 위독한 상태여서 사흘이나 집에서 가족과 저녁을 먹지 못해 스트레스를 받는다면 스스로에게 물어보라. 5년 후에 이게 문제가 될까? 아니라는 답이 나올 것이다. 당장 중요한 일은 도움이 필요한 취약한 상태의 부모 곁에 있어주는 것이다. 5년 후 자녀들은 이 사흘의 저녁을 기억조차 못 할 것이다. 대신 당신이 사랑으로 부모를 보살피는 딸의 모범을 보였다고 여길 것이다. 자녀들은 총합을 기억한다. 어머니로서 당신의 역할은 어느 하루의 저녁 식탁보다 훨씬 크다.

2. 말 바꾸기

당신의 어휘 사전에서 세 단어를 지워라. '해야 한다' '항상' '절대'가 그것이다. 첫 번째 '해야 한다'에 대해서는 앞서 다루었다. 해야만 하는 일은 없다. '항상'과 '절대' 또한 그럭저럭 괜찮은 세상에는 필요 없다. '절대 이 모든 일을 해낼 수 없을 거야' 혹은 '난 항상 이런 꼴이야' 등의 말로 자신을 옥죄는 것은 완벽주의자의 행동이다. 그럭저럭 괜찮은 경우라면 무언가가 생각대로 풀리지 않아도 다음번에 잘하면 그만이다.

3. 행동 바꾸기

정말로 그럭저럭 괜찮기를 바란다면 행동 변화를 연습해야 한다. 이는 가장 큰 도전이 될 것이다. 다음 몇 가지를 시도해 보자.

- 설거지를 하지 말고 밤새도록 방치하라. 침대를 정돈하지 마라. 머리카락을 곧게 펴거나 컬로 말지 말라. 어이없게 들린다고? 이런 작은 변화를 시도하고 그 느낌에 익숙해지도록 하라.
- 부모님을 위해 장을 볼 때 직접 상점에 가는 대신 온라인으로

주문하라. 원하는 상표의 세제나 식재료를 사지 못한다 해도 괜찮다. 절약한 시간에 친구와 전화 통화를 하거나 낮잠을 즐겨라. 세상이 끝날 리는 없다.

- 직장에서의 주부 역할을 중단하라. 동료의 생일 케이크를 준비하거나 사무실을 정리 정돈하지 않아도 된다. 직장에서 간식을 꼭 먹어야 하는 사람은 없다. 당신이 안 하면 다른 사람이 나서서 할 수도 있다.
- 운동할 시간이 한 주에 딱 한 번, 아니면 하루 딱 10분뿐이라면 그렇게 운동하라. 완벽한 상황에 대한 기대는 지워버려라. 전혀 안 하는 것보다는 조금이라도 하는 것이 낫다. 몸속 지방이 확 줄지는 않겠지만 신체와 정신에 좋은 영향을 미칠 것이다.

놓아 보내기와 기대 낮추기 연습을 통해 적응력을 높일 수 있다. 시도해보라. 그럭저럭 괜찮음으로 나아가라. 연습하면 점점 쉬워질 것이다. 돌봄 제공의 스트레스를 관리하는 데 효과적인 전략이다.

당신 삶의 중요한 사람들에게 행동 변화 계획을 알려라. 아버지가 요양병원으로 가게 되었을 때 나는 남편에게 솔직한 심경을 전했다. 아버지가 하루하루 무너져 내리는 모습이 얼마나 가슴 아픈지 말하고 매일 아버지와 함께 시간을 보내고 싶다고 했다. 그리고 다른 일들을 대부분 제쳐두게 될 것 같다고 양해를 구했다. 남편은 부모님에게 무슨 일이 있을 때마다 뛰어가는 나를 보면서 어떤 느낌을 받는지 말해주었다. 하지만 내게 아버지가 얼마나 큰 의미인지 안다고, 내가 그래야 하는 걸 이해한다고 했다. 그 말에 나는 든든하게 지원받는다고 느꼈다.

직장 상사에게도 아버지의 치매가 한층 심해졌다는 걸 알렸다. 상사는 동료들에게 내가 앞으로 힘든 시간을 보내게 될 것이라 전달했다. 개인적인 사정이 생긴 사람은 나 혼자뿐이 아니었고 그래서 우리는 팀 회의 시작 때마다 그 주에 누가 조퇴할 일이 있는지, 그 경우 누가 대신할지 확인하는 시간을 갖게 되었다.

아이들에게도 상황을 설명했다. 할아버지가 최근에 요양병원에 들어갔고 치매가 심해져 엄마는 슬프고 힘들다고, 그래서 가능한 한 할아버지를 돌봐드리려고 한다고 알렸다. 그때 다시 한 번 나는 호스피스 간호사 페그의 말을 떠올렸다. 당분간 집을 비우는 일이 잦겠지만 그래도 우리 아이들은 무조건적인 사랑이 어떤 것인지 나를 통해 알게 되리라는 말을. 정말로 그렇게 되기를 나는 간절히 빌었다.

Working Daughter — 4장

유연하기

유연하기

"어머님을 모시고 사셔야 할 것 같은데요. 어머님이 더 자주 외출하시지 못하는 이유가 뭐죠? 매일 전화드리지 않나요?" 어머니의 단골 주치의가 어머니도 있는 자리에서 물었다.

차갑고 딱딱한 진료실에서 나는 저절로 움츠러드는 기분이 들었다. "출장이 잦아서요. 언니가 매일 전화해요." 중얼거리듯 겨우 대답했다.

'대체 어째야 할지 모르겠어.' 나는 생각했다. 부모님은 내가 해드릴 수 있는 것보다 더 많은 걸 원하시잖아. 일을 줄이고 파트타임으로 돌려야 하나? 생활비를 줄이는 게 가능할까? '부모님과 시간을 더 보내지 않고 최근에 출판한 책 홍보를 다니는 건 이기적인 행동일까? 엄마 역할을 줄여야 할지도 몰라.

아이들은 나 없어도 괜찮잖아? 아빠가 있으니까. 부모님이 돌아가시고 나면 그다음부터는 충분히 아이들에게 시간을 내줄 수 있어.'

의사는 회전의자를 빙빙 돌리면서 하버드 세미나에 참석했던 얘기를 했다. 노인에게 사회적 활동이 얼마나 중요한지에 대한 세미나라고 했다. 나는 답답했다. 마음 같아서는 '그렇게 노인이 걱정되면 설교를 그만두고 내가 어떻게 하면 좋을지 방법을 제시해보세요!' 혹은 '하버드의 그 똑똑한 양반들은 왜 구체적인 방법을 내놓지 않죠?'라고 고함을 지르고 싶었다. 하지만 그 의사를 좋아하는 어머니가 놀라지 않도록 잠자코 앉아 비난하는 소리를 들었다.

"무슨 일을 하시나요? 출장은 얼마나 자주 가시고요? 왜 그렇게 일을 많이 하는 거죠? 남편 분은요? 자녀는 몇 명인데요?" 난 대답을 하려 했지만 의사는 대답할 시간을 주지 않았다. 우연히 자기 어머니는 파키스탄에 산다는 말이 나왔다. 아마 의사의 누이가 어머니를 책임지는 모양이군, 나는 생각했다.

그리고 속으로만 대답했다. '전 일을 해야 해요. 우리 집 가장이니까요. 두 아이는 저와 더 많은 시간을 보내고 싶어 해요! 선생님은 제 삶에 대해 아무것도 모르잖아요. 전 최선을 다하고 있다고요!'

하지만 패배감이 엄습했다. 부모님을 위해 해야 하는 모든 일의 중압감, 그리고 일상 속에서 이미 하고 있는 일의 부담이 나를 내리눌렀다.

엄마들 중 절반은 일을 안 하면 더 행복할 거라 생각한다는 연구 결과가 있다. 나 개인적으로는 아이들을 위해서 일을 그만두고 싶었던 적이 한 번도 없었다. 물론 어려움이 많았다. 아이들이 어릴 때 밤새도록 보채 잠을 못 자기도 했고 아파서 학교에 못 가거나 학교가 쉴 때 돌봐줄 사람을 못 구해 쩔쩔매기도 했다. 출장 갔을 때 애들 걱정도 많았다. 하지만 도시에서 사무직으로 일하는 엄마의 삶은 대부분 예측과 관리가 가능했다. 아이들 일정을 잘 챙겨두었다가 필요할 때 휴가를 냈고 축구 연습 등 방과후 활동에 갈 때 차를 태워줄 엄마들을 사귀었다. 내가 퇴근해 돌아오면 6시 40분이었으므로 아이들을 데려가고 데려오기가 불가능했기 때문이다. 하지만 일하는 딸의 삶은 완전히 새로운 과업이었다.

"출산 휴가 마치고 복직했을 때가 제일 힘든 줄 알았어요." 전이성 폐암인 어머니를 보살피면서 디지털 기업 홍보팀에 다니는 여성이 말했다. "그때는 그래도 지금처럼 구겨진 옷에 머리 질끈 묶고 맨얼굴에 넋 나간 표정으로 출근하지는 않았는데 말이죠."

나도 그랬다. 부모님 돌보는 일에다 직장 일에 부모 역할까지 해내려면 요가 고수 수준의 유연성이 필요하다.

업무를 미리 정돈하자

개구리와 끓는 물 우화. 노년기 부모 돌봄과 관련해 자주 머리에 떠오르는 이야기이다. 끓는 물에 들어간 개구리는 바로 튀어나오지만 물이 미지근해지다가 서서히 끓으면 위험을 인식하지 못한 채 결국 삶아진다는 것이다. 돌봄 제공자도 비슷한 과정을 거친다. 처음에는 영수증 처리나 집안일을 거드는 소소한 도움으로 시작된다. 그러다가 심부름을 하고 병원에 모시고 가는 일이 더해진다. 미처 알아차리지 못하는 사이에 할 일이 계속 늘어나고 어느 순간 깜짝 놀랄 만큼 부담이 커진다. 책임질 일이 늘어나는 것을 인식하지 못했으므로 이미 분주한 일상 속에 돌봄 노동을 집어넣는 적응 과정도 거치지 못한 상태이다.

한창 일하는 중이나 잠자고 있는 한밤중에, 혹은 자녀의 축구 시합을 지켜보는 와중에 위기가 닥쳐오기도 한다. 내 경우처럼 말이다. 뭔가 잘못되고 누군가 넘어진다. 구급차가 오고 당신은 아무 예고도 없이 적색경보 상태로 들어간다. 그렇게 위기가 닥쳤을 때 상황이 그럭저럭 정리되어 있다면 참으로 다행일 것이다.

내가 두 차례 출산 휴가를 사용할 때는 대비가 가능했다. 직장 업무를 체계적으로 정리해두었다. 이메일 수신함을 비우고 중요한 문서는 회사 서버에 저장해 동료들이 필요할 때 찾을 수 있게 했다. 휴가 중에 처리할 일이 생길 경우를 대비해 고객 연락처, 진행 중인 프로젝트 상황 등을 따로 챙기는 일도 잊지 않았다. 임신 마지막 달에는 매일 퇴근 전에 시간을 내 연락처를 정리하고 최신 버전 문서를 서버에 저장하고 내 책상 위에 인쇄본을 두었다. 혹시 모를 조산에 대비해야 했다. 동료들이 충분히 상황을 파악해 문제없이 나를 대신하게끔 하고 싶었다.

하지만 부모님이 아프고 내가 근무 시간을 쪼개 돌보게 되었을 때는 아무런 준비가 안 된 상태였다. 출산의 경우 휴가 시점을 예상해 몇 주 동안 업무를 정리했지만 부모님의 응급 상황은 예고 없이 닥쳐왔다. 언니의 다급한 전화를 받고 친정으로 향하던 일요일 오후, 나는 한 주 내내 집과 업무를 떠나 있게 되리라고는 전혀 생각하지 못했다.

난 회사의 비용 처리 업무에 늘 서툴렀다. 법인 카드를 가지고 있는 지금은 처리 과정이 훨씬 간편한데도 여전히 영수증을 늦게 제출하곤 한다. 친정에 머물면서 아버지를 응급실에, 어머니를 요양 시설에 옮기던 그 주에 관리팀 메일을 받았다. "영수증 제출 기한이 지난 주까지였습니다. 내일 제출하지 않으면 사장님께 보고할 수밖에 없습니다." 이런, 빌어먹을!

관리팀의 잘못은 아니었다. 담당 업무를 하고 있을 뿐이니까. 통보 없이 위에 보고하지 않아준 것만도 다행이었다. 캘리포니아의 동료들에게조차 내 상황을 얘기하지 못한 판이었다. 그럴 시간도, 정신도 없었다. 동료들은 내가 평소대로 책상에 앉아 업무를 보고 있으리라 생각할 것이었다. 자, 영수증을 챙겨야 했다. 영수증은 친정에서 한 시간 넘게 걸리는 우리 집 책상 위에 흩어져 있었다. 그리하여 스트레스 가득했던 그 화요일 밤에 나는 부모님을 내버려두고 왕복 세 시간을 운전해 영수증을 챙겨 왔다. 남편은 어리둥절했다. 자기나 아이들을 보러 온 것도, 집에서 자려고 온 것도 아니었으니까. 바삐 들어갔다가 뛰어 나오는 내 등 뒤에 대고 "휘발유 값도 생각해야지"라고 한마디 던질 짬밖에 없었다. 다음 날 나는 친정 근처 퀵배송 업체를 찾아 영수증을 보냈다.

귀중한 교훈을 얻은 셈이었다. 나이 든 부모님이 계시다면 출산을 예정할 때처럼 업무를 최대한 정돈해두어야 한다. 언제 모든 것을 내던지고 달려가야 할지 모르니까. 그렇다고 업무를 방치할 수는 없다. 팀원들과 계속 연락해야 하고 중요한 문서는 회사 서버에 저장해야 하며 특히 영수증 처리는 제때 해두어야 한다.

출산 휴가를 떠나는 예비 부모는 동료들의 축하와 격려를 받지만 일하는 딸의 돌봄 역할은 동료들 모르게 이루어지는 경우가 많다. 왜 근태가 좋지 않은지, 어째서 사무실에서 사적인 통화를 하는지 궁금증을 낳게 된다. 부모님을 돌보는 책임이 업무를 방해하기 시작했다면, 곧 그렇게 될 상황이라면 상사에게 알려야 할지 말지를 고민하라. 솔직하게 설명하고 업무를 깔끔하게 정리하며 위기 상황에 대비해둔다면 동료들이 문제없이, 그리고 기꺼이 당신 빈자리를 채워줄 것이다.

직장 상사와 소통하는 법

직장에 사적인 일을 시시콜콜 공개하는 게 언제나 신중한 처사인 것은 아니다. 내 자리가 얼마나 안정적인지, 상사가 어떤 성향인지 고려해야 한다. 상사는 '가족 최우선'을 외치는 유형인가, 아니면 사적인 이유로 조퇴한 직원을 못마땅해하는 유형인가? 직장 바깥에서 어려운 일을 겪는다는 사실을 섣불리 털어놓았다가는 자칫 불성실 딱지가 붙어 업무에 지장이 없는지 감시당하거나 승진이 미뤄지는 사태가 올 수 있다. 상황을 알릴지 말지에 대해 신중한 판단이 필요한 것이다.

부모님이 처음 편찮으셨을 때 나는 상사에게 말하기를 망설였다. 개인적으로 처리해야 할 일이 있을 때 언제든지 휴가를 쓰라고 하는 호의적인 상사이긴 했지만 털어놓는 것이 올바른 판단인지 알 수 없었다. 밥줄이 중요했기 때문이다. 하지만 결국 업무에 분명한 지장을 받게 되면서 이야기하지 않을 수 없었다.

직장 상사나 인사팀에 편안한 마음으로 상황을 전달할 수 있다면 이상적이다. 도움이 필요한 걸 모르는 상태에서 당신의 일과 삶 균형 잡기를 어떻게 도울 수 있겠는가. 더 나아가 상사를 놀라게 할 위험도 줄어든다. 사전에 예고를 해두면 휴가를 쓰거나 퇴직해야 하는 상황에 상사도 대비할 수 있을 것이다.

상황을 전달하기로 결정했다면 기본적인 사항 위주로 전달하자. 어머니가 병원에 입원했고, 그래서 의사를 만나러 외출하게 될지 모른다고 말한다. 병명이 무엇인지, 병원비가 많이 나와 걱정이라든지 하는 말은 필요 없다. 연로하신 아버지를 집에 모시게 되어 아침에 보살펴드려야 하기 때문에 정시 출근이 어렵다는 얘기는 하자. 형제자매가 도와주지 않아 화가 난다거나 입맛에 맞춰 식사를 챙기는 일이 얼마나 어려운지 얘기할 필요는 없다.

문제가 발생할 경우 내 업무를 어떻게 하는 것이 가장 좋을지 의견도 제시하자. 필요할 때 어떤 도움을 청할지 생각해둔다. 어머니가 호스피스 병원으로 가셨을 때 나는 파트타임으로 일했고 캘리포니아의 동료들이 업무를 시작하기 전에 퇴근하는 일도 많았다. 주로 이메일로 업무 논의를 했으므로 문제는 별로 없었다. 그래도 나는 샌프란시스코 사무실의 한 명을 연락 담당으로 지정해달라고 부탁해 매일 퇴근 전에 통화하면서 필요한 사항을 부탁했고 그 담당자는 자기 팀이 퇴근하기 전에 부탁받은 일을 해결해주었다.

굳이 필요치 않은 배려는 거절할 수도 있어야 한다. 상사는 당신이 가족 사정 때문에 직접 회의에 참석하거나 출장 가는 일이 어렵겠다고 판단할지 모른다. 정작 당신은 여행을 좋아하고 돌봄 노동에서 해방되어 하룻밤이라도 호텔에서 편하게 지내고 싶은데 말이다.

직장에 당신의 돌봄 역할을 알리면서 같은 상황에 처한 동료가 또 있다는 것을 알게 될 수도 있다. 그러면 함께 회사의 가족 돌봄 지원 방법을 고민하고 제안해볼 수 있다. 이후의 일하는 딸이나 일하는 아들이 조금 더 편안하게 돌봄 제공자 역할을 맡도록 기반을 마련하는 것이다.

조직에서 유연성을 이끌어내려면

미국은 일과 가족을 모두 책임지는 노동자를 돕는 면에서 아직 갈 길이 멀다. 지난 10년 동안 여성 고용률이 하락세라는 것도 어쩌면 당연하다. 워킹맘의 고충이 그 요인이라고 자주 언급되지만 딸 노릇의 영향에 대해서도 분명히 인식해야 경력 유지와 부모 돌봄의 공존 가능성이 열릴 것이다.

어느 밤 통근 기차를 타고 있던 나는 아내와 통화하는 한 남자의 말을 듣게 되었다. "당신이 장모님을 병원에 모시고 가야 하고말고. 이건 중요한 일이야. 당신 상사가 이 일로 아무리 화를 낸다 해도 그건 나중에 해결하자고." 일과 가족 중 하나를 선택해야 한다니 얼마나 극단적이고 가혹한 현실인가.

나는 부모님의 진료 예약, 아이들의 소아과 검진, 학교 연주회, 학부모회 때문에 휴가와 병가를 써버리는 걸 힘들다고 느끼곤 했는데 아예 그럴 가능성조차 없는 경우도 존재하는 것이다. 미국 민간 부문에서 일하는 노동자의 3분의 1은 유급 병가 혜택을 전혀 받지 못한다. 용납할 수 없는 일이다.

유급 휴가 외에도 기업이 제공할 수 있는, 그리고 일하는 딸이 요구할 수 있는 유연한 지원 정책은 많다. 예를 들어 원격 근무는 생산성을 13퍼센트나 높이는 것으로 나타났다. 원격으로 근무하는 경우 돌봐줘야 하는 사람과 한 공간에 있을 수 있고 출퇴근 시간이 절약되며 너무 바쁠 때는 샤워도 생략 가능하다. 물론 특정 공간에서 일해야 하는 직업도 있다. 하지만 근무 공간에 구애받지 않는, 아니면 근무 시간 정도는 자유롭게 설정해 일할 수 있는 직업이 점점 늘어나는 상황이다. 교실 수업이 없는 날에는 집에서 채점을 하거나 교육 과정을 개발하는 교사도 있고, 원격으로 엑스레이나 스캔 결과를 검토하는 방사선과 의사도 있다. 약간의 창의성과 지식만 갖춘다면 당신도 충분히 일과 삶을 조화시킬 수 있다.

집이나 호스피스, 병원에서 일하는 것이 불가능한 경우라 해도 돌봄의 부담을 줄여주는 업무 방식이 있다. 근무 시작과 종료 시간을 근로자가 선택할 수 있도록 하는 유연근무제, 주 4일 집중 근무, 교대 업무 시간 선택 등을 통해 돌봄 제공자는 의사 진료에 맞춰 갈 수 있으며 노인을 복지 시설에 모셔갔다 모셔올 수도 있다. 나아가 기업의 수익성까지 개선된다. 2016년에 실시한 조사에 따르면 응답한 기업의 61퍼센트가 유연한 근무 정책 도입 이후 수익성이 높아졌다고 답했다. 하지만 이런 배려를 요구하기에 앞서 미리 준비해야 할 사항도 있다.

직장 또는 상사에게 업무의 유연성을 요청하기 전에 해야 할 일 세 가지를 보자.

1. 직원 근무 지침을 숙지한다

요구를 하기 전에 공부부터 하자. 요구하려는 내용이 이미 가능한 것은 아닌지, 기존 규정을 약간만 수정하면 되는지, 아니면 사내 문화나 정책에 완전히 배치되는지 확인한다. 근무 지침에는 재택근무나 유연근무의 요건이 나와 있을 수도 있다. 그 요건을 맞출 수 있는지 생각해보고 요청할 때 그 부분을 언급하자. 상사는 당신이 먼저 기존 근무 지침을 검토하고 고려했다는 점을 높이 평가할 것이다.

2. 선례를 참고한다

관리팀이 어떤 혜택을 주고 어떤 것을 주지 않는지 알아보며 기업 분위기를 살피는 것은 늘 유익하지만 이것이 유일한 기준은 아니다. 동료들이 어떻게 유연근무제를 활용하고 있는지 알아보자. 가장 오래 재직한 직원, 동료들의 호감을 받고 원하는 바를 거침없이 요청하는 직원이 기업 문화를 만들어가는 경우도 많다. 교통편 때문에 출퇴근 시간을 유연하게 허락받는 사례가 있나? 점심시간에 운동을 하러 가거나 원격 근무하는 선례는? 당신의 요청이 그런 사례들과 얼마나 맞아떨어지는지, 당신 혼자뿐 아니라 다른 직원들을 위해서 유연근무의 여지를 만들 가능성이 있는지 생각하자. 공식 규정 못지않게 암묵적 관행도 중요한 법이다.

3. 원하는 바를 분명히 한다

당연한 소리라고 생각하는가? 하지만 구체적으로 요청하라는 의미는 아니다. 일과 개인사를 어떻게 조화시킬지 분명하다면 한 가지 방법에 매달리지 않고도 원하는 바를 얻어낼 가능성이 높다. 어머니를 물리치료에 모시고 가야 하는 상황에서 "주 3일을 재택근무 할 수 있을까요?"라고 묻는다고 해보자. 거절당할 경우 다른 협상이 가능하다. 재택근무 대신 주중 출근 시간을 늦추는 방식으로 가면 어떨까? 유연성을 얻어내려면 당신부터 유연해야 한다.

신뢰는 가장 중요한 재화다

직장 업무를 안정적으로 유지하면서 개인적인 일을 잘 처리하는 데 가장 중요한 요소는 두말할 것 없이 직장에서 쌓아 올린 신뢰 관계다. 삶에 복잡한 문제가 생기면서 업무가 어려워질 때 신뢰는 당신이 교환할 수 있는 재화가 된다.

삶이 요구하는 유연성에 접근하도록 해줄 신뢰 형성의 3단계를 소개한다.

1. 직장에 있을 때는 일을 한다

출근해서 일하겠다는 선택을 했다면 그렇게 해야 한다. 전에 내 밑에 있는 남자 직원 한 명은 "오늘은 제가 영 컨디션이 좋지 않네요. 그러니까 일을 많이 못한다고요"라고 말하곤 했다. 만약 그렇게 말하지 않고, "제가 오늘 컨디션이 안 좋아서 그런데 마감을 좀 늦출 수 있을까요? 아니면 몇 분이 제가 해놓은 걸 상세히 봐주세요. 오늘은 좀 쉬운 업무부터 처리하는 방법은 어떨까요?"라고 했다면 그나마 받아줄 수 있었을 것이다. 하지만 자리는 지키되 일은 자기 몫만큼 하지 않겠다는 건 말이 안 된다. 직장에 출근한다는 것은 일을 하겠다는 뜻이다. 잠깐씩의 불가피한 경우는 미리 양해를 구해야 한다. 즉 집이나 병원, 보험사 전화를 받기 위해 몇 분 동안 나가서 통화할 일이 있을지 모른다고 말해두어야 한다. 종일 휴대폰으로 게임을 하거나 페이스북만 들여다볼 작정이라면 아예 병가를 내라.

2. 재택근무를 한다면 일을 한다

"오늘 재택근무 하려고 합니다. 회의 일정은 다시 잡겠습니다"라는 이메일을 보게 될 때가 있다. 왜 그래야 하는 걸까? 재택근무란 몸은 집에 있지만 근무를 한다는 뜻이다. 이를 위해 부모님, 자녀, 친구 등에게 경계를 명확히 해두어야 한다. 근무 시간 중에는 말을 걸거나 도움을 청하지 말라고 말이다. 동생이 전화를 걸어와 어머니 얘기를 시작한다면 긴급 상황이 아닌 한 근무 시간 중에는 통화할 수 없다고 말하자. 물론 무엇이 긴급 상황인지도 정해놓아야 할 것이다. 또한 생산적인 근무를 위해 필요한 요건이 갖춰졌는지 점검하자. 회사 서버 접근이 안 된다거나 안정적인 인터넷 연결망이 없는 상태라면 집에서 일할 수 없다는 뜻이다. 동시에 유연근무의 나쁜 선례를 남기는 것이고 말이다.

3. 필요하다면 휴가를 낸다

때로는 하루, 혹은 그 이상의 휴가를 내는 것이 돌봄 문제를 해결할 수 있는 최고의 방법이다. 다시 직원 근무 지침을 확인해 어떤 선택이 가능한지 살펴보자. 관련 법규의 적용 대상에 들어갈 수 있는지도 확인한다. 기업의 피고용인 수에 따라, 그리고 피고용인의 재직 기간과 조건에 따라 무급 휴직이 가능할 수 있다. 또 일 년에 받을 수 있는 휴가 일수 등도 법으로 정해진 경우가 있다.

평정심을 유지하고 용변 받아내기

돌봄 제공의 경험을 쌓은 결과 나는 아버지를 병원 진료에 모시고 갈 때 예상 시간의 두 배를 빼두어야 한다는 것을 깨달았다. 10월 어느 날, 간단한 혈액 검사를 받으러 가면서 나는 총 소요 시간을 한 시간, 많아야 한 시간 반으로 계획했다. 초보자의 실수였다.

채혈실로 향하던 아버지는 배가 아프다고 하셨다. 간호사에게 말했더니 정말 검사가 시작되었다. 그사이 나는 휴대전화로 이메일을 확인했다. 검사실에서는 아버지가 옷을 입고 벗을 때 혹시 도움이 필요할지 모르니 보호자도 들어와 있으라고 했다. 달랑 팬티만 입은 아버지 모습에 익숙해져야 하는 상황이었다.

"항생제 내성 급성 설사병인가요?" 내가 물었다.

설사를 일으키는 이 박테리아 감염병은 치료가 무척 어려운 종류였고 나는 부모님을 돌보면서 늘 이 병을 걱정했다.

"그러네요. 바나나, 쌀밥, 사과 소스, 토스트처럼 자극 없는 식사만 하셔야 합니다." 간호사는 이렇게 대답하더니 아버지 귀에 대고 큰 소리로, 아기한테 말하듯 높낮이를 넣어 "아버님! 술이나 유제품은 드시면 안 돼요!"라고 덧붙였다. 감염 치료를 위해 추가로 약도 복용해야 했다.

간호사는 내 쪽으로 돌아서 지시를 내렸다. "이 종이를 접수대에 제출하시고요, 한 층 내려가 채혈실로 갔다가 오후에 대변을 받아 오세요."

나는 휴대전화에 받아 적고 있었다. 치즈버거나 아이스크림은 안 된다, 채혈실로 가라, 오후에는…… 으악, 뭘 하라고?

"어떻게 하라는 거죠? 전 어떻게 하는지 모르는데요."

간호사는 채혈실에서 알려줄 거라고 했다. 아버지와 채혈실로 갔더니 피를 뽑은 후 컵 두 개를 내주며 화장실 방향을 가리켰다. 아버지가 고개를 끄덕였지만 컵을 채우는 일은 내 몫이었다.

적혀 있는 설명은 대체 무슨 소리일까? 액체와 고체를 따로 받으라니? 하나는 냉동고에 넣으라니?

"어떻게 하라는 거죠?"

"저한테 모자가 있을 거예요." 채혈실 직원이 이렇게 말하더니 잠시 사라졌다.

모자라고? 나는 야구 모자를 떠올렸고 혼란에 빠졌다. 되돌아온 직원이 모자라 불리는 물건을 건네주었다. 변기 안에 걸쳐놓고 배설물을 받는 플라스틱 용기였다. 직원은 해결책을 주었으니 이제 알아서 하라는 표정이었다.

"이걸 어쩌라고요?"

이번에는 직원이 혼란스러운 얼굴이 되었다.

"전 5분 후에 고객과 통화를 해야 해요. 이메일 답도 써야 하고 직장에 가서 근무도 해야 한다고요. 냉동고가 어떻다고요? 이게 다 무슨 소리지요?"

"보호자께서 업무를 어떻게 하셔야 할지 제가 알 수는 없죠." 직원은 어쩔 줄 몰라하는 중년 여자에게 냉정하기 짝이 없었다.

아버지를 모시고 나오면서 나는 커다란 선글라스를 쓰고 와서 다행이라는 생각을 했다. 금방이라도 눈물이 흘러내릴 판이었기 때문이다. 나는 많은 일을 처리할 수 있지만 이런 것까지 하게 될 줄은 몰랐다.

요양 시설로 아버지를 모시고 와 유제품은 드시면 안 된다고 신신당부하고 간호사실에 가서 사정을 얘기했더니 고무장갑을 내주었다. 일단 노트북을 가지러 집으로 갔다.

아버지 대변을 받아야 한다는 생각을 하니 막막해져서 도저히 집중할 수가 없었다. 다시 요양 시설에 도착했을 때 나는 동료들에게 이메일을 보내 가족 사정으로 하루 휴가를 내겠다고 알렸다. 이어 변기에 모자를 올려놓고 아버지를 찾으러 갔다.

그다음은 기다림이 이어졌다. 대변이 나올 때까지. 하루가 꼬박 걸렸다. 동료들은 이메일 답신을 보내왔다.

"힘들겠네. 기운 내요."

"가족이 먼저죠."

"뭐 도와줄 일이 있으면 알려줘." 그럴 수 있는 일이었다면 그랬을 텐데 말이다.

오후 4시에 나는 복도로 나와 의사 진료실에 전화를 걸었다. 간호사가 환자와 이야기 중이라며 접수대에서 대신 전화를 받았고 메시지를 전달해주겠다고 했다.

"여기서 하루 종일 기다리고 있어요. 아직 변이 안 나오네요. 전 출근해야 하는데 말이죠. 병원에선 저한테 장갑도 안 주

더군요. 전 아침 7시 반에 빵 한 쪽 먹고 지금까지 굶었어요. 배고프고 피곤한데 오늘 못 한 업무를 메우려면 주말 내내 일해야 해요. 우리 딸은 아직 핼러윈 의상도 정하지 못했는데 말이에요. 어째야 하죠?"

"죄송하지만, 어떤 메시지를 남기고 싶으시다는 건지 모르겠네요." 접수대 직원이 말했다.

"이게 이렇게 종일 매달려야 하는 일이냐고 간호사에게 전해주세요. 하루가 벌써 다 갔고 다른 방법은 없느냐고요."

전화를 끊고 다시 화장실로 가보았더니 드디어 변이 나와 있었다.

병원 검사실로 가는 길에 휴대전화를 보니 음성 메시지가 들어와 있었다. 내가 '모자'를 씻으러 간 사이에 전화를 했던 것이다. 간호사는 높낮이를 넣은 목소리로 "오늘 채변을 못 하신다면 내일 다시 시도하시면 됩니다. 잘 주무시고요"라고 녹음해놓았다.

집에 도착하니 오후 5시 반이었다.

"하루 잘 보냈어?" 남편이 물었다.

"엿같았어."

눈보라가 치는데 어디 계시나요

그래도 나는 업무를 생산적으로 해낼 수 있다고 생각하곤 했다. 틀린 생각이었다.

어머니가 넘어져 손목이 부러진 어느 겨울 나는 물리치료 중인 어머니를 병원에서 재활 시설로 옮겨드렸다. 어머니는 재활 시설을 싫어했으므로 며칠에 한 번은 퇴근 후 왕복 세 시간 운전을 해 어머니한테 가서 기운을 북돋아드리려 했다. 어머니는 마땅찮아하셨지만 나는 눈이 많이 오는 그 겨울날 어머니가 집에 있는 것보다 훨씬 안심이 되었다.

심한 눈보라 예보가 있던 날 나는 아버지에게 우리 집에 와서 하루 주무시라고 권했다. 예상대로 싫다고 하셨다.

"알았어요. 그럼 그냥 계세요. 하지만 두 가지는 꼭 해주세요. 전기가 나가면 휴대전화로 저한테 연락해 알려주세요. 그리고 절대 혼자 나오지 말고 누군가 눈을 치워줄 때까지 기다리세요."

눈보라는 자정이 지나 시작되었고 다음 날 아침에 내가 일어났을 때 친정집은 전기와 전화가 다 끊긴 상태였다. 아버지는 휴대전화를 받지 않았다. 오전 11시에 친정 이웃집 사람한테서 전화가 왔다.

"전화해주셔서 고맙습니다. 저희 아버지는 괜찮으신가요?"

"저도 몰라요."

그 집 아들더러 눈을 치우고 집에 좀 들어가보라고 해주십사 부탁했더니 눈이 너무 많이 쌓여 건너가기가 어렵다고, 우선 뜨거운 코코아 한잔 먹이고 보내겠다는 대답이 나왔다. 다 큰 성인 아들이었는데 말이다. 마음이 급해졌다.

정오에 나는 경찰에 전화해 아버지 상태를 확인해달라고 요청했다. 오후 3시가 되어도 소식이 없었다. 일이 손에 잡히지 않았다. 집중이 되지 않았고 걱정만 커졌다. 다시 경찰에 전화를 했다.

"아, 경찰관 한 사람을 보냈는데 아버님이 댁에 안 계시더라는군요."

"그럴 리 없어요."

"고등학교에 마련된 대피소에 가셨을 겁니다."

"아니라니까요." 아버지는 한 번도 대피소에 가신 적이 없었다. "다시 한 번 가주세요. 아버지는 귀가 잘 안 들려서 못 들으셨을지도 몰라요. 집 뒤쪽으로 돌아가 침실 창문을 두드려주세요."

오후 4시에 다시 전화벨이 울렸다.

"경찰입니다. 다시 가보니 아버님이 댁에 계시다는군요. 뒷마당에서 장작을 쪼개는 중이시랍니다."

"경찰관이 아직 거기 있나요?"

"네, 그렇습니다."

"아버지를 총으로 쏴버리라고 하세요."

머리끝까지 화가 치밀었다. 그날 난 고객에게 안내문을 만들어 보냈어야 했고 또 다른 고객을 위해서는 보도 자료를 만들었어야 했다. 그런데 하루 종일 걱정만 하느라 아무것도 못했다. 결국 밤에 작업해야 했다.

다행인지 불행인지 동료들은 내 상황에 점차 익숙해졌다. 몇 년 후 샌프란시스코에서 업무 회의를 하고 있을 때 휴대전화가 울렸다. 아버지 요양원 번호였으므로 바로 벌떡 일어나 회의장을 벗어나기도 전에 전화를 받았다. 그 전화를 받을 때면 늘 그렇듯 심장이 내려앉았다.

간호사가 말했다. "안녕하세요? 오늘 언제쯤 오실 수 있나 해서요."

"오늘 못 가는데요. 지금 캘리포니아에 있어요. 무슨 문제죠?"

"문제는 없어요. 오른발 뒤꿈치에 큰 물집이 생겨 치료하고 있다는 걸 말씀드리려고요."

다시 회의장으로 돌아왔다. 동료들은 까다로운 고객에게 어떻게 응대해야 할지 논의하는 중이었다. 갑자기 웃음이 터졌다. 모두 나를 쳐다보았다.

"아버지 발에 물집이 생겼대요!" 내가 깔깔 웃었다.

특혜를 놓치지 않는 직장인의 자세

채변이니 눈보라니 요양원에서 걸려오는 전화니 방해를 받으면서도 나는 늘 업무를 제시간에 해내려고 노력했다. 돌봄과 일을 병행할 수 있는 건 극히 일부에게만 허락된 혜택이라고 생각했기 때문이다. 당신도 업무에서 유연성을 적용받을 수 있다면 그건 권리가 아닌 특혜임을 명심하기 바란다.

특혜를 잘 유지하려면 다음 다섯 가지 지침을 지켜야 한다.

1. 약속은 적게 하고 초과 달성하라

일하는 딸이자 돌봄 제공자인 당신은 남을 기쁘게 하려는 유형일 수 있다. 주의하라! 할 수 있는 양보다 더 많이 맡지 않도록 말이다. 소화해낼 수 없을 정도의 책임과 프로젝트, 무리한 마감 시한으로 자신을 옥죄지 말자. 돌봄 제공을 위해 유연성이 필요할 때에는 가능한 수준보다 적게 약속하고 가능한 한 그것을 초과해 달성한다. 보고서를 화요일까지 완성해 제출할 수 있을 것 같다면 상사에게는 수요일까지 하겠다고 말하자. 수요일까지 끝내겠다고 약속하고 목요일에야 제출하는 일은 절대 피해야 한다. 적게 약속하고 초과 달성함으로써 직장 동료들을 당황하게 만들 일이 없고 사적인 상황을 처리하는 데도 숨 쉴 여지가 생긴다.

2. 업무를 유연하게 만드는 건 자신에게 달렸음을 기억하라

어머니가 호스피스 병원에 들어갔을 때 나는 업무 시간을 반으로 줄여 가족에게 집중할 시간을 확보하려 했다. 하지만 일을 소화해내기가 갈수록 더 어려워졌다. 캘리포니아의 동료들과 소통이 잘 안 되는 일도 있었다. 한번은 사진 몇 장만 찾아 추가해 프레젠테이션 자료 제작을 끝내달라는 부탁을 했다. 이후 내가 이메일을 확인할 수 없으니 나한테 사진을 보여줄 필요 없이 완성한 자료를 고객에게 보내라고 한 것이다. 그날 밤 늦게 어머니가 잠든 후 이메일을 살펴보았더니 선택한 사진을 확인해달라는 연락이 와 있었다. 내게 보여주지 않은 상태로 자료를 고객에게 보낼 수 없다는 설명이었다. 나는 고객이 제때 자료를 받지 못했다는 것 때문에 당황하고 스트레스를 받았다. 도대체 어째서 지시한 대로 하지 않았는지 따지는 분노의 답장을 쓰려다가 참고, 자료를 완성해 고객에게 발송했다. 결국 유연근무를 하는 건 내 책임이다. 때로는 업무에 혼란이 빚어지고 동료들이 제대로 협조를 안 해줄 수도 있다. 문제를 해결하고 앞으로 나아가라.

3. 쉽지 않더라도 병원과 의료진의 협조를 구하라

유연한 근무를 하려면 동료들뿐 아니라 병원 진료 일정도 중요하다. 회사에서 나는 모든 참가자의 일정을 확인한 뒤에 회의 시간을 잡는다. 하지만 병원 진료는 그렇지 않다. 다음 진료를 예약할 때 병원은 의사의 일정만 고려해 날짜와 시간을 준다. 보호자에게는 너무도 불편한 시간이기 일쑤다. 이럴 때 어떻게 해야 할까? 정해주는 대로 따르지 않아도 된다! 업무 전, 퇴근 후, 아니면 시간을 뺄 수 있는 요일 등으로 예약을 요청할 수 있다. 내가 빡빡한 일정을 소화하고 있다는 점을 의료진에게 알려 진료 일정을 협의하게끔 만들자. 물론 이것이 늘 가능하지는 않다.(통화가 안 되던 의사는 꼭 회의 중일 때 전화를 걸어온다.) 그래도 자신이 언제 제일 연락이 잘 되고 어느 정도까지 정보를 제공받았으면 하는지를 의료진에게 알릴 필요가 있다.

4. 개인사는 회사 업무가 아니다

'적을수록 좋다'라는 말은 유연근무 상황의 이유를 어디까지 알릴 것인가 결정하는 문제에도 해당한다. 직속 상사 외에 동료들에게까지 시시콜콜 설명할 필요는 없다. 사적으로 사정이 생겨 업무 시간을 조정한다고 밝히는 정도는 인간적이지만 구체적인 얘기는 불필요하다. 나는 직원들에게 '묻지 않고 말하지 않기' 원칙을 요구한다. 수요일 오후 2시 반에 외출해야 하는 이유는 묻지도 않고 듣고 싶지도 않다. 내가 알고 싶은 것은 어떤 업무를 언제까지 해낼 수 있는지, 부재 시 누구한테 업무 상황을 확인하면 되는지, 언제 복귀할 것인지까지다. 유연근무를 요청할 때 이런 세부 사항에 합의해야 한다.

5. 언제 어디서든 가능하다면 일하라

나는 응급실 바깥에 놓인 빈 휠체어에 앉아 고객과 통화를 한 적이 있다. 요양 시설 주차장에서 웹 세미나를 진행했고 구급차 안에서 원격 회의를 했다. 어머니의 임종 직전 모르핀 투여 동의서에 서명하면서 패러다임 전환을 주제로 한 경영팀 회의에 참여하기도 했다. 업무는 그날 내 관심사의 마지막 순위였지만 어쩔 수 없었다. 돌봄 제공자라면 언제 어디서든, 늦게 오는 의사를 기다릴 때든 검사 순서를 대기할 때든 일할 준비가 되어 있어야 한다. 휴대전화 충전 상태를 유지하고 와이파이 핫스팟을 챙기고 언제든 노트북이나 태블릿을 가까이 두어야 한다. 준비가 안 되었다는 이유로 귀중한 시간을 낭비하는 일이 없도록 하자.

유연근무에 따르는 대가

나는 유연근무 가능성에 크게 감사했지만 이를 위해 치러야 할 대가 또한 적지 않았다. 동료들 대부분은 내 생산성, 집중도, 신뢰도에 대해 우려했다. 이건 나만 겪는 문제가 아니다. 미국은퇴자협회 공공정책연구소의 조사에 따르면 노인 돌봄 책임을 지는 근로자는 "아동 돌봄 책임을 지는 근로자에 비해 직업 안정성을 현저히 낮게 인식한다"고 한다.

캘리포니아대학교 헤이스팅스 법과대학의 '일-삶 법률센터Center for Work-Life Law' 존 C. 윌리엄스 센터장은 유연근무제와 관련해 〈뉴욕 타임스〉와의 인터뷰에서 "유연근무제 활용은 불리하다는 생각이 암묵적으로 모두에게 퍼져 있습니다. 저는 이를 '유연성 낙인flexibility stigma'이라 부르고 싶습니다. 최근 연구들을 보면 유연성 낙인은 분명히 작동하고 있으며 남성과 여성에게 퍽 다르게 나타납니다"라고 했다.

가족 돌봄 제공자를 돕는 프로그램이 많다면, 또한 노인 돌봄이 직장에 미치는 영향에 대한 사회의 논의가 활발히 이루어진다면 일하는 딸들이 직업 불안정성을 그렇게 크게 느끼지 않을 것이다. 지금은 자녀를 돌보는 직원뿐 아니라 부모를 돌보는 직원에 대한 기업의 지원 프로그램이 점차 느는 추세지만 여전히 아쉬운 수준이다.

2016년, 글로벌 기업 딜로이트는 "직원 자신과 그 가족에게 영향을 미치는 생애 사건을 처리할 수 있도록" 최대 16주의 유급 휴가를 제공하겠다고 발표했다. 다른 기업들도 뒤따르기를 기대했지만 2년이 지난 현재까지도 결단을 내리는 사례는 드물다. 대기업들도 노인 돌봄에 대해서는 혜택을 주지 않는다. 예를 들어 월마트 복지 규정을 보면 모성 지원, 부모 지원, 입양 지원이 명시되어 있지만 노인 돌봄에 대한 언급은 없다.

트랜스아메리카보험사가 지원한 2018년 설문 조사를 보면 미 전역의 고용주 1802명 중 돌봄 제공자를 지원하는 경우는 12퍼센트에 불과했다. 누군가 '일하는 딸들을 위한 최고의 회사' 목록을 정리할 때가 되었다 싶지만 애석하게도 그 목록은 아주 짧을 듯하다.

일하는 딸은 돌봄 제공의 결과 어마어마한 경제적 비용을 치르게 된다. 체감하는 직장 생활의 불이익과는 비교도 안 될 정도로 큰 규모다. 돌봄 제공으로 여성은 생애 동안 32만 4044달러를 잃는 것으로 추산된다. 대부분의 돌봄 제공자가 40대 후반의 여성으로 예상 수입이 줄어들기 시작하는 시기에 있기 때문이다. 50대가 되면 취업 전망이 확 떨어지므로 40대 후반은 업무를 줄여나갈 시점이 아니다.

젊은 돌봄 제공자들이 점점 늘어간다는 점도 간과해서는 안 된다. 자료를 보면 20~30세인 밀레니엄 세대 천만 명 이상이 노년기 부모나 아픈 부모, 혹은 다른 가족을 돌보고 있다고 한다. 직장 경력을 쌓고 직업적 목표를 추구해야 할 결정적 시기인데 말이다.

일하는 딸이 가족을 돌보기 위해 일시적으로 직장을 떠나는 경우 다시 그 자리로 돌아갈 가능성은 높지 않다. 나이가 많은 경우는 더욱 그렇다. 2015년 세인트루이스 연방준비은행 조사를 보면 50세 이상의 실직 여성 절반은 장기간 실직 상태가 지속됐다. 연령과 성별에 따른 차별도 이 상황에 작용한다.

성별 관점에서 볼 때 돌봄 제공은 역사적으로 여성의 일로 간주됐고 그에 따라 서글플 정도로 낮게 평가되었다. 미국에서 가족 돌봄 제공자는 배우자, 부모, 다른 성인을 위해 '무급'으로 370억 시간을 쓴다. 주州별 돌봄 제공자의 수에 해당 주의 최저 임금을 곱해 계산하면 4700억 달러어치의 노동이다. 하지만 직장 밖에서 여성이 하는 무급 노동 경력은 고용 여부를 결정할 때 전혀 반영되지 않는다. 이는 부당하다.

어머니로서의 역할이 직무 능력을 높여주었다고 말하는 경영자들의 글을 비즈니스 관련 웹 사이트에서 자주 볼 수 있다. 효율성과 협상력이 높아지고 목표 의식도 더 뚜렷해졌다고 한다. 반면 노인 돌봄 경험으로 직무 역량이 향상되었다는 얘기는 발표된 적이 없다. 일하는 딸들은 자기 재능과 힘을 더 드러내 보일 필요가 있다. 인식과 이해가 부족한 관리자들이 부정적인 생각을 하기 쉽기 때문이다. 나는 업무 실적 평가를 받으면서 '부적격'이라는 말을 딱 한 번 들어보았다. 그해의 목표치를 모두 달성하고 일부는 초과했음에도 돌봄 책임으로 출장이 불가능했던 것이 직격탄이 되었다. 이런 식의 평가는 일하는 딸들에게 드물지 않게 일어난다. 28년 동안 직장 생활을 했다는 어느 여성은 상사에게서 관리 능력이 부족하다는 말을 들었다고 한다.

다른 일하는 딸의 사례를 보자. "연간 업무 평가에서 기대에 못 미쳤다는 말을 들었어요. 작년에 친정어머니와 시어머니가 한꺼번에 돌아가셔서 영향을 받지 않을 수 없었거든요. 거기에 이모까지 돌아가시면서 그 집을 팔아야 했고 조카의 후견 보고서를 법원에 제출하는 일도 처리했답니다. 시아버지를 요양 시설로 옮겨드리기도 했고요."

일하는 딸들은 전적인 편의를 기대하는 것이 아니다. 그저 어느 정도의 지원이면 족하다. 컴퓨터 기술자인 어떤 여성은 부모님을 돌보기 위해 유연근무를 요청했다가 "회사는 아픈 사람, 가족 같은 사적인 일을 해결해야 하는 사람을 쓰려고 월급을 지불하는 게 아닙니다. 일할 사람에게 월급을 지불하는 것이죠"라는 대답을 들었다고 한다. 다행히 상급자들 몇 명이 도와준 덕분에 '최고 실적'을 올리며 일을 계속할 수 있었다. 이 여성은 "유연근무로 업무에 차질이 생기는 일이 절대 없도록 했어요. 그래서 감사하게도 실적이 높았죠"라고 설명했다.

일하는 딸들은 훌륭한 인재다. 돌봄 제공 경험을 통해 직장에서도 아주 중요한 능력들을 발전시킬 수 있기 때문이다. 일하는 딸은 업무에 대한 책임감이 강하다. 또한 유급 노동에 무급 돌봄 노동, 부모 역할까지 매일 여러 종류의 일을 해내면서 협상력, 문제 해결력, 세부 요소에 대한 집중력이 높아진다. 이들의 업무는 부모님을 병원에 모시고 가는 것에 그치지 않고 투약 관리, 의료 처치, 필요한 자원 마련, 재정 관리까지 아우른다. 아버지를 외래 진료에 모시고 가기, 요양 시설의 돌봄 계획표 점검하기, 필요한 물건 사다 드리기, 아이들 학교 제출 서류 작성하기, 아이의 시험공부 도와주기, 회사 블로그 글 편집하기, 고객에게 전화해 질문에 답하기, 보험 회사에 전화하기 등 다양한 과업들이 하루 일정 안에 망라된다. 이 모든 일을 해내는 여성은 시간, 에너지, 자원을 우선순위에 따라 배분하는 전문가가 된다. 요양원에 계신 어머니에게 자주 전화해 건강 문제를 챙기면서 정부 기관에서 일하는 한 여성은 "우리는 일 처리에 워낙 능숙해 슬픔과 피로가 밀어닥칠 때도 일을 계속할 수 있답니다"라는 말로 이를 표현했다.

현명한 관리자라면 돌봄 제공자인 직원을 지원하여 붙들어 둘 방법을 찾아내야 마땅하다. 돌봄 경험으로 습득할 수 있는 능력이 딱히 와 닿지 않는다 해도 그럴 필요는 충분하다. 연구에 따르면 미국 기업들이 매년 돌봄 제공 때문에 잃는 생산성이 171억에서 336억 달러에 달하기 때문이다. 이 기업들이 일하는 딸들을 계속 고용하며 생산성을 유지하려면 다양한 지원

책을 갖춰야 한다. 즉 적절한 비용의 다양한 노인 돌봄 서비스, 유급 돌봄 제공에 문제가 생겼을 때 대체 가능한 시스템, 근무시간에 자리를 지켜야만 인정받는 대면 문화의 극복 등이 요구된다.

자신의 가치를 되새기자

직장에서 제대로 인정받지 못한다는 느낌이 든다면 아침에 몇 분만 시간을 내 자기 가치를 다시 생각해보자. 그러면 더 당당한 모습으로 출근할 수 있을 것이다. 개인 상황이 어떻든 당신은 팀의 귀중한 구성원이다. 자신감을 가지면 업무 성과도 더 좋아지는 법이다. 직장에 계속 붙어 있을 수 있을까 하는 불안감은 일단 접어두자. 그것 말고도 처리해야 할 일이 얼마든지 있으니 말이다.

돌봄 책임으로 어쩐지 자신감이 떨어진다면 다음 네 가지 방법을 활용해보자.

1. 이력서를 읽어라

당신의 이력서에는 개인적, 직업적 성취가 망라되어 있다. 그러니 좀 더 자주 읽어볼 필요가 있다. 나는 최근 강연을 앞두고 이력서를 다시 정리할 일이 있었다. 매니큐어가 갈라지고 흰머리가 듬성듬성 보이는 데다 남편의 운동복 상의에 레깅스 차림인 나는 전혀 대단한 사람으로 보이지 않았고 그렇게 느껴지지도 않았다. 하지만 이력서에 적힌 훌륭한 면면을 보자 갑자기 자신감이 상승했다. 어쩐지 자신이 없어진다면 이력서를 꺼내라. 그렇다, 당신이 그런 대단한 사람이다!

2. 영광의 폴더를 간직하라

영광의 폴더란 당신이 이룬 업적 사례를 비롯해 감사를 담은 이메일이나 카드, 칭찬 메모 등을 모아둔 것이다. 지금껏 잘 해왔고 남들의 인정과 찬사를 받았다는 점을 되새겨야 할 때가 있는 법이다. 직장 상사에게도 그 과거를 상기시킬 필요가 있고 말이다. 아직 영광의 폴더가 없다면 지금부터 만들면 된다. 실물 폴더도 좋고 전자 기기 속 폴더도 좋다. 늘 손 닿는 곳에 두고 최신 자료를 추가하자. 기분이 처질 때나 실적 평가를 앞두고 긴장될 때 영광의 폴더를 꺼내 읽어보자.

3. 자신만의 테마곡을 정하라

젊은 변호사의 일과 삶을 그린 드라마 〈앨리 맥빌Ally McBeal〉을 보면 상담치료사가 앨리에게 언제든 머릿속에 떠올리면 기분이 좋아지는 테마곡을 하나 정하라고 권하는 장면이 나온다. 앨리는 〈그에게 말해〉라는 곡을 정하고 사랑을 찾으려 한다. 우리도 이렇게 해보면 어떨까. 나는 중요한 회의에 갈 때마다 카트리나 앤드 더 웨이브스Katrina and the Waves가 부른 〈햇살 아래 걷기Walking on Sunshine〉라는 곡을 듣는다. 저절로 긍정적인 생각을 하게 되는 노래다. 이처럼 자신도 모르게 미소 짓게 만드는 테마곡을 골라보자. 그리고 격려가 필요할 때 크게 틀자.

4. 차려입어라

영화 〈철목련Steel Magnolias〉에는 "꾸밀 줄 아는 능력이 우리를 동물과 구별해준다"라는 대사가 나온다. '성공을 위한 옷차림' 같은 상투적 표현으로 들리겠지만 실제로 유용하다. 총탄을 막는 팔찌가 없다면 원더우먼이라 볼 수 없지 않겠는가? 업무에서 자신감을 느끼고 싶다면 잘 차려입어라. 도움이 된다.

내 최선을 위해 감수할 일

앞서와 같은 방법을 다 써보았는데도 효과가 없고 여전히 자신감이 회복되지 않을 수도 있다. 그럴 때는 상기하라. 당신이 하는 모든 선택에는 결과가 따르고 직장 밖의 삶을 우선시하겠다는 결정이 직장 내 지위에 영향을 미칠 수밖에 없다는 사실을. 선택의 대가를 이해하는 것, 그러면서도 당시 최선의 결정을 내렸다고 인정하는 것이 중요하다.

나는 가족을 최우선순위로 선택하면서 그에 상응하는 결과가 따르리라는 것을 알았다. 그래도 그 결과를 받아들이기가 얼마나 힘들지는 미처 몰랐다. 어머니가 돌아가신 후 나는 슬펐지만 한편으로는 안도감도 느꼈다. 더 이상은 어머니가 죽음을 앞둔 모습을 보지 않아도 되고 호스피스에 매일 찾아가지 않아도 되었으니까. 아버지를 돌보는 데만 에너지를 쓰면 되니 어머니의 마지막 몇 달 동안 방치하다시피 한 아이들도 보살피고 업무에도 복귀할 수 있다고 생각했다. 필요한 만큼 유연하게 일할 수 있는 직장이라는 점은 참으로 감사했지만 업무에서 충분한 역할을 못 한 채 여러 달을 보내게 되어 마음이 불편했었다. 장례식 후 한 주 정도 쉬고 정리를 하고 싶은 마음이 들었지만 유급 휴가를 다 써버린 상황이라 이틀 만에 업무에 복귀해 에너지를 집중하고자 했다.

첫 두 주는 순조로웠다. 장기 프로젝트를 끝내고 리더십 회의에 참여했으며 고객과 연락을 재개했다. 일요일 오후를 반납하고 뉴욕으로 가서 고객의 박람회 전시장을 방문하기도 했다. 내 정성에 감동할 것으로 기대했지만 고객은 "그쪽 어머니 때문에 우리가 너무 많은 기회를 잃었네요"라는 인사말을 던졌다. 그리고 다음 주에 협력 관계를 청산하자고 통보해왔다.

그다음 주에는 어머니가 돌아가시기 전 몇 주 동안 열심히 준비했던 프로젝트 수주에 실패했다. 이유가 무엇이냐고 물어보았더니 내가 신뢰를 주지 못했다는 대답이 돌아왔다. 나는 내 안의 자신감을 되살리기 위해, 그래도 내가 업무 외 영역에서만큼은 가장 중요한 일을 가장 잘해낸 거라고 스스로를 열심히 다잡아야 했다.

Working Daughter 5장

선택하기

선택하기

"좋은 소식입니다. 어머님께서 오늘 집에 가실 수 있겠어요." 사회복지사의 말에 나는 깜짝 놀랐다. 청천벽력이었다.

"집이라니 어디 말씀이죠?"

말기 암 치료를 받지 않기로 했으므로 어머니는 병원에 계실 이유가 없었다. 나도 그 점은 납득했다. 한 주 정도는 어머니가 물리치료 가능한 전문 간호 시설에 계셔야 한다는 말을 의사한테서 들었으므로 나는 어머니의 마지막을 어디서 보낼지 계획하고 동시에 아버지가 들어갈 치료 시설을 찾아볼 수 있는 기간이 최소 한 주 정도는 되리라 생각하고 있었다.

어머니가 난소암, 아버지는 알츠하이머와 치매 초기라는 것을 알게 된 다음 날인 7월 2일의 일이었다. 아버지가 집에 계실 수 없는 상황이었으므로 여생을 보낼 치료 시설을 한 주 내에 찾아야 했다. 기한 내에 내가 적당한 곳을 찾아내지 못하면 어째야 하느냐고 했더니 담당 사회복지사는 "그럼 저희가 선택하는 곳에 옮겨드리게 됩니다"라고 대답했다.

그랬기에 점심시간에 틈을 내 어머니를 보러 갔을 때 퇴원 얘기를 들으리라고는 예상하지 못했던 것이다. 더군다나 그날 오후에 퇴원이라니 당혹스러웠다. 한 시간 내로 직장에 돌아가야 하는 상황이었는데 말이다.

"어디로 모셔갈지 모르겠군요. 아버지가 병원에 계시고 어머니 혼자 집에서 지낼 수가 없어 여기 오기 전에는 요양 시설에 계셨거든요." 내가 사회복지사에게 말했다.

"그럼 보호자 분 댁으로 모시면 되겠네요."

말문이 막혔다. 어머니는 우리 자매들에게 "늙어도 너희하고 같이 살 생각은 없다"라고 입버릇처럼 말하곤 했다. 그럼 우리도 "오시라고 하지도 않을 테니 걱정 마세요"라는 농담으로 맞받았다. 이런 상황에서는 어머니도 마음이 달라졌을지 모른다. 하지만 그래도 집에 모실 수는 없었다. 남편과 나는 부모님을 장기적으로 집에 모셔오지는 말자고 일찌감치 합의를 했던 것이다.

우리 부부가 내가 어릴 때 살던 집을 사고 부모님의 새 집은 아직 완성되지 않았던 때 부모님과 두 주 동안 함께 산 적이 있었다. 남편은 하루도 빠짐없이 밤마다 불평을 했다. 부모님이 짐 정리를 제대로 끝내지 않아 사방에 물건이 흩어져 있었고 아버지는 남편이 아끼는 프라이팬을 철수세미로 닦는가 하면 옆 동네에도 들릴 만큼 큰 음량으로 옛날 드라마를 틀어 놓고 보기도 했다. 나도 화가 나서 남편한테 좀 참아달라고 했다. 우리 부모님이 남편이 시키는 대로 해야 할 이유는 없으니까. 매일 밤 남편은 침대에서 일어나 당분간 자기 어머니와 지내겠다며 짐을 꾸리려 했다. 그러면서도 늘 다시 침대로 들어와 잠들었다.

그보다 몇 년 전 우리가 텍사스에서 매사추세츠로 이사할 때 시어머니 집에 몇 주 머무른 적도 있었다. 아니, 남편만 그랬고 나는 한 주 만에 친정으로 옮겼다. 매일 저녁 식사 후에 나는 도와드리려는 마음으로 설거지를 했지만 시어머니는 그 그릇을 다시 식기 세척기에 집어넣었다. 내가 해놓은 것이 마음에 안 드시는 게 분명했다. 나는 시어머니를 사랑했고 나름의 방식을 존중하고 싶었으므로 남편을 두고 친정에 가서 이사 날짜가 될 때까지 머물렀다.

우리 부부가 결혼 생활에서 그나마 의견 일치를 이룬 사항이 있다면 그건 어느 쪽 부모님과도 함께 살지 않는다는 것이었다. 그러니 지금 이 상황을 어쩐다? 어머니가 병실에 누워 있고 사회복지사가 나를 빤히 쳐다보는 상황에서 어떤 말을 하고 어떤 행동을 해야 할지 도무지 판단이 안 섰다.

어머니를 집으로 모셔야 하는 걸까? 몇 주 정도는 괜찮을까? 어떻게 될까? 썩 좋지는 않아도 그럭저럭 지낼 수는 있을 거야. 남편이 그렇게 차가운 사람은 아니잖아? 그럼 언젠가 시어머니도 편찮으신 상황이면 우리 집에 올 수 있다는 뜻이 되는 건가? 어머니는 어디서 주무셔야 하지? 우리 집에는 남는 침대가 하나도 없었고 손님방은 내 사무실로 쓰는 중이었다. 사방에 장난감이 널려 있는데 어머니가 걸려서 넘어지기라도 하면? 딸과 아내 중 나는 어느 역할을 우선시해야 하는 걸까?

어느새 눈물이 흐르고 있었다. 어찌할 바를 모르고 몇 초간 거기 서 있던 나는 "금방 돌아올게요"라고 어머니한테 말한 뒤 병실을 나섰다. 사회복지사 역시 합의가 되었다고 생각했는지 복도로 나와 걷기 시작했다.

"사무실에서 이야기를 좀 할 수 있을까요?" 내가 물었다.

"그냥 여기서 말씀하시지요."

남편이 거기 있었다면 "턱에 힘 빼"라고 내게 말했을 것이다. 난 감정이 북받칠 때 아래턱을 당겨 꽉 다무는 버릇이 있다. 그 순간 난 폭발 직전이었다. 어찌할 바를 모르고 눈물만 글썽글썽한 말기 암 환자 딸과 대화하기에는 복도보다 사무실이 나을 거라 생각했는데 아닌 모양이었다.

그날 무슨 말을 했는지는 기억나지 않는다. 그저 사회복지사가 너무도 밉고 원망스러웠던 감정만 기억날 뿐이다. 어떻든 성과가 있었다. 어머니 퇴원이 늦춰져 나는 하루를 벌었다.

암묵적 편견의 작동

그해 여름에 이 글을 썼다면 나는 의료인들이 돌봄 제공 가족에게 아주 무심하다고 썼을 것이다. 성인 딸들이 일을 하고 있으리라는 생각은 전혀 안 하는 것 같다고, 가족은 언제든 시간을 내 환자를 데려오고 데려가며 전화를 받아야 하고 후속 조치가 얼마나 복잡하고 힘들든 간에 퇴원 후에는 알아서 환자를 돌봐야 한다고 여기는 것 같다고 말이다. 그러나 이제는 더 이상 그렇게 생각하지 않는다.

물론 오만한 의사도 있고 냉정한 사회복지사도 있다. 하지만 내가 그날 어머니 병실에서 그랬듯 무시당하거나 비난받는다고 느끼게 되는 건 의료인들이 배려하는 마음이 없어서가 아니다. 가혹한 수준의 업무 목표, 쏟아지는 새로운 기술, 과중한 서류 처리 업무에 시달리며 늘 쫓기는 상황이기 때문이다. 이 상황을 고려하지 못하면 암묵적 편견이 만들어진다.

암묵적 편견이란 여성, 특정 종교 신자, 인종 같은 집단에 대해 무의식적으로 갖게 되는 믿음이다. 그 믿음을 바탕으로 그 집단은 어떤 특징을 갖는다고 여긴다. 워킹맘은 직장에서 이런 암묵적 편견과 자주 마주친다. 겉으로는 남녀 모두 유능하다고 말하는 관리자나 동료들이라 해도 마음속 깊은 곳에서는 여자는 집에서 아이를 키워야 마땅하다는 생각을 하고 있다. 그 결과 여성을 채용하거나 승진시키는 것을 꺼린다.

일하는 딸도 마찬가지다. 우리 어머니를 담당하는 사회복지사는 자기 앞에 서 있는 중년 여성이 집에서 어머니를 돌볼 시간과 의지가 있을 거라고 여겼다. 티셔츠에 바지를 입고 머리를 질끈 묶은 내 모습이 기업의 고위 임원으로는 보이지 않았을 테니까. 하지만 난 그 직위로 일하는 사람이었고 동시에 어머니를 걱정하는 딸이기도 했다.

몇 년 전 내가 참석했던 토론회에서는 암묵적 편견이 분명히 드러났다. 노인 돌봄이 주제였는데 의사 한 명, 간호사 한 명, 보험사 임원 두 명, 전국에서 노인 거주 시설을 운영하는 기업 최고경영자 등이 모였다. 토론 과정에서 '딸'이라는 단어는 일곱 차례 등장했지만 '아들'은 단 한 번도 나오지 않았다.

이러한 암묵적 믿음은 특히 여성에게 해롭다. 사회적 기대와 문화적 규범 속에서 여성은 아낌없이 주고 보살피는 존재여야 하고 돌봄이란 과업을 두 팔 벌려 축복으로 맞이해야 한다. 이와 다르게 생각하거나 배치되는 선택을 하면 죄의식을 느끼고 심판받는다. 그날 어머니 병실에서 나는 심판받는 느낌이 들었다. 그보다 몇 달 앞서서도 심판받는다고 느낀 적이 있었다. 여성은 부모를 돌봐야 하고 돈 버는 일은 남성 역할이라는 생각을 드러낸 어머니 주치의 앞에서 말이다.

내가 아는 다른 일하는 딸도 자기 어머니 담당 의사한테서 비슷한 느낌을 받았다고 했다. 어머니를 집에 모셔간 걸 계속 칭찬하면서 한번은 다른 집 자식들이 환자를 인지 치료 시설로 옮긴 것을 비난하더란다. "거기 들어가면 어떻게 되는지 아세요? 급속도로 상태가 나빠집니다"라고 하면서.

"그러니까 그 의사 말은 제가 엄마를 거기 보낼 일이 없으니 착한 딸이라는 거죠. 하지만 언젠가는 저도 엄마를 시설로 보낼 수밖에 없어요. 일을 하면서 모시기 어렵게 되면 어쩌겠어요. 그럼 저도 의사의 비난을 받지 않겠어요?"

때로는 칭찬도 기분 나쁠 수 있다. 미국에서 11월은 가족 돌봄의 달이고 매년 대통령이 기념사를 한다. 2016년, 오바마 대통령은 "사랑하는 이를 자기보다 우선해 매일 애정으로 보살피는 여성과 남성들의 이타적인 과업을 계속 지원해야 합니다"라고 했다. 인정과 지원은 고마웠지만 난 당혹스러웠다. 이런 생각은 가족 돌봄 제공자에게 이타적 이미지를 강요한다. 대부분의 사람들, 특히 돌봄과 일을 조화시켜야 하는 이들에게는 달성 불가능한 모습이다. 더 나아가 이 이상향에 도달하지 못하면 실패했다고, 기대에 부응하지 못했다고 여기게 된다. 내가 어머니를 집으로 모셨다면 그건 이타적인 행동이었을 것이다. 그렇게 하지 않음으로써 어머니를 실망시켰을까 봐 난 걱정스러웠다. 하지만 남들이 옳다고 생각하는 길을 선택한다면 내게는 맞지 않는 방향이 될 수 있었다. 돌봄 제공자가 택해야 하는 가장 건강한 길은 보살핌을 받는 사람의 삶뿐 아니라 자신의 삶도 충분히 고려하는 것이다. 선택한 후에는 마음을 굳게 먹자. 모든 사람을 만족시키는 선택지는 어차피 없으니까.

우리는 싸우는 것이 아니다

자기 선택이 옳았는지에 대한 고민은 쉽게 생겨난다. '성인 자녀들, 부모가 노쇠해도 계속 집에 사시기를 원한다'와 같은 기사 제목을 보면 더욱 그렇다. 정말 그런 조사 결과가 나왔을 수는 있다. 다만 재가 돌봄 서비스 기업이 후원한 조사였다는 점이 중요하다! 마케팅 분야에서 26년을 보낸 나로서는 교묘한 광고 전략이 훤히 보인다. 이런 조사는 머리기사로 보도되기가 쉽다. 가족을 위해 최선의 선택을 하고 싶은 일하는 딸들에게 이 정보는 죄책감을 불러일으키고 가족, 이웃, 친척 등에게서 비난을 받게 만든다. 미디어의 이런 모습은 이른바 '엄마 전쟁'을 불붙이는 데서도 찾을 수 있다.

신문, 잡지, 블로그, TV 아침 방송들은 주기적으로 논쟁을 붙인다. 혼자 산골짜기에 들어가 살지 않는 한 모르고 지나갈 방법이 없는 논쟁이다. 모유 수유와 분유 중에 무엇이 좋은지, 엄마가 키우는 것과 사람을 쓰는 것 중에 무엇이 답인지, 전업주부 자녀와 워킹맘 자녀 중에 누가 더 훌륭하게 크는지 등등. 댓글창이나 소셜 미디어에서 갑론을박이 이어지며 반대편의 육아 방식을 공격한다.

제대로 알고 주의를 기울이지 않으면 우리도 똑같은 목소리를 내게 된다. 내 입장과 남들의 입장을 멋대로 판단하면서 말이다. 일하는 딸들은 20대부터 40대 초반까지 '엄마 전쟁'을 겪으며 힘겹게 생존한 끝에 50대 혹은 60대에 다시금 '딸들의 전쟁'에 진입하는 꼴이 된다.

돌봄 제공에 있어, 특히 돌봄과 일을 조화시키는 상황에서 하나의 정답은 없는 게 현실이다. 더욱이 참고할 지침조차 거의 없다. 처음 엄마가 되었을 때와 달리 어머니한테 물어볼 수도 없다. 다름 아닌 어머니가 돌봄을 받아야 할 사람일 수도 있고 그게 아니더라도 세대별로 기대와 규범이 다르기 때문이다. 규범에는 가족, 문화, 사회경제적 요소가 영향을 미친다. 어머니는 부모님을 집에서 모셨을 수 있다. 아마 밖에 나가 일을 안 하셨을 테니까. 할머니도 그 부모님을 집에서 모셨을 것이다. 그분들은 다른 시대에 살았고 경우에 따라서는 다른 관습을 가진 다른 나라에서 살았을 수도 있다. 그리하여 오늘날 여성들은 돌봄과 관련한 중요한 의사 결정을 내릴 때 홀로 판단해야 한다.

나는 여성들이 서로를 상대로 싸움을 벌이면 안 된다고 믿으며 또한 물건을 팔아먹으려는 회사나 조회 수를 높이려는 언론의 목표물이 되어서도 안 된다고 믿는다. "베이비붐 세대는 집에서 부모님을 돌보는 것이 요양 시설보다 낫다고 생각한다"와 같은 연구 결과를 홍보하는 마케터들은 도움이 안 될뿐더러 유해하다. 당신과 당신 부모님에게 최선의 결정을 내렸을 때 이를 섣불리 비판하거나 반박하는 친구, 가족, 의사는 절대로 도움이 되지 않는다. 누구보다 자신감 넘치는 여성도 이런 반응 앞에서는 심판받는 기분이 되고 만다.

자, 그럼 어떤 방향의 돌봄을 선택해야 할까? 부모님이 사시던 집에 계시도록 하면서 도와야 하나, 당신 집으로 모셔야 하나? 요양 시설로 보내드려야 하나? 적극적인 치료를 해야 하나, 통증 관리 정도면 족한가? 나와 내 부모에게 맞는 방식을 자녀, 형제자매, 친척, 직장 상사의 요구와 어떻게 맞춰나갈 것인가?

용기와 공감 모두 필요하다

용기와 공감을 같은 양으로 맞추는 것을 목표로 삼자. 집에서 돌볼 때 용기가 필요하듯 집에서 돌보는 것이 최선이 아님을 인정하는 데에도 용기가 필요하다. 공감은 부모님의 감정과 욕구를 고려할 때 요구된다. 부모 돌봄은 성인 자녀가 노인이 된 부모에게 '부모 노릇'을 하는 역할 역전이라고 말하는 이들이 많지만 역전이라기보다는 전환이다. 부모님은 성인이고 나름의 의견, 가치, 소망을 갖고 있다. 그러하기에 부모님의 결정이 당신 삶에 영향을 미치고 생활을 엉망으로 만들기도 한다. 운전을 그만두었을 때, 노인 복지관 셔틀버스를 타지 않겠다고 할 때, 장을 보거나 병원 진료에 갈 방법이 없게 되었을 때 등등. 하지만 부모님은 삶의 방식을 선택할 권리가 있다. 그리고 자녀 역시 어떻게 대응할지 선택할 권리가 있다.

물론 부모님이 인지적 문제를 겪고 있다면 자녀가 대리인이나 후견인 역할을 하며 단독 결정을 내릴 수 있다. 그때에도 용기에만 의존한다면 부모님의 감정을 무시해버릴 우려가 있다. 반면 공감에만 의존한다면 희생자나 순교자가 되어버린다.

돌봄은 장기적인 일임을 기억하자. 부모를 돌보면서 신속한 결정을 내려야 할 때도 많다. 어머니가 퇴원할 거라고 들었던 날의 나처럼 말이다. 가진 정보를 바탕으로 시한 내에 최고의 선택을 하기 위해 노력하자. 하지만 동시에 그 신속한 결정이 장기적인 영향을 미치리라는 점을 고려한다. 부모님을 집에 모시는 것이 당장은 가능하지만 이후 더 많은 돌봄이 필요한 상태가 되면 어떻게 할 것인가? 노인 혼자 집에 두고 출근하기는 어렵다. 일을 그만둬야 할지도 모르는데 그럼 나중에 복직할 방법이 있는가? 당장 일을 그만둬도 충분히 먹고살 만큼 돈을 모아두었는가?

마지막으로는 당신이 부모님에게 바라는 것을 분명히 하고 이를 부모님이 바라는 것과 구분해야 한다. 눈보라 예보가 있을 때마다 나는 부모님께 우리 집에 오시라고 했지만 매번 거절당했다. 먹을 것이며 약이 충분하고 벽난로도 있으니 아무 문제 없다는 것이었다. 그럼 나는 화가 나서 "문제가 없다고요? 전기가 끊기면 어떡하실 건데요? 전 걱정이 된다는 말이에요!"라고 말하곤 했다. 자, 여기서 중심이 되는 인물은 다름 아닌 나였다. 우리 집에 오셨으면 했던 건 부모님 아닌 내 마음의 평화를 위해서였다. 나의 바람은 부모님의 바람과 늘 일치하지는 않는다. 그럼 부모님이 원하는 바를 어떻게 알아내느냐고? 여쭤봐야 한다.

마지막을 이야기한다는 것

수년 전 추수감사절 날 부모님과 우리 부부는 막 저녁 식사를 마치고 앉아 있었다. 후식으로 파이를 먹은 뒤였고 아버지는 아직 커피를 마시는 중이었다.

"리즈, 중요한 얘기를 좀 하고 싶구나." 어머니가 입을 열었다.

'아, 그냥 쉬면 안 되나?' 난 속으로 한숨을 쉬었다. 추수감사절은 내가 가장 좋아하는 휴일이었다. 그 식사 이후 사흘의 황금 휴가가 기다리고 있었다. 중요한 무언가를 생각하거나 얘기하고 싶지 않았다.

"내 장례식 계획을 말해두려고 해."

당시 부모님은 뇌종양, 두 차례의 심장 수술, 흑색종을 이겨내고 건강한 상태였다. 장례식은 까마득히 먼 얘기 같았다. 나중에야 깨달았지만 어머니는 고맙게도 참으로 적절한 시기에 준비를 마친 셈이었다. 그날 밤 어머니는 사는 동네 근처 묘지에 자리를 사두었다고 설명했다.

"동네에서 장례식을 하니 묘지도 가까운 곳으로 잡아야 다들 편하겠지. 꼭 와야 한다는 부담은 갖지 않았으면 하지만 어쨌든 온다면 말이다."

"편하다고요? 친척들이 오면 집이 꽉 차겠네요. 저희 부부는 호텔 방을 잡아야 할지 몰라요. 아, 사람들을 태워서 오가야 하면 그건 제가 맡아야 되겠군요. 참 편하겠네요."

나는 농담으로 받은 것이었지만 먹히지 않았다.

"여보, 장모님 말씀을 들어봐." 남편부터 만류했다.

"난 너희 모두가 힘들지 않게끔 하고 싶었어."

부모의 계획에 귀 기울이기

돌이켜보면 내 반응이 얼마나 바보 같았는지 모른다. 부모가 먼저 자기 삶의 마지막에 대한 대화를 시작해주는 것, 특히 이미 나름의 계획을 실행하고 알려주는 것은 성인 자녀에게 크나큰 축복이다. 부모님이 노화와 죽음에 대한 문제들, 예를 들어 장례식 계획, 현재와 미래의 주거 계획, 위급 상황에서 원하는 의료적 처치 수준 등에 대해 얘기한다면 귀 기울여 잘 듣자. 대단한 선물이니 말이다.

그 어색한 대화로부터 몇 년 후, 그리고 어머니가 퇴원해서 어떤 '집'으로 가야 할지 결정해야 했던 날로부터 몇 주 후, 어머니는 내게 친정집 주방 장식장의 첫 번째 서랍에서 노란 종이를 꺼내 와달라고 부탁했다. 나는 그 종이를 찾아서 어머니의 새 집, 그러니까 우리 집 근처 아파트형 요양 시설로 가져다 드렸다. 장례식과 관련해 어머니가 원하는 바가 다 정리되어 있었다. 교회에서 어떤 음악이 흐르게 할지, 관 속의 어머니가 어떤 옷을 입고 어떤 목걸이를 걸어야 할지, 함께 묻을 사진은 무엇인지 등. 딱 하나 의논이 필요한 부분은 스타킹을 신어야 할지 말지였다. 나는 스타킹 따위는 필요 없다고 했다. 그리고 그 외에는 입을 다물고 어머니가 해주는 설명을 잘 들었다.

불편하지만 필요한 과정

나처럼 운이 좋은 경우가 아니라면 자식이 먼저 부모님에게 그런 화제를 꺼내야 할 것이다. 자기 장례식을 혼자 다 준비한 후 나중에야 공개했던 어머니는 연로하시니 집을 옮겨야 하지 않겠느냐는 딸들 얘기에 귀를 기울이지 않았다. 집을 관리하기도 버거웠고 운전을 하지 않는 상황에서 가까운 상점이나 공공시설이 없다는 것이 문제였는데 말이다. 이사하시는 게 좋겠다고 아무리 말을 해봐도 아버지는 "우린 아무 데도 안 간다"라고 말할 뿐이었다. 어머니는 그 말조차 없이 침묵했다.

인터넷에서 뭔가 정보를 얻어보려 했지만 소용이 없었다. '대화'를 주제로 검색하자 이성적이고 논리적인 얘기들뿐이었다. 우리 가족에게도, 이 주제에도 맞지 않는 조언이었다. 나는 이사하지 않으면 더 이상 일상의 도움을 드리지 않겠다고 위협도 했지만 어차피 그럴 수 없다는 걸 모두가 알고 있었다. 죄책감을 유발해볼까도 싶었지만 옳은 방법이 아닐 듯했고 효과도 의심스러웠다. 다른 집 자식들은 부모를 설득해 이사하도록 만들 수 있을 거라는 생각에 나는 실패자 같았다. 알고 보니 그건 틀린 생각이었다.

부모를 설득해 변화를 만들려 해봤지만 뜻대로 되지 않았다는 성인 자녀들을 나는 무척 많이 만났다. 어떻게 해야 할지 몰라 아예 말도 못 꺼냈다는 자녀들은 더 많았다. 우리 부모님은 결국 위기 상황이 닥쳐서야 사는 곳을 옮겼는데 이건 아주 흔한 경우였다. 물론 이상적인 것은 전혀 아니다.

부모님과 불편한 대화를 시작하기 위한 전략 일곱 가지를 정리해보았다. 건강상의 위기가 닥치지 않더라도 부모님이 필요한 변화를 이루게끔 하는 데 도움이 되었으면 한다.

1. 하나의 과정임을 인지하라

중요한 대화는 사실 한 번으로 끝나지 않는다. 어느 날 오후 부모님 댁을 불쑥 방문해서, 혹은 명절을 맞아 모인 김에 이제는 더 이상 혼자 사시기 힘들어 보인다는 말을 꺼냈다고 하자. 부모님 입에서 곧바로 "그 말이 맞다. 이사 계획을 세워보자"라는 대답이 나올 거라 기대해서는 안 된다. 또한 퇴근길에 잠깐 들렀을 때 그런 대화를 시작하지는 말자. 사무실에서 중요한 프로젝트의 마감 시한을 맞추느라 쩔쩔매는 와중에 그런 민감한 주제를 제기할 필요도 없다. 중요한 문제는 한 번에 해결되지 않고 서두른다고 해결이 빨라지지도 않는다.

2. 질문의 방향을 바꾸라

부모님과 미래 계획 세우는 일을 아예 포기하는 사람들도 있다. 어렵고 불편한 대화를 해야 한다는 생각에 부담을 느끼기 때문이다. 돈 얘기를 꺼내면 유산 욕심이 있는 것으로 비칠지 모른다는 걱정이 든다. 사전의료지시서 작성도 화제에 올리기 어렵다. 병과 죽음에 대해 이야기하고 싶은 사람이 어디 있겠는가. 집에 계시기 어렵다는 말씀을 드리는 순간 부모님께 당신들의 쇠락을 인정하라고 요구하는 듯한 기분이 들 것이다.

그럼 부모님이 미래에 대해 어떤 계획을 갖고 계신지 여쭤보면 어떨까? 이후의 삶에서 무엇을 가장 중요하게 여기시는지 알아보자. 독립적인 삶인지, 자녀나 손주들에게 유산을 남기는 것인지, 최고의 의료 서비스를 받는 것인지, 가족과 시간을 보내는 것인지 등등. 더 이상 무엇을 할 수 없는지에 대한 대화보다는 무엇을 원하는지에 대한 대화가 훨씬 긍정적이고 희망적이지 않은가.

3. 먼저 들어라

어떤 말씀을 들었는가? 어떻게 맞춰드릴 수 있는가? 살던 집에 계속 살고 싶어 하신다면 어떻게 그걸 현실화하면 될까? 쇼핑이나 이동을 도와드려야 할까? 방문간호사나 재가 돌봄 서비스를 확보해야 할까? 자식에게 부담을 주고 싶지 않다고 하셨다면 그게 무슨 의미인지 파악해야 한다. 자녀 집 근처로 이사한다는 뜻일까? 가사 도우미를 고용하겠다는 뜻일까? 이를 다 거부하신다면 어떤 다른 방법이 있을까? 입을 다물고 더 이상 대화를 거부하신다 해도 그 또한 과정임을 기억하자. 일단 물러섰다가 나중에 다시 말을 꺼내면 된다.

4. 작은 목표부터 차근차근 접근하라

대화를 발전시키기 위한 작은 목표를 어떻게 설정할 수 있을지 생각해보라. "엄마, 이제 요양 시설로 옮기셔야 하지 않을까요?"라고 말하는 대신 "얼마 전에 친구 분이 옮기셨다는 그 시설 말인데요, 정말 좋다고 하더라고요. 한번 같이 가볼까요? 친구 분도 만날 겸?"이라고 말해보자. 어머니는 좋다고 하면서도 "하지만 난 그런 곳에는 절대 안 갈 거야"라고 덧붙일 수 있다. 괜찮다. 일단 한 단계 나아간 셈이다. 가서 둘러보겠다는 동의를 얻어냈으니 말이다. 이런 대화가 반복되면 인생 다음 단계에 대한 의논이 점점 편안해진다. 자식인 당신이 부모님의 대리인이 되어 재정, 의료, 법적 문제를 책임져드리고 싶더라도 막상 부모님은 불편해할 수 있다. 그러면 최소한 의사와의 상담만이라도 책임지고 해보겠다고 제안하면 어떨까?

5. 정보부터 확보하라

부모님의 재정 상황을 아는 상태로 대화를 시작할 수 있다면 좋다. 정보가 많으면 많을수록 부모님의 걱정과 관심에 초점을 맞출 수 있다. 이사 관련 의논을 하려 한다면 어떤 시설이 있는지, 비용은 얼마인지, 어디에 빈자리가 있는지 정보부터 수집하라. 그리고 이를 부모님께 안으로 제시하라.

6. 안전만큼 자율성도 중요함을 인정하라

부모님의 안전이 걱정되어 이사를 해야 한다고, 혹은 재가 서비스를 받아야 한다고 생각하는가? 80세가 넘은 우리 아버지가 운전면허를 다시 따겠다고 고집을 부리고 사다리를 놓아 지붕으로 기어 올라가려 했듯 당신 부모님도 안전보다 자유를 더 중시할 수 있다. 당신이 걱정하는 게 무엇인지, 부모님의 걱정이 당신에게 어떤 영향을 미칠 수 있는지 설명하자. "아버지가 사다리에서 떨어져 다치면 제가 직장을 쉬고 돌봐드려야 하잖아요." 하지만 부모님은 성인이고 결국 결정은 부모님이 내리는 것임을 상기하자. 물론 부모님이 당신 마음에 들지 않은 길을 선택한다면 결국 당신도 선택권을 갖게 된다. 내가 사다리를 감춰두지 않아 아버지가 올라갔다가 떨어졌다면 나는 아버지를 보살펴드려야만 하는 게 아니라 보살펴드리기로 선택하는 것이다. 마찬가지로 우리 어머니가 더 이상 운전해서 장을 볼 수도 없고 그렇다고 식사 배달도 받지 않겠다고 선택했을 때 나는 온라인으로 식료품을 주문해드리고 가끔 상점에 모시고 가는 것을 선택했다.

7. 적극적으로 사고하라

가족 관계의 역학 때문에 이런 논의가 불가능한 때도 있다. 부모님과의 사이가 너무 벌어졌다든지, 아버지가 감정을 절대 솔직하게 얘기하지 않는 유형이라든지, 부모님이 이미 중요한 의사 결정을 하지 못하는 상태에 이르렀다든지 등등. 그러면 당신 혼자서 필요한 가정을 하고 결정을 내려야 할지 모른다. 이 경우 다음 네 가지 질문에 답해보면 도움이 될 것이다.

① 부모님에 대해 내가 아는 어떤 정보가 이 의사 결정에 유용할까?

② 부모님이 살아온 방식을 바탕으로 볼 때 가장 중시하시는 것은 무엇일까?

③ 부모님께 최선이라고 생각되는 것은 무엇인가?

④ 돌봄 제공자로서 내게 최선이라고 생각되는 것은 무엇인가?

아버지를 요양 시설에서 요양병원으로 옮겨야 했을 때 아버지는 치매가 너무 많이 진행되어 내가 상황을 설명해드리기도 어려웠다. 그리하여 내가 아버지에 대해 아는 것을 근거로 결정을 내렸다. 그리고 공감만큼의 용기를 끄집어내기 위해 온갖 애를 써야 했다.

문제 있음을 인정하는 것이 첫걸음이다

중요한 대화를 시작하려면 일단 부모님이 노쇠해간다는 점을 인정해야 한다. 이게 늘 쉽지는 않다. 자주 만나는 사이라면 변화를 눈치 채기가 힘들다. 멀리 떨어져 사는 자식은 부모와 만날 때마다 확확 달라진 모습에 충격을 받기도 한다. 이런 자식이라면 단번에 모든 것을 바로잡을 수 없다는 점을 인정해야 한다. 오랜만에 온 자식들이 부모의 노쇠함을 언급할 때 그 형제자매들은 그것을 개인적인 공격으로 받아들이지 않아야 한다.

어쩌면 당신은 부모님이 나이 들어간다는 생각 자체를 거부하여 눈앞의 현실을 보지 못할 수도 있다. 부모님은 늘 의지할 수 있는 기둥이라고 믿는 나머지 그 안전망을 떠나보내기가 어려워서, 아니면 문제를 인정하면 바로 해결에 나서야 한다는 게 싫어서 말이다. 오랫동안 나는 어머니가 늙어간다는 것을 인정하지 못하고 짜증을 냈다. 느릿느릿 걸어 다니고 요리를 하지 않고 우편물이 오면 내가 가서 개봉해 읽어줄 때까지 기다리는 모습이 그저 답답했던 것이다. 눈을 뜨고 마음을 열자. 가족의 앞날을 미리 내다보아야 직장 생활의 앞날도 미리 계획할 수 있다.

부모님이 도움을 필요로 한다는 것을 보여주는 신호가 있다. 다음 중 하나 이상을 눈치 챘다면 상황을 면밀히 살펴 생활방식의 변화, 추가적인 도움, 더 나아가 주거 방식 변경 등에 대한 결정을 내려야 할 때다. 당신 경력에 피해를 최소화하면서 부모님을 도와드릴 방법을 결정해야 할 순간이기도 하다.

부모님을 더 많이 도와드려야 한다는 여섯 가지 경계 신호는 다음과 같다.

1. 미개봉 상태로 쌓여 있는 우편물

청구서를 제때 처리하시지 못하는지? 우편물이 미개봉 상태로 쌓여 있는지? 사기성 우편물에 쉽게 넘어가시는지? 간단하게는 청구서 처리를 도와드리는 것, 또한 부모님이 동의한다면 우편물을 당신 주소로 돌려 받아보는 것이 해결책이다. 더 나아가 인지 능력의 문제는 없는지? 이에 답하려면 의사의 진단을 받아봐야 한다.

2. 잦은 넘어짐

매년 넘어져 다치는 바람에 응급실로 향하는 노인이 미국에서 300만 명에 달한다. 한번 넘어진 사람은 다치지 않았다 해도 두려움이 생겨 일상 활동을 줄이게 된다. 부모님이 넘어졌다면 지팡이나 보행 보조기가 필요한 상황일지도 모른다. 부모님이 집에서 계속 살고 싶어 한다면 바닥 깔개에 걸려 넘어질 위험이 없는지 살피고 욕실에 미끄럼 방지 매트를 깔거나 샤워실에 손잡이를 설치하는 등의 조치를 해야 한다. 넘어진 경험으로 트라우마가 생기지 않았는지도 검사하자.

3. 식사 상황 변화

부모님이 더 이상 요리를 안 하시는가? 냉장고에 유통기한 지난 식품이 가득한가? 부엌은 도움이 더 필요한지 여부를 판단하는 지표다. 식사 배달이 해결책이 될 수 있고 재가 돌봄 서비스에 매주 몇 차례만 식사를 챙겨달라고 부탁할 수도 있다. 아예 요양 시설로 옮겨 하루 세 끼를 안정적으로 제공받는 것도 방법이다. 묻고 살피지 않으면 부모님의 식습관 변화를 알 수 없다.

4. 기억력 감퇴

부모님이 가족의 이름을 잊어버리거나 늘 다니는 익숙한 곳에서 길을 잃어버리지 않는가? 요리 후 가스 불을 켜놓지는 않는가? 그저 나이가 들어 그런 것이라 생각하기 쉽지만 인지 능력을 제대로 평가해보는 것이 좋다.

5. 정돈 안 된 상태

부모님의 겉모습이나 집이 점점 깔끔함을 잃어가는가? 이는 자기 관리가 힘겨워져 도우미나 재가 돌봄 서비스가 필요하다는 의미일 수 있다. 더 나아가 우울증이나 치매 같은 더 심각한 증세를 나타낼 수도 있다. 부모님 주치의에게 상황을 알리자. 의사와 그리 친근하지 않거나 의료 정보 보호법 때문에 의사가 정보를 주지 않는 경우라 해도 당신이 파악한 상황을 알려둘 필요가 있다.

6. 운전 능력 저하

부모님 댁에 가 있을 때 볼일을 보러 가거나 외식을 하러 갈 때 부모님이 운전을 하시도록 해보자. 반응 시간이 어떤지, 깜박이 신호나 회전이 어떤지, 주저하는 모습은 없는지 관찰한다. 밤 운전을 어려워하거나 꺼려하시는가? 그러면 대체할 이동 방법을 찾아드려야 할 때인지도 모른다.

이상의 여섯 가지 중 하나라도 보인다면 부모님께 걱정은 없는지, 어떻게 생활하기를 원하시는지 여쭤보자. "요즘 어떠세요?"라든지 "지내시기에 어떠세요?" 같은 열린 질문을 던지자. 무엇이 필요한지 자식의 생각을 말씀드리는 것이 아니라 논의를 시작하는 것이다. 답변을 주의 깊게 들으면서 부모님의 감정과 상태를 파악하자. 거기에 당신이 관찰한 바를 보탠다. 선불리 판단을 내리거나 상황을 통제하려 들지 않게끔 주의해야 한다.

노년기의 주거 선택지

부모님이 어디서 사셔야 할지 선택하기란 무척이나 어려운 일이다. 선택지가 여러 가지라는 데 더해서 인생의 다음 단계로 진입하는 것에 당신과 부모님 모두 감정적 동요를 겪을 수 있다. 부모님 가구 등 살림을 정리하는 과정도 필요하다. 일단 어떤 선택지가 있는지 파악할 수 있도록 다음과 같은 여섯 가지 유형을 제시한다.

1. 본래 살던 집

본래 살던 집에서 계속 살려면 운전, 집안일, 돈 관리, 목욕과 옷 입기, 의료 조치(당신이나 다른 가족원이 외래 진료에 모시고 다니고 약 복용을 돕고 물리 치료를 해드리는 등의 지원이 필요하다), 재가 돌봄 서비스, 방문간호사 등이 뒷받침되어야 한다. 선반을 낮춰 달고 보행 보조기나 휠체어가 드나들 수 있도록 방 입구를 넓히며 변기 높이를 조정하고 넘어질 수 있는 위험 요소들을 없애는 일도 필요하다.

2. 시니어 타운(실버타운)

아파트나 타운 하우스 형태로 독립적인 생활을 하면서도 식사, 취미 활동, 운동 등은 함께 할 수 있는 주거 공간이다. 사회적 고립이 걱정되는 경우에 좋은 대안이다. 대부분의 시니어 타운은 집에서 사는 것보다 비용이 많이 든다. 임대형 방식이라면 퇴거 시 보증금 반납을 받게 된다.

3. 요양 시설

입주자가 목욕, 옷 입기, 집 청소와 세탁, 의료 같은 면의 도움을 받을 수 있다는 면에서 시니어 타운과 다르다. 간호 인력이 배치되어 있지만 치료까지는 하지 않는다. 건강보험이 적용되지 않아 비용 부담이 있다. 시설 일부는 저소득층을 위해 제공되기도 하지만 이 혜택을 받으려면 오래 대기해야 한다.

4. 인지 치료 시설(치매 전담 장기 요양 기관)

요양 시설과 비슷하지만 알츠하이머나 치매 환자를 받는다는 점이 다르다. 일상생활을 영위하기 위한 도움에 더해 기억력 손상을 지연시키는 프로그램을 운영한다. 돌아다니며 길을 잃지 않도록 외부와 폐쇄된 경우가 많다.

5. 요양병원

24시간 의료 서비스가 제공되는 주거 시설이다. 장기와 단기 거주가 가능하다. 단기 거주인 경우 병원 치료 후 재활 서비스를 받는 동안만 머무르게 된다.

6. 고급 시니어 타운

가장 높은 비용이 드는 주거 형태다. 독립적인 주거를 하다가 질환이 생기면 요양 시설이나 요양병원으로 옮겨 갈 수 있도록 여러 시설을 한꺼번에 갖추고 있다.

선택을 위한 체크 리스트

적합한 주거 형태를 선택하려면 고민과 계획이 필요하다. 당신 역시 나처럼 빠른 시간 내에 결정을 내려야 할 수도 있다. 완벽한 해결책은 없다는 점, 정답이 정해지지 않았다는 점을 기억하자. 가장 중요한 요소는 돌봄의 질이지만 입주 가능성과 비용도 반드시 고려해야 한다. 당신의 직업과 개인적 상황에 맞는 최선의 선택을 하자.

주거 형태를 선택하려 할 때 확인해야 할 사항은 다음 여섯 가지다.

1. 평판

주변 사람들에게 물어보라. 부모님의 주치의, 친구와 친척, 요양 시설이나 병원의 직원들 등 정보를 줄 수 있는 이들을 총동원하라. 정부의 평가 자료가 있다면 그것도 참고하라.

2. 입주 가능성과 비용

가능하다면 선택해야 하는 상황이 오기 전에 미리 타진하는 게 좋다. 대기자가 길게 줄 서 있는 시설이 많다. 건강보험이 아닌 개인 비용으로 입주할 경우 조건이 달라지는지 문의하자. 건강보험 적용에 앞서 몇 달 동안 개인 비용 납부를 요구하는지도 알아본다.

3. 거리

당신과 다른 가족들, 친구들이 쉽게 찾아갈 수 있을 만큼 가까운가? 점심시간이나 퇴근길에 잠깐 들를 수 있도록 사무실에서 가까운 곳을 골라야 할 수도 있다. 익숙한 얼굴들이 자주 찾아와준다면 새로운 주거지에 적응하기가 한층 수월할 것이다. 다른 가족들이 쉽게 찾아와 당신의 부담을 덜어줄 수 있는가? 방문 시간이 정해져 있는가, 언제든 방문 가능한가?

4. 답사

후보 목록의 시설에 직접 가서 눈에 보이는 것, 풍기는 냄새 등을 기록하라. 휠체어 탄 거주자들이 로비에 나와 있는가? 환자복 차림인가, 자유 복장인가? 화장실 냄새나 화학 약품 냄새가 강하지는 않은가?(화학 약품 냄새는 다른 냄새를 감추려는 조치인지도 모른다.) 안내 직원이 입구에 상주하는가? 출입구 통제가 잘 되고 있는가? 직원들은 성의 있는가, 심드렁한가? 직원들은 주민이나 가족과 어떻게 눈을 맞추고 상호 작용하는가? 근무 교대 시간에 새로 출근하는 직원들 모습을 관찰해보라. 마지못해 온 느낌인가, 활기차게 걸어오는가?

5. 삶의 질

거주자가 나름대로 하루를 계획해 살 수 있는가, 아니면 정해진 일과를 따라야 하는가? 어떤 활동이 제공되는가? 명절이나 여행 때 부모님을 모시고 나올 수 있는가? 이발과 미용, 치과 진료, 예방 접종 등이 가능한가? 부모님이 본래 주치의에게 계속 진료를 받을 수 있는가, 아니면 시설이 지정한 의사에게 받아야 하는가? 어떤 상황일 때 응급실에 이송되도록 규정되어 있는가? 독립적이고 자율적인 생활을 보장한다면서 방치하지는 않는가? 인지 문제나 혼자 방황하며 돌아다니는 등의 행동 문제가 발생할 경우 어떤 조치가 있는가? 정신과 약물 투여나 환자 결박 등의 조치는 언제 이루어지는가?

6. 본능적 느낌

때로는 본능이 말해주는 대로 따르는 것이 옳은 선택일 수도 있다. 느낌을 믿자.

부모님 이주시키기

부모님이 옮겨 갈 결심을 하셨다 해도 이주는 다양한 감정을 처리해야 하는 쉽지 않은 일이다. 부모님은 지나간 시절을 아쉬워하고 독립된 삶이나 정든 집을 떠나야 하는 상황을 슬퍼한다. 몸이 약해지는 것, 새로운 친구를 사귀고 적응해야 하는 것에 두려움을 느끼기도 한다.

당신도 그 모든 감정을 느낄 수 있다. 결정을 후회할지도 모른다. 너무 급하게 행동하는 걸까? 과민 반응일까? 죄책감에 시달리기도 한다. 그 모든 감정은 정상이고 시간이 지나면 사라진다는 점을 잊지 말자.

아버지를 인지 치료 시설에 모시면서 나도 마음이 아팠다. 우리 집에서 불과 5킬로미터 거리였고 책임자도 마음에 들었지만 제대로 대화하기 어려운 분들 틈에 아버지를 두고 오는 심정이 참담했다. 더욱이 아버지가 거기 계셔야 한다는 확신도 없었다. 아버지 역시 마찬가지였다.

아버지가 시설로 옮긴 지 얼마 안 되었을 때 나는 고객 미팅 후 귀가하는 길에 잠깐 들러보기로 했다. 그날은 업무가 효율적으로 진행되었으므로 아버지를 보고 나도 집에 가서 아이들과 함께 보낼 시간이 넉넉했다. 잠깐 동안이나마 내가 삶을 제대로 관리하고 있다는 느낌이 들었다. 하지만 불도 안 켜고 칠흑처럼 어두운 방에 누워 계신 아버지를 보자 그 느낌은 사라져버렸다. 아버지가 침울한 얼굴로 말했다.

"정말 엿같아. 내 의지에 반해 여기 갇혀 있으니 말이다. 이유를 알아야겠어. 남은 생이 길지도 않은데 이런 식으로 살 수는 없다."

마음이 찢어졌다.

"의지에 반해 갇혀 계신 것이 아니에요. 여기 영원히 계셔야 하는 것도 아니고요." 내가 거짓말을 하는 게 아니기를 간절히 빌었다. "평가를 받아야 하기 때문에 여기 계시는 거예요. 기억력에 문제가 있거든요."

"내 기억력은 멀쩡하다. 그런 문제가 있었다면 어떻게 30년이나 공장을 운영하고 고압 전기 장비를 다룰 수 있었겠니?"

"아버지, 우리 뇌는 변할 수가 있어요. 지금 아버지 뇌는 30년 전과 다르다고요."

"그렇지 않아. 이건 사는 게 아냐. 이런 사람들하고 갇혀 지내고 싶지 않다."

그날 얼마나 늦게까지 아버지 곁에 있었는지는 기억나지 않는다. 다만 아이들이 잠들지 않고 나를 기다렸다는 건 생각난다. 너무 피곤해 쓰러질 지경이었다. 캘리포니아의 상사가 출장을 와 있어 다음 날에는 6시에 일어나 조찬 회의를 해야 하는 상황이었다.

다음 날 오후 나는 인터넷에서 다른 시설들을 검색했다. 상사가 곁을 지나가면 재빨리 언론 자료 작성 화면으로 바꿔 일하는 척했다. 퇴근 후에는 시설의 책임자를 만나 해결책을 논의했다. 책임자는 방에서 뒤쪽 테라스로 나가는 문을 열어두어 아버지가 원할 때 바깥에 앉아 있고 식사도 거기서 하실 수 있도록 해주겠다고 했다. 테라스는 철조망만 없을 뿐 교도소에서 볼 수 있는 높은 담장으로 둘러쳐진 곳이었다. 그래도 신선한 공기는 마실 수 있을 듯했다.

사흘 후 나는 친정집에 있던 어머니를 요양 시설로 옮겨드렸다.(아버지가 갇힌 인지 치료 시설과 같은 곳에 위치한 자매 시설이었다.) 부모님 일을 해결해야 할 때 자주 그랬듯 그날도 휴가를 냈다. 휴가라고는 하지만 6시에 일과를 시작해 일 처리를 조금 하다가 9시 15분에 차에 올라탔다. 운전하는 동안 내내 울었다. 슬프고 서러웠다.

요양 시설 주차장에 차를 대고 시간을 보니 몇 달 전에 등록해둔 웹 세미나가 시작할 참이었다. 주제는 일하는 엄마들이 균형을 찾는 방법이었다. 참으로 역설적이었다.

"넌 어디 있다 오는 거니?" 웹 세미나가 끝난 후 친정집으로 이동해 방으로 들어설 때 어머니가 물었다.

나는 턱을 악물었다. 어머니는 애들은 잘 있느냐고 물었다.

"애들이요? 몇 주 동안 못 봤어요. 의사, 변호사, 요양 시설에 매달리느라 바빠서요."

나는 어머니 짐 챙기는 일을 도우면서 기분을 바꾸려고 애썼다. 다시 요양 시설로 향하면서 어머니와 나는 웃고 얘기하고 라디오 음악에 맞춰 몸도 흔들었다. 어머니의 새 거주지에

도착하자 저녁 먹는 시간이었다. 마이클이라는 사람이 함께 앉아도 되겠느냐고 물었다. 그리고 어머니한테 정말 멋진 곳에 오신 거라고 말하기 시작했다.

"여긴 햄버거도 나와요. 아이스크림도요. 심지어 케첩이랑 겨자도 줘요."

난 생각했다. '이게 무슨 꼴이람. 이런 쓸데없는 얘기를 듣는 시간에 디너파티에 가서 잘 차려입고 포도주라도 한잔 마실 수 있다면 얼마나 좋을까.'

하지만 어머니는 새로운 말 상대에게 크게 웃어주었고 배정받은 집도 마음에 들어 했다.

어머니를 두고 나온 나는 아버지를 보러 갔다. 어떤 상태일지 두려웠다. 먼저 테라스 쪽을 살펴보았지만 안 계셨다. 방에서 우울하게 누워 계신 모양이었다.

"아버지, 저 왔어요. 여기가 마음에 안 드셔도 좀 기다려주세요. 제가 다른 곳 찾아볼 시간이 필요해서요."

"어디 들어가 있어야 한다면 여기만 한 곳도 없지." 아버지의 대답이 의외로 긍정적이었다.

아버지는 그날 오후 노래방에 다녀왔다고 했다. 나는 직원을 부르는 척했다.

"사람들 앞에서 노래를 부르셨다고요? 정신이 나가신 모양이네요. 정신과로 옮겨드려야겠어요."

아버지는 껄껄 웃으셨다. 나는 웃어야 할지 울어야 할지 알 수 없었다. 부모님이 두 분 다 시설 생활을 마음에 들어하시다니! 두 분을 같은 곳에 계속 둘 수는 없지 않을까? 그 생각은 다음 날 하기로 했다. 일단은 부모님이 모두 안전하고 만족하신다는 게 좋았다. 어쩌면 상황이 제대로 관리된 것인지도 몰랐다.

새 환경에 적응하기 위한 전략

부모님을 새로운 곳으로 옮겨드리는 일은 절대 만만히 보아서는 안 된다. 부모님도 당신도 적응하려면 시간이 필요하다. 돌봄으로 우리가 배우게 되는 것 중 하나는 불편한 상태를 견디는 힘이다. 선택의 여지가 그리 많지 않기 때문이다. 불편한 적응 시기를 잘 헤쳐가기 위한 다음 열한 가지 전략을 참고하기 바란다.

1. 시간 여유를 두라

새로운 주거지에 적응하는 데는 몇 달이 걸릴 수도 있다. 맞지 않는 곳으로 옮겼다는 생각이 들더라도 한두 주는 기다려보자. 안전성, 건강, 보안, 위생 등 그곳을 선택했던 이유를 다시 떠올리자. 이주 단계에서는 하루 이틀 휴가를 내는 것이 좋다. 부모님이 도움을 청할 수도 있고 당신이 적응할 시간도 필요하기 때문이다.

2. 자주 방문하거나 일부러 안 가거나

당신만큼 부모님을 잘 아는 사람은 없다. 그러니 이주 후 첫 몇 주 동안 어떻게 도와드리면 좋을지 당신만큼 잘 아는 사람도 없다. 전문가들은 가능한 한 자주 부모님을 찾아뵈어야 한다고 말할 것이다. 낯선 곳에 홀로 버려졌다는 부모님의 스트레스를 줄여드리려면 잦은 방문이 도움이 될 것이다. 부모님이 식당이나 시설 활동에서 사람들과 만나 친구를 사귈 수 있다면 더욱 좋다. 하지만 부모님이 방에 틀어박혀 매일 당신한테만 전화를 걸어대고 와서 함께 시간을 보내주기를 기대한다면 좀 거리를 두면서 부모님 스스로 사교성을 발휘하도록 할 필요도 있다. 내가 대학에 입학했을 때 부모님은 첫 한 달 동안 집에 오지 못하게 하셨다. 주말에도 학교에 있으면서 친구를 사귀어야 한다고 생각해서였다. 강하게 키우는 이런 태도는 부모님에게도 필요할지 모른다.

3. 마을 전체가 필요하다

주변의 인적 자원을 최대한 활용하라. 어머니가 전문 간호 시설에 들어가셨을 때 우리 자매들은 첫 한두 주 동안 찾아뵙지 못할 상황이었다. 그전에 일손을 놓고 있었던 탓에 직장으로 돌아가야 했던 것이다. 그래서 나는 이모와 고모, 삼촌, 사촌들에게 연락해 우리 대신 좀 찾아가달라고 부탁했다. 아이 하나를 키우는 데 마을 전체가 필요하다고 하는데 부모를 돌보는 일도 마찬가지다.

4. 돌발 상황은 언제든 일어날 수 있다

어려움을 극복하고 부모님이 안정되었다고 생각하는 순간 상황이 바뀔 수 있다. 부모님이 외롭다고 호소하고 시설에서 만난 친구를 탐탁지 않아하거나 집에 돌아가게 해달라고 부탁할지 모른다. 그런 순간에는 몹시 마음이 아프겠지만 지극히 정상적인 과정이고 이 역시 지나갈 것임을 안다면 극복할 수 있다.

5. 힘드신 점을 알아드려라

새로운 주거지에 대해 긍정적으로 받아들이고 싶다 해도 부모님 앞에서 좋은 얘기만 늘어놓지는 말라. 두렵고 걱정되는 점을 잘 듣고 인정해드려야 한다. 헤쳐나갈 수 있도록 도움도 드리자. 자기 말에 귀 기울여준다고 느끼면 부모님도 당신 말에 귀 기울일 가능성이 높다.

6. 부모님이 익숙한 물건을 사용할 수 있도록 하라

시설로 옮기는 과정에서 살림을 정리하게 된다. 대형 식탁은 아마 가져가기 어려울 것이다. 하지만 가족이나 친구들 사진, 좋아하는 책들, 아끼는 그림 등은 가져갈 수 있다. 침구 중에서도 정든 담요나 베개는 옮길 수 있다. 부엌 설비는 낯설어도 어머니가 즐겨 사용하던 찻잔은 그대로 쓸 수 있다. 집을 떠난다고 해서 집의 편안함과 익숙함을 다 포기해야 하는 것은 아니다.

7. 새로운 물건은 제한하라

부모님의 새로운 주거지를 최신의 최고급품으로 채워 멋진 공간으로 만들어드리고 싶다는 생각을 할지 모르겠다. 하지만 참도록 하자. 사는 곳을 옮기는 것만으로도 사람, 음식, 일과 등 적응할 일이 넘쳐난다. 여기에 새 텔레비전, 신식 커피 머신까지 더할 필요는 없다. 작동법을 새로 익혀야 하는 물건은 가능한 한 줄이자.

8. 부모님의 대변인이 되어라

완벽한 장소는 없다. 새 주거지에서 개선을 요청할 사항을 발견했을 때 부모님은 낯설고 수줍은 탓에 이를 표현하지 못할 수 있다. 그러면 당신이 대신 나서라. 우리 아버지는 요양 시설에 들어갔을 때 테라스가 마음에 들어 자정이 지나서도 거기 앉아 계시곤 했다. 직원은 계속 안으로 들어가시게 했다. 결국 내가 나서서 왜 거기에 계시면 안 되느냐고 물었더니 그 전까지는 8시 반 이후로 방 밖에 나가 있는 사람이 아무도 없었다고 했다. 결국 익숙함의 문제였던 것이다.

9. 팀을 만들어라

시설 직원들은 당신과 한 팀이 되어야 한다. 그들에게 당신과 부모님이 원하는 것을 알려주고 적응 과정에 적극적인 도움을 받자. 알아서 도움을 줄 거라고 기대하지 말라. 직원들은 늘 바쁜 법이다. 부모님이 수줍어서 식당에 가기 어렵다면, 또는 시설 내 행사와 활동 시간을 자꾸 잊어버린다면 직원에게 모시고 가달라고 부탁하자. 요청을 받은 직원은 기꺼이 도와줄 것이다.

10. 경계를 설정하라

착한 딸이 되어 부모님의 적응을 도와드리고 싶다는 마음은 충분히 이해한다. 하지만 자신의 삶도 지켜야 한다. 부모님 이주 후 도와드리는 첫 몇 달 동안에도 가능한 한 자유 시간을 많이 확보하자. 당신이 늘 붙어 있지 않아도 괜찮다. 아이들도 당신을 필요로 하지 않는가. 직장 상사와 동료들도 마찬가지다. 자신을 보살피기도 해야 한다. 자신이 무엇을 할 수 있고 하고 싶은지 결정하고 경계를 지키자. 남들이 해야 한다고 말하는 것은 무시하라. 해야만 하는 일은 없다.

11. 당신이 가장 잘 안다는 것을 기억하라

시설 직원들이나 지인들은 부모님을 자주 찾아뵈라고, 또는 거리를 두어 스스로 적응하게 하라고 조언할 것이다. 어떤 불평을 하시든 늘 있는 일이라고 말할 수도 있다. 하지만 부모님을 가장 잘 아는 사람은 바로 당신이다. 자신의 직감을 믿자. 나는 아버지가 폐쇄된 인지 치료 시설에 적응하지 못할 것을 알았지만 그 우려를 털어놓자 의사와 관계자들은 그저 딸의 거부 반응으로 여겼다. 나는 고집을 꺾지 않았고 그 결과 아버지는 몇 주 만에 기억력이 향상되고 상태가 훨씬 좋아졌다. 섬망 증세는 요도 감염 때문이었던 것이다. 그래서 어머니가 호스피스로 옮겨진 후 아버지는 요양 시설에 입주해 3년 동안 거기서 지내셨다.

함께 살 경우의 지침들

부모님을 집으로 모셔오거나 당신이 부모님 집으로 들어가는 일은 부모님을 새로운 거주지로 옮겨드리는 일만큼이나 복잡하다. 물론 해결해야 할 과업의 종류는 다르다. 50대 초반의 독신 여성 애비는 아버지가 돌아가신 후 다른 주에 사시던 어머니를 집으로 모셔왔다. "전 옳은 일을 하고 싶었어요. 하지만 어떻게 해야 하는지는 몰랐죠."

애비의 어머니는 고혈압과 당뇨병을 앓았고 뇌졸중 후유증으로 왼쪽 팔다리 움직임이 자유롭지 않았다. 애비는 우선 어머니를 담당할 의사를 정했다. 그리고 병원 침대를 구입했으며 카펫을 걷어내고 마루를 깔아 휠체어가 잘 움직이게 했다. 욕조를 들어내고 앉아서 샤워할 수 있는 시설로 바꾸었다. 화장실에 손잡이 난간을 설치하고 방문들을 다 넓혔다. "공사를 하면서 대리석 상판을 올린 홈바home bar도 만들었어요. 그건 오로지 저를 위한 선물이었죠."

애비는 성인용 기저귀 가는 법, 휠체어에서 침대로 옮겨드리는 법을 배웠고 직장에 나가 있을 때 어머니 곁을 지켜줄 도우미도 고용했다. "자격증 있는 간호 도우미 면접을 마흔다섯 명이나 봤어요."

가장 어려운 부분은 자신이 매일 어머니를 돌봐야 한다는 깨달음이었다고 했다.

부모님과 함께 사는 경우의 팁 다섯 가지는 다음과 같다.

1. 성인과 함께 산다는 것을 명심하라

당신과 부모님 모두 성인이다. 당신 집에서 사신다고 부모님을 아이 취급해서는 안 된다. 당신이 부모 집으로 들어가 예전에 쓰던 아이 방에 다시 살게 되었다 해도 더 이상 예전과 같은 아이는 아니듯이 말이다. 밤늦은 외출 허락은 당신도, 부모님도 받을 필요가 없다. 주거를 합치기 전에 서로가 생각하는 경계에 대해 논의하라. 귀가가 늦어질 때 미리 이야기를 해야 하나? 어디 가는지, 언제 가고 오는지 서로에게 알려야 하나? 요리는 한쪽이 전담하는가, 교대로 하는가? 당신 자녀들과 부모님은 어떻게 상호 작용해야 할까? 당신 자녀를 혼내려면 부모님이 당신 허락을 받아야 하나? 아이들 버릇을 나쁘게 만드는 상황은 어떻게 해야 하나?

2. 딸 노릇할 시간을 확보하라

부모님의 옷 입기, 씻기, 밥 먹기를 도와드려야 한다면, 부모님의 약 복용 관리나 의료적 처치를 맡아야 한다면 간호사가 아닌 딸로 있을 시간을 따로 떼어놓아라. 매주 함께 텔레비전을 보아도 좋고 외출을 해도 좋다. 아니면 아침마다 20분씩 그냥 수다를 떠는 것은 어떨까? 이렇게 시간을 확보하는 것은 아주 어렵지만 부모와 딸 관계를 유지하기 위해 꼭 필요하다.

3. 자신만의 공간과 시간을 만들라

함께 산다고 해서 모든 것을 함께 해야 하는 것은 아니다. 혼자 있고 싶을 때 가는 장소를 정해두자. 내가 아는 일하는 딸들은 부모님과 함께 사는 경우 이런 공간이 얼마나 중요한지 모른다고 이구동성으로 말한다. 혼자 조용히 지낼 시간도 정하자. 아침에 혼자 커피 마시는 시간은 당신한테 아주 중요하다고, 또 밤에 TV 쇼를 함께 시청해드리기는 어렵다고 부모님께 말씀드리자. 거꾸로 부모님이 그런 말을 하시더라도 상처받지 말아야 한다. 집에서 화상 회의에 참석하거나 마감 임박한 일을 하게 될지 모른다는 점도 미리 알린다. 그럴 때는 정말 급박한 일이 아니면 건드리지 말아달라는 점도. 일하는 딸들이 말하는 또 하나의 팁은 가능한 한 화장실을 따로 쓰라는 것이다.

4. 돈 문제를 논의하라

비용을 분담할 것인지, 분담한다면 어떤 방식으로 할 것인지 결정하자. 장보는 비용이나 공과금을 똑같이 나눠야 하나? 부모님 집으로 들어가 사는 경우 돌봄으로 임대료를 상쇄할 것인가? 이런 상황이 유언장에 영향을 미치게 될 것인가? 전문 변호사와 상담을 하는 것도 좋다. 각자의 자산을 어떻게 지키고 서로의 약속을 어떻게 유지할지 명확히 해두어야 한다.

5. 변화를 받아들여라

나이 듦에 따른 변화는 피할 수 없다. 함께 살게 되었을 때 독립적 생활이 가능했던 부모님이라도 시간이 흐르면 더 많은 관심과 보살핌을 요구할 것이다. 부모님 연세가 높아지면 애초의 합의를 수정해야 한다는 점을 기억하자.

기본적으로 당신 가족에게 무엇이 최선일지 결정할 수 있는 사람은 당신, (돌봄에 관여하는) 형제자매, (곁에 있다면) 남편, 그리고 돌봄을 받는 부모님뿐이다. 의료인과 돌봄 전문가들은 조언을 할 뿐이다. 돌봄에서 하나의 정답은 없음을 명심하자. 최선의 결정과 결과는 냉철한 머리, 열린 마음, 죄의식 없는 양심에서 나온다. 자신의 최선이 완벽하지 않다 해도 그 최선을 행하면서 죄의식은 절대 느낄 필요가 없다.

관리하기

관리하기

"지금 운전 중이시면 나중에 얘기하죠." 호스피스 간호사 페그가 말했다. 하지만 난 그 시간 말고는 통화가 불가능했으므로 차를 갓길에 세웠다고 거짓말을 했다. 월요일이었는데 나는 벌써 녹초 상태였다.

그날 할 일이 많았으므로 오전 5시로 알람을 맞추었지만 너무 피곤해 7시 반에야 침대에서 일어났다. 샌프란시스코 팀이 나와 고객에게 보내주기로 했던 검토용 보고서가 메일함에 들어와 있지 않았다. 스트레스가 올라왔다. 심장을 조이는 듯한 압박감이었다. 나는 가능한 한 빨리 보고서를 보내라고 이메일을 보냈지만 그쪽이 출근하기까지도 한 시간을 기다려야 했다. 그동안 회사 재정 담당자에게 보낼 서류, 이메일 답장, 일부 문서를 작성했다.

다음으로 부모님과 관련된 일을 하기 시작했다. 요양 시설 월 비용을 내기 위해 연금을 현금 인출해야 했다. 납부 기한은 금요일이었다. 은행에서 서류를 받아 어머니 서명을 받아야 했는데 전날 보내주기로 한 서류가 들어오지 않은 상태였고(그 주에는 그런 일이 비일비재했다) 변호사에게 가져다주어야 할 위임 서류도 받지 못했다. 심장 조이는 느낌이 한층 심해졌다. 은행 직원에게 점심시간 전까지 전화해달라는 문자를 보냈다. 어머니한테 가서 서명을 받고 변호사에게 필요 서류를 가져다주고 사무실에 2시까지 도착하는 것이 그날의 계획이었다.

샤워할 시간이 없었지만 오후 늦게 고객 미팅이 잡혀 있었으므로 해야 했다. 머리를 감고 있는데 휴대전화가 울렸다. '내 삶은 늘 이런 꼴이군. 계속 여기저기서 뭐가 울려대는 거야.' 나는 생각했다. 여전히 은행에서는 전화가 없었다.

일단 통신 회사에 전화를 걸어 어머니 요금 관련 문의를 해보기로 했다. 요양 시설로 부모님을 옮기고 노년기 관리 전문 변호사를 고용하느라 돈을 너무 많이 써서 가능한 한 납부 기한을 뒤로 미루고 싶었다. 하지만 상담원 목소리가 나오기도 전에 은행에서 전화가 왔다. 곧 서류를 팩스로 보내주겠지만 금요일까지 출금하기는 어렵겠다는 설명이었다. 이제는 목구

멍이 조여왔다. 이러다 숨이 막히지는 않을까 싶어 두려웠다. 벌써 11시 45분이었다. 고객은 어째서 보고서가 안 왔느냐고 메일을 보내왔다. 나는 울기 시작했다. 서류에 치여 죽는다는 게 이런 건가 싶었다. 그러다 생각했다. 울고 있을 시간이 없어.

나는 다시 샌프란시스코의 동료에게 이메일을 보내 곧장 고객에게 보고서를 보내라고 했다. 앞으로 몇 시간은 메일 확인을 못 하니 확인할 사항이 있으면 휴대전화로 하라고 썼다. 몇 분 뒤 답장이 왔다. "보고서 보내는 일을 누가 하면 좋을까요?" 나는 자판을 부서져라 두드렸다. 다시 말하지만 나는 곧 로그아웃할 것이고 오후 2시 전에는 이메일 확인을 못 하며 그 전에 고객이 보고서를 받아보게끔 해야 한다고. 이메일을 받는 당신이 바로 보내주면 참으로 고맙겠다고. 사실 마음속으로는 전혀 고맙지 않았다.

어머니한테 가서 서류와 펜을 얼굴에 들이밀어 서명을 받은 다음 시내로 향했다. 페그가 전화를 해온 것은 그때였다.

"오늘 아침에 어머니 상태를 살펴보았는데요, 장 쪽에 툭 튀어나온 게 만져져요. 이제는 요양 시설에서 해드릴 수 있는 것보다 더 집중적인 간호가 필요할 것 같네요. 호스피스로 옮기는 게 좋겠어요."

나는 머릿속의 할 일 목록에 '아이들이 장례식 때 입을 옷 사기'와 '추도사 써두기'를 추가했다.

그 주말에 나는 남편과 아이들과 바닷가에서 시간을 보냈다. 처음에는 가고 싶지 않았고 남편과 말다툼도 벌였다. 주중에 만났던 종양 전문의가 어머니를 보러 오기로 되어 있었다. 폐에 물이 찼는데 의사가 살펴보고 압력을 낮출 방법이 있는지 찾아보기로 한 것이다. 그 김에 나는 그냥 집에 있겠다고 했다. 하루 나들이 다녀올 짐을 쌀 기운조차 없었다.

남편은 토요일 아침 일찍 아이들을 데리고 출발했다. 약간 화난 것이 분명했다. 남편은 우리가 가족으로 함께 시간을 보내는 것이 중요하다고 생각했고 의사 만나는 일 때문에 집에 남을 필요는 없다고 여겼다. 나는 남편의 차가 멀어지는 모습을 보면서 내가 처한 상황을 전혀 이해해주지 않는다고 느꼈다. 좀 울고 난 다음에 남편에게 전화를 했다.

"뭘 해야 할지 모르겠어." 내가 말했다. 나는 심리학자들이 예기 애도anticipatory grief라 부르는 상태였다. 가까운 누군가의 죽음을 예상하면서 느끼는 이 슬픔은 실제로 그 사람이 죽은 이후 느끼는 슬픔과 아주 흡사하다고 한다. 하지만 당시 나는 내 마음을 어떻게 표현해야 할지 몰랐다.

"당신이 옳다고 생각하는 걸 해."

남편은 내게 해석의 여지를 남겨주었다. 죄책감을 안고 하루 떠나보라는 뜻일 수도, 집에 남아 있어도 좋다는 뜻일 수도 있었다. 하지만 남편의 말투가 분명히 전해준 것은 "좋을 대로 해. 난 더 이상 뭐라 하지 않을 테니까"였다.

어머니가 앞으로 사실 날이 석 달 남았다는 선고를 받아들이고 슬퍼하면서 나는 점점 더 어머니를 배려하게 되었고 가능한 수준 이상으로 보살펴드리려 했다. 사랑하는 이의 죽음을 준비하는 가족의 전략을 분석한 캘거리대학교 연구 논문을 보면 "가족은 투병 기간 동안 일상적 돌봄에 적극 참여하고 보호하는 등의 감정적 과정을 통해 사랑하는 이가 편안하게 보살핌받는다는 확신을 갖는다"고 나온다. 나는 늘 삶을 관리하는 데 집착했지만 그때만큼은 그 성향을 내려놓았다. 돌이켜보면 제대로 된 행동이었다. 하지만 그날 아침에는 나 자신의 감정을 이해할 수 없었다. 그저 본능적인 반응이려니 생각했다.

마음속 깊은 곳에서는 내가 어머니의 상황을 통제할 수 없다는 것을 알고 있었다. 암은 제 나름의 법칙에 따라 움직이는 법이니까. 그래서 결국은 가족들에게 가기로 결정했다. 아이들과 시간을 보내고 친척들과 어울려 해변에서 몇 시간을 보내는 게 내 영혼에도 유익할 것이었다. 나는 의사에게 이메일을 보냈다. "가정의 평화를 위해 일단 저는 바다에 갑니다. 원하시면 언제든 어머니한테 가보셔도 좋습니다." 그런 다음 짐을 챙기고 차에 올라탔다.

휴가 차량들이 몰려들어 정체가 극심한 도로를 운전해 가면서 나는 어머니와의 추억을 떠올렸다. 딸들과 피구하며 놀아주시던 일, 날아다니며 사람을 잡아먹는 보라색 괴물이 등장하는 우스운 노래를 불러주시던 일, 늘 웃을 구석을 찾아내던 유머 감각, 20년 전 뇌종양 진단을 받았을 때 보여주셨던 강인하고 차분한 모습까지도. 내가 얼마나 어머니를 사랑하는지, 어머니가 내게 얼마나 중요한 의미인지도 생각했다. 어린 시절의 향수와 함께 그토록 할 일이 많은 상황에서 도로에 갇혀버린 분노를 담아 나는 휴대전화에 녹음하는 방식으로 추도사를 완성했다.

그해 여름, 그리고 부모님이 진단을 받은 후 얼마 동안 나는 내가 특별하다고 생각했다. 혼자서 이 모든 일을 처리해내다니! 시한부 선고가 두 건에 사이사이 업무 출장이 세 차례, 입원이 네 차례에 부모님 주거지를 옮긴 것이 두 달 동안 다섯 차례였다. 중간 중간에 나는 '맙소사, 이렇게 버틸 수 있을까?'라거나 '난 초인인 모양이야. 웬만한 사람이라면 벌써 손들었을 걸' 같은 생각을 했다. 하지만 알고 보니 난 혼자도 아니었고 내 상황이 그렇게 특별한 것도 아니었다.

한도 내에서 최선을 다하기

이후 나는 마니를 만났다. 암 투병하는 어머니와 파킨슨병 환자인 아버지를 돌보면서 자기 사업을 하는 사람이었다. 또 병석의 어머니와 심장병 환자 아버지를 위해 자기 경력을 포기하고 부모님 가게를 운영하는 후아니타도 만났다. 내가 그랬듯, 아니 많은 경우 나보다 훨씬 많은 스트레스와 책임감을 느끼며 살아가는 일하는 딸들 수백 명을 만났다. 예고도, 훈련도, 지원도 없이 갑자기 닥친 일을 감당해내는 이들이었다. 매일이 도전인 상황에서 각자 굳건히 자리를 지키며 노련하게 상황을 관리해나가고 있었다. 그렇다, 핵심은 관리였다. 내가 만난 일하는 딸들은 여유 부리기보다 일했고 그저 생존하기보다 투쟁했다. 부모를 돌보며 가족에 대한 책임과 일의 균형을 맞추느라 적극적으로 생활했다.

일하는 딸의 입장에서 통제할 수 없는 일들은 너무도 많다. 병을 통제할 수 없으니 그저 최선을 다해 돌볼 뿐이다. 노화 과정도 통제할 수 없다. 머리를 염색하고 얼굴에 필러를 넣는다 해도 우리 자신 또한 노화하고 있다. 할 수 있는 건 최선을 다해 관리하는 것, 그리고 통제 가능한 일을 통제하는 것이다.

지금 현재 당신이 돌봄의 어떤 단계에 있든(가벼운 도움만 드리면 되든, 미래를 걱정하는 상황이든, 갑자기 닥친 위기 상황을 헤쳐나가는 중이든, 오랜 돌봄 부담에서 간신히 벗어난 상태이든) 미리 앞을 내다보고 관리 가능한 일들을 관리해가도록 하자. 돌보는 역할을 받아들이자. 무시하거나 걱정만 한 끝에 엉망이 되어버리는 다른 길보다 돌봄의 길이 낫다. 믿어도 좋다. 가수 존 바에즈의 표현대로 "행동이 절망의 해독제다."

돌봄을 위해 행동을 취해야 하는 네 영역을 살펴보자.

건강 영역

부모님의 건강과 관련해 당신은 처음부터 끝까지 대변인 역할을 해야 한다. 이를 위해 부모님이 어떤 보살핌을 받고 싶어 하는지 헤아리고 필요한 정보를 수집해두자.

1. 의사

손가방에 들어갈 정도로 작은 공책을 하나 구입하라. 표지가 두꺼워 찢어질 염려 없는 것이 좋겠다. 거기에 부모님을 주로 진료한 단골 병원의 주치의 이름, 전화번호, 진료 과목을 적어두자. 의료적 문제가 생겼을 때 제일 먼저 연락할 곳이 거기다. 노인 진료 전문의의 관리를 받는 경우도 있지만 대부분의 경우에는 부모님을 잘 아는 주치의여도 충분하다.

부모님이 진료를 받았던 전문의 이름과 연락처도 다 기록한다. 심장, 종양, 폐, 척추 전문의 등등. 재가 돌봄 서비스를 받고 있다면 관리 기관의 명칭과 전화번호, 방문 일정을 기록한다. 휴대전화 등 전자 기기에도 이들 정보를 넣어둔다. 부모님과 만났던 모든 의료진과 연락망을 구성하는 것이 이상적이다. 효율적으로 부모님을 대변하는 방법에 대해서는 7장에서 더 다룰 것이다. 일단은 부모님의 건강 관련 정보를 수집할 수 있다는 허락을 받아두어야 한다. 이를 위해서는 서류 작업이 필요하다.

2. 서류 작업

사전의료지시서

환자가 자신의 의지를 표현할 수 없는 특정 의료 상황에서 어떤 처치를 받고 싶은지 밝혀두는 문서다. 입으로 음식을 먹을 수 없게 되었을 때 튜브 삽입을 원하는지, 인공호흡기와 심장박동기 같은 생명 유지 장치 사용을 원하는지 등을 밝히게 된다. 환자는 마음이 바뀌는 경우 사전의료지시서의 내용을 변경할 수 있다. 미리 생각하고 논의하기가 껄끄럽기는 하지만 사전의료지시서가 마련되어 있다면 어려운 상황에서 돌봄 제공자가 정확히 의사 결정을 내리고 마음의 부담을 덜게 된다.

우리 아버지는 80대 후반에 나와 주치의에게 분명히 의사를 밝혔다. 골반 뼈가 부러져 고통을 당하는 경우만 제외하고 그 어떤 수술도 하지 말아달라고 말이다. 몇 년 후 항생제가 안 듣는 감염 때문에 응급실에 들어가셨을 때 외과의는 수술을 하자고 했다. 나는 거부하고 다른 방법을 생각해달라고 했지만 의사가 다른 방법이 없다며 뜻을 굽히지 않았다. 새벽 3시 반, 나는 혼자 앉아 자문자답을 시작했다. 그 사전의료지시서가 없었다면 피로와 의심으로 결국 91세 치매 환자의 수술에 동의했을 것이다. 부모님이 사전의료지시서를 작성해놓았다면 그것을 침대 머리에 붙여두어 응급 상황일 때 의료인들이 볼 수 있도록 하자.

심폐소생술 거부

호흡이 멈추거나 심장이 정지했을 경우 심폐소생술이나 상급 심장소생술을 수행하지 않도록 지시하는 법적 문서다. 이는 사전의료지시서에 포함되기도 하고 별개로 만들기도 한다. '자연사 허용Allow Natural Death'이라는 용어를 사용하기도 하는데 이 용어가 환자와 보호자의 의지를 더 잘 표현한다고 보는 의료 전문가들도 있다.

이 밖에 부모님이 복용하는 약들의 이름, 복용량, 복용 시간도 알아두어야 한다. 복용의 이유와 약국 연락처, 보험증 사본과 병력 기록 사본까지 모아둔다면 더욱 좋다. 부모님의 건강 관련해 확인, 기록해둬야 할 사항을 정리하면 다음과 같다.

* 이름
* 생년월일
* 혈액형
* 알레르기
* 주치의 이름과 연락처
* 현재 진료하는 의사들 이름과 연락처
* 마지막으로 맞은 독감 주사
* 기존의 건강 문제
* 수술 경험과 해당 연월일
* 입원 경험과 해당 연월일, 이유
* 신체 보조 도구(안경, 보청기, 지팡이, 보행 보조기, 틀니)
* 치과 의사 이름과 연락처
* 장기 기증 의사 여부

이상의 정보를 정리해 복사한 후 집, 사무실, 차량, 이렇게 세 곳에 두자. 응급 상황에서 부모님을 병원에 모시고 갈 때 어디서든 가져갈 수 있도록 말이다. 보험증과 약품 목록, 최근의 검사 결과 등은 휴대전화로 사진 찍어 보관해도 좋다.

제대로 서류 작업을 해서 관리한다면 의료진과 훨씬 효율적으로 소통할 수 있다. 또한 사전에 준비해두는 편이 긴박한 순간에 여유를 줄 것이다.

다음은 의사와의 만남을 효율적으로 만드는 일곱 가지 방법이다.

① 진료 예약 전략적으로 하기

오전의 첫 진료, 혹은 점심시간 이후 첫 진료로 예약하면 대기 시간을 최소화할 수 있다. 이 진료 약속에 의사가 늦을 가능성은 매우 낮다.

② 시간 넉넉히 잡기

진료가 예약되어 있다면 예상 소요 시간을 한 시간이나 한 시간 반가량 여유 있게 잡자. 한 시간 예정된 진료를 위해 회사에서 두 시간만 외출할 계획을 세운다면 이건 '마법을 기대하는 접근'이다. 마법을 기대하는 건 일하는 딸들에게 금물이다. 모시러 갔을 때 부모님이 제대로 준비가 안 된 상태일 수 있다. 기대만큼 빨리 움직여주시지 않을 수도 있다. 의사는 검사를 받고 가라고 할지도 모른다. 최악을 전제하고 최선을 기대하는 것이 현명하다. 쓸데없이 불안과 스트레스에 휘말릴 필요는 없지 않은가?

③ 병원에 미리 연락, 도착하기

병원에 연락해 진료에 앞서 준비해야 할 서류가 있는지 확인하자. 진료 순서는 약속 시간뿐 아니라 도착 시간에 따라 정해지기도 한다. 11시 진료 예약인데 10시 반 예약 환자보다 더 빨리 도착했다면 먼저 진료를 보게 될 확률이 높다. 또한 서류가 완벽히 준비된 상태라면 역시 대기자 명단에서 위로 올라갈 수 있다.

④ 부모님과 진료 목적 공유하기

부모님이 몸이 불편하다고 진료 예약을 하라고 해놓고는 막상 병원에 가서 어디가 불편하냐는 의사 질문에 "글쎄, 저도 왜 왔는지 모르겠네요"라고 대답하는 경우가 있다. 딸인 당신한테 영문 모르겠다는 표정을 지어 보이면서 말이다. 그러면 당신은 심장 박동이 빨라지면서 대체 왜 진료 예약을 잡으라고 해서 직장까지 빼먹게 만들었는지 화가 치밀 것이다. 나는 이런 일을 일일이 기억하지 못할 정도로 많이 겪었다. 병원에 가기 전에 부모님과 이야기를 나누자. 어떤 목적으로 받으려는 진료인지에 대해 말이다. 미리 이렇게 해두면 덜렁 가는 것보다 훨씬 더 좋은 결과를 얻을 수 있다.

⑤ 부모님을 배려한 표현 쓰기

진료 때 말을 보태고 싶다면 의견을 관찰로 바꿔 표현하자. "어머니가 뭐든 다 잊어버리시네요"보다는 "제가 옆에서 살펴봤더니 자꾸 잊어버리시더라고요"라고 말하는 편이 부모님에게 훨씬 덜 공격적, 비판적으로 들릴 것이다.

⑥ 기록하기

진료 후가 아니라 진료 중에 휴대전화나 공책에 메모하자. 진료가 끝나기 전에 의사나 간호사에게 중요한 내용이 다 포함되었는지 확인까지 받자.

⑦ 질문 목록 만들기

궁금한 점과 우려되는 점을 생각날 때마다 휴대전화에 기록해 진료 때 의사에게 물어보자. '이걸 꼭 물어봐야지' 하고 생각만 하는 돌봄 제공자들이 너무도 많다. 막상 진료 때가 되면 그런 생각을 했던 일조차 기억이 안 날 것이다. 부모님에게도 궁금한 점이 없는지 여쭤보고 목록에 추가하자. 결국 환자는 부모님이니까.

덧붙여 다음 내용도 참고하자.

* 어떤 증상이 나타날 때 선생님께 말씀드려야 할까요?

* 119를 불러야 할 때는 언제인가요?
* 이 약의 부작용은 무엇인가요?
* 약을 조정할 필요는 없나요? 바꾸거나 줄이거나 빼버릴 약은 없는지요?

경제적·법적 영역

돌봄 제공자들은 부모님의 돈과 개인적 문제들을 관리하게 될 경우가 많다. 힘들지만 그만큼 중요한 일이다. 부모님 말년의 계획을 세울 때 변호사의 도움을 받는 것을 추천한다. 사전의료지시서나 유언장 같은 서류 작성에서부터 후견인 결정, 자산과 상속을 둘러싼 가족 간 이견 조정 등 수많은 문제에서 변호사가 도움이 된다. 변호사를 찾을 때는 주변에서 추천을 받을 수도 있고 직접 검색해도 좋다.

변호사를 만나기 전에 자산관리사의 자문을 받는 방법도 있다. 부모님의 재정 상태, 그리고 당신이 돌봄 비용을 책임지고 있다면 당신 자신의 재정 상태를 분석하고 어떻게 장단기 목표를 달성할 것인지 조언을 받자.

물론 이런 전문가들에게 비용을 지불할 수 없는 형편일 수 있다. 그래서 일하는 딸들 중 직접 부모님의 재정을 관리하며 장기 돌봄 계획을 세우는 사람도 많다. 전문가의 도움을 받든 안 받든 검토해봐야 할 사항은 다음과 같다.

1. 공공 지원

소득, 나이, 재산 등을 기준으로 지원을 받는 제도. 담당 기관에 연락해 직접 상담하는 게 좋다. 홈페이지 정보는 미흡하고 혼동을 줄 수 있다.

2. 장기 돌봄 비용

장기 돌봄 비용의 재원은 개인 저축, 보험, 가족의 재정적 지원, 국가 의료 보장 제도 등 네 곳이 대부분이다. 국가 의료 보장 제도의 경우 자산과 소득 수준을 기준으로 수급 여부가 결정된다. 이 제도의 도움을 받기에는 부모의 자산이 많고 그렇다고 여러 해를 버틸 만큼 풍족하지는 않은 어중간한 상태인 경우가 많다. 또 대개 부모는 배우자를 위해 혹은 자녀들에게 물려주기 위해 자산을 지키고 싶어 한다. 이때 전문가의 도움이 필요하다. 가능한 길을 알려줄 수 있기 때문이다. 전문가를 쓸 만큼 여유가 없더라도 방법이 있다. 나는 부모님이 거주했던 여러 시설의 책임자들에게서 다양한 정보를 얻을 수 있었다. 일단 한번 상담해볼 일이다.

3. 유언장과 자산 처분 계획

유언장이 없으면 부모님은 돌아가신 후 자산이 어떻게 분배될 것인지에 아무 영향을 미칠 수 없다. 자산 대부분이 배우자와 자녀들에게 상속된다. 손주에게 자동차를 주고 싶어 했더라도, 집은 자녀 중 한 명이 가졌으면 했더라도 소용이 없다. 유언장이 없으면 그 뜻을 지켜드리기 어렵다. 자산 처리 문제는 유언장 외에도 있다. 보살펴야 할 가족을 위해 재산 일부를 떼어두고 후견인을 지정하는 것, 생명보험금으로 장례식을 치르는 것, 부모님 소유의 기업을 해산하거나 매각하는 것 등이 해당한다.

어머니는 유언장을 쓰는 데 더해 보석을 세 딸에게 어떻게 나누어줄지도 계획했다. 장례 계획을 쓴 노란 종이에 이 내용이 함께 적혀 있었다. 호스피스 병원에 계시던 어느 날, 어머니는 보석함을 가져와달라고 했다. "누구한테 무엇을 줄지 알려주마."

어머니는 두 언니 각각에게 어떤 반지를 줄지 내게 알려주었다. 나한테는 그때까지 손가락에 끼고 있던 결혼반지를 주겠다고 했다. 그러고 일주일 후 출근하다가 잠깐 들른 길에 호스피스 간호사와 마주쳤다. 간호사가 말했다.

"어머님 손이 부어서 결혼반지가 상처를 내네요. 응급실에 가서 빼내야 할 것 같습니다. 함께 가주시겠어요?"

마침 점심때까지는 회의가 없어서 가능했다. 물론 오전 중에 만들려 했던 월간 보고서 작업은 그날 밤으로 넘겨야 했지만 말이다.

응급실 간호사 여러 명이 반지를 돌려 빼보려 했지만 실패했다. 자를 수밖에 없었다.

"맙소사, 내 이럴 줄 알았어요!" 나는 기회를 놓치지 않고 농담을 했다. "저한테 이미 충분히 많은 일을 시키지 않으셨어요? 근데 반지 선물까지도 곱게는 안 주시네요. 언니들은 반지를 수리할 필요가 없는데 말예요. 하여튼 저만 못살게 구신다니까."

엄마는 깔깔 웃었다.

결국 간호사가 도구를 가져와 반지를 잘랐다. 나는 왠지 목이 메고 눈물이 났다. 우리 가족이 잘려나가는 듯한 기분이었다. 간호사는 반지를 소변 컵에 담아 내밀었다. 언니들에게 줄 반지는 내가 선물 상자에 담아 어머니 장례식 날 건네주었다.

4. 일상적 비용 처리

일상적으로 잡다하게 처리해야 하는 비용들도 많다. 이를 위해 정리해두어야 할 정보는 다음과 같다.

* 은행 계좌 번호

* 보험 서류
* 보험사 담당 부서 연락처
* 연금 정보
* 개인 금고(위치와 번호, 열쇠)
* 주택 대출금 상황
* 매달 나가는 공과금 목록

삶의 질 영역

미국 매사추세츠 공과대학MIT의 고령화연구소 소장이자 『노인을 위한 시장은 없다The Longevity Economy』라는 책을 쓴 조지프 F. 코글린은 〈MIT 뉴스〉와의 인터뷰에서 말했다. "우리가 당면한 과제는 인생 백 년간 삶의 질을 보장하는 것입니다." 맞는 말이다. 수명을 늘리는 데 과학이 기여했듯 길어진 인생에서 더 오래 적극적 활동성을 유지하도록 할 방안은 사회가 연구해야 한다.

하지만 사회가 이 문제를 본격적으로 다루려면 한참 기다려야 할 것 같고 부모님 삶의 질을 유지하는 책임은 일하는 딸들이 온전히 떠맡는 상황이다. 그리고 이 책임은 가장 어려운 것에 속한다. 의료 측면은 대부분의 경우 타협이 불가능하다.

진료를 받으셔야 한다면 그렇게 해드려야 한다. 하지만 하루 휴가를 내고 부모님을 심장 전문의 진료에 모셔가는 것보다 오히려 더 큰 스트레스가 되는 일은 근무 시간을 쪼개 친목 모임에 태워다 드리는 것이다. 경제적·법적 문제에는 지침도 있고 규정도 있어 계획 수립이 쉽다. 하지만 부모님의 사교 활동, 운전을 중단하신 경우 이곳저곳에 태워드리기, 찾아뵙기, 집에서 모시고 나와 운동시키기 등과 같은 생활 영역에서는 어떻게 해드려도 부족한 느낌이다.

일하는 엄마는 일과 가정 간의 균형을 위해 많은 부분을 '돈으로 막는다.' 육아 도우미를 고용하거나 놀이방에 맡겨 자기가 일할 시간을 번다. 하지만 일하는 딸들에게는 상황이 이렇게 간단하지 않다. 돌봄 방식에 의견을 달지 않는 아이와 달리 부모는 자율적인 성인이기 때문이다. 자식 뜻대로 도우미를 집에 들일 수가 없다. 남들 도움은 절대 안 받겠다고 거부하는 모습에 화가 나면서도 다른 한편 이해가 갈 것이다. 노인 돌봄은 남에게 쉽게 맡길 수 있는 과업이 아니다.

자녀가 잠을 희생하거나 일을 망쳐버리지 않고 부모님의 생활을 돌봐드리는 최고의 방법은 경계를 분명히 세우는 것이다. 부모님의 필요 사항뿐 아니라 자신의 필요와 욕구도 생각해야 한다. '절대 포기할 수 없는' 것들을 어떻게 지켜낼지 계획하자. 직장에서 꼭 해보고 싶은 일을 하겠다고 나서야 할지,

추가 근무를 자원해도 되는지 고민이 된다면 다음의 '일하는 딸 권리 장전'을 참고하라.

일하는 딸 권리 장전

- 당신은 당신 삶을 살 권리가 있다. 돌봐주는 가족을 위해 당신의 삶을 유보하라는 규칙은 어디에도 없다. 당신의 인간관계와 관심사를 영위하는 것은 당신의 권리다. 자신을 위한 시간을 내라. 남들이 받아들여주지 않는다면 당신도 그 의견을 받아들이지 말라.
- 당신은 경계를 설정할 권리가 있다. 돌봐주는 가족의 요구와 당신의 요구 사이에 균형을 맞출 권리가 있다. 개인의 한계를 인식하고 그 한계를 넘어서는 요청은 거절하라.
- 당신은 생활비를 벌 권리가 있다. 여성의 무급 돌봄 노동에 사회가 부당할 정도로 과하게 의지하고 있지만 그럼에도 여성들은 유급 노동의 권리가 있다. 일하고 경력을 쌓아나갈 권리이다. 당신의 은퇴 후와 미래의 돌봄 필요를 위해서도 돈 벌 길을 유지하는 것이 현명하다. 일하는 것을 미안해하지 말라.
- 당신은 도움을 청하고 도움받을 권리가 있다. 스스로 모든 것을 다 할 수 없음을 인정할 권리가 있다. 형제자매, 친척들, 친구, 사회복지사, 의사 등에게 도움을 청할 권리가 있다. "도와드릴까요?"라는 말을 들었을 때 "네, 고맙습니다"라고 말할 권리도

있다.

- 당신은 건강을 유지할 권리가 있다. 다른 사람의 건강을 위해 자기 건강을 희생해서는 안 된다. 신체적·정신적 건강 유지를 위해 요구되는 만큼 자고 먹고 운동하고 그 밖에 필요한 조치를 취할 권리가 있다. 자신을 보살펴야 남도 잘 보살필 수 있다.
- 당신은 그럭저럭 괜찮은 상태로 지낼 권리가 있다. 빨랫감이 산처럼 쌓이고 싱크대에 더러운 그릇이 가득해도 방치할 권리가 있다. 일주일 내내 요가 바지 차림으로 지낼 권리가 있다. 자녀들에게 저녁 식사로 또다시 시리얼을 먹일 권리가 있다. 완벽함을 걷어차버리고 그럭저럭 괜찮음에 익숙해져라.

장례 영역

장례식 준비는 노년기 부모 돌봄에서 상대적으로 쉬운 영역이다. 부모님이 어떤 장례를 원하는지 여쭤보고 계획할 때는 생각해야 할 부분이 많다. 장례는 결혼식과 많은 점에서 비슷하기 때문이다. 비용이 많이 들고 결정할 사항이 백 가지 이상 되며 연락 범위를 정하기 어렵고 감정이 고조된다는 점 등이 그렇다.

부모님에게 장례식 애기를 꺼내기가 어렵다고? 당신만 그런 것이 아니다. 다수가 죽음에 대해 생각하는 것조차 불편해 한다. 그럼 어떻게 하면 좋을까? 완벽한 해답은 없다. 당신과 부모님의 관계, 부모님의 마음가짐, 가족 내 역학 등이 작용한다. 말을 꺼낼 때는 "이 얘기를 꺼내기 힘들어서 오래 망설였는데요"라든지 "제가 부모님 뜻을 아는 것이 중요해서 그런데요" 아니면 "이렇게 여쭤보게 되어 죄송하지만요"로 시작해서 "혹시 마지막을 어떻게 생각하고 준비하셨는지 말씀해주실 수 있나요?"라고 조심스레 접근해보라.

부모님은 이미 고인이 된 다른 가족 옆으로 가고 싶어 할 수 있다. 미리 자리를 사놓았을지도 모른다. 사전에 반드시 확인해야 한다! 부모님의 친한 친구분들 연락처가 어디 정리되어 있는지도 알아야 때가 되었을 때 연락할 수 있다.

악마는 디테일에 있다

어머니가 돌아가시기 전까지는 미리 장례 계획을 다 세워두신 것이 얼마나 큰 축복이었는지 알지 못했다. 그럼에도 할 일은 너무도 많았다. 장례지도사와 만나고 교회 영결식을 예약했다. 엄마가 원했던 음악이 흐르게 하고 엄마가 고른 묘지에 묻어드려야 했다. 아이들은 사촌이 데려가 옷을 사준 덕분에 장례식 복장을 갖추었다. 문제는 친구와 가족을 언제 어디서 맞아야 할지 모르겠다는 것이었다. 교회와 묘지가 무려 100킬로미터나 떨어져 있었기 때문이다.

어머니가 돌아가신 후 아침에 언니들한테 전화를 걸어 의논하려 했다. 한 언니는 볼일을 보는 중이라 의논이 어렵다고 했다. 다른 언니는 전화를 받지 않다가 나중에 문자를 보내왔다. "너 하고 싶은 대로 해. 난 그냥 참석만 할게. 아무것도 생각하고 싶지 않아." 고모들과 친척들이 다양한 의견을 제시했다. 집에서 맞아야 한다, 아니 교회가 좋겠구나, 당장 연락해야지, 나중에 해도 돼, 아침을 대접해야지, 점심이 더 좋겠는데……. 나는 온갖 조언에 머리가 어지러웠지만 어서 결정을 내리고 싶었다. 장례식 전날 밤을 함께 보낸 후 우리 집에서 식사를 대접하고 장례식 날에는 교회 영결식을 마친 뒤 묘지로 가기 전에 브런치를 함께하기로 했다. 돌이켜보면 너무 빡빡한 일정이었지만 그날은 할 일 목록을 어서 하나씩 지워나가고 싶은 마음뿐이었다. 오전 중에 음식을 주문하고 브런치 장소를 잡고 꽃 장식까지 예약했다. 그러고는 차에 올라타 장례식장으로 향했다. 어머니 옷을 가져가야 했다.

순간 깨달았다! 속옷을 빼먹었잖아! 신발, 목걸이, 귀고리까지 챙겼는데 속옷은 하나도 없었다. 스타킹은 신겨줄 필요 없다는 얘기를 했어도 어머니는 속옷 생략한 상태를 절대로 원하지 않을 것이었다. 나는 차를 돌려 상점으로 갔다. 그리고 표범 무늬 속옷이냐, 할머니 스타일의 흰 속옷이냐를 두고 거의 20분을 고민했다. 뭘 사야 할지는 어머니만이 결정할 수 있는데 나는 영원히 답을 듣지 못하게 되어버렸으니 말이다.

몇 년 뒤 아버지가 돌아가셨을 때 나는 좀 더 준비가 되어 있었고 능숙하게 장례식을 준비했다. 무덤가에서 간단하게 영결식을 했고 이어 아버지가 가장 좋아하던 호숫가 식당에서 점심을 먹었다. 누구와도 의논하지 않고 내가 결정한 절차였다.

아버지 장례식 날은 화창한 여름이었다. 푸른 하늘에 흰 구름이 살짝 보였다. 점심을 먹은 후 친척들은 물가로 몰려갔다. 사촌 한 명이 물가로 가면서 내게 말했다. "수영복을 챙겨 오는 장례식이라니 정말 멋진걸."

Working Daughter — 7장

타파하기

타파하기

"저희 아버지를 그런 곳에서 돌아가시게 할 수는 없어요."

나는 사촌 친구의 남편이라는 사람과 통화하며 울었다. 아버지는 또 다른 정신병원에 입원한 상태였고 나는 빼내려 애쓰는 중이었다. 누구든 도움이 될 수 있을 것 같은 사람에게 전화를 걸어대면서 필사적이었다.

아버지는 감염으로 입원한 후 단기 치료 시설로 보내졌다. 거기서 하룻밤을 보내시고는 호출 버튼 누르는 법을 기억 못하고 혼자 일어나려다가 낙상해 응급실에 들어갔다. 나는 새벽 3시에 아버지를 보러 갔다가 치료 시설로 다시 모셔다드리고 집으로 달려와 아이들을 등교시켰다. 몇 시간 눈을 붙인 후 오전 10시 반쯤 컴퓨터를 켜 업무를 시작했다. 둘째 날, 아버지는 한밤중에 깨어나 상황을 파악하지 못하고 내보내달라고 했다. 직원들이 안 된다고 하자 소화기를 휘둘러 유리창을 깨고 경찰을 불러달라고 했다. 경찰관 아들이었던 아버지는 아마 혼미한 상태에서 경찰은 자신을 알 테고 당연히 도와주리라 기대했던 것 같다. 하지만 출동한 경찰은 아버지가 자신과 남들에게 상해를 입힐 수 있다고 판단해 노인 정신과가 있는 다른 병원 응급실로 보냈다. 당시 나는 혹시 응급 전화를 놓칠까봐 베개 아래 휴대전화를 놓고 잤는데 이틀 연속 밤잠을 못 잤고 이틀 연속 밤중에 아버지한테 달려가야 했다.

응급실 의사는 아버지를 입원시키겠다고 했다. 나는 입원을 원치 않았고 의사가 입원 후 어떤 조치를 취하겠다는 것인지 알 수 없었다. 하지만 아버지가 다시 치료 시설로 가실 수는 없다는 것, 요양 시설에서 24시간 간병받아야 한다는 건 알고 있었다. 나는 새벽 4시경 간호사가 아버지를 휠체어에 태워 갈 때까지 거기서 시간을 보냈다. 그다음에는 집에 가서 기차표를 취소해야 했다. 그날 아침에 뉴욕으로 출장 갈 예정이었던 것이다. 상사에게 이메일을 보내 상황을 설명하고 잠을 좀 잔 뒤 일어나 계획을 짰다. 이틀 연속 내 업무도 엉망이 되고 있었다.

날 여기서 꺼내다오

점심때가 좀 지나 다시 병원에 갔다. 병동 출입문에 붙은 안내에 따라 지갑과 휴대전화를 보관함에 넣고 벨을 눌렀다. 정신병동은 음산했다. 오른쪽으로 아크릴 파티션이 쳐진 책상이 하나 있고 왼쪽으로는 텔레비전이 시끄럽게 켜진 방이 있었다. 벽에는 장식이랍시고 물고기를 붙여놓았다. 등이 훤히 드러난 환자복 차림의 몇 사람이 느릿느릿 지나갔다.

간호사가 아버지를 모셔오겠다고 했다. 그곳 규칙상 방문자는 환자 병실에 갈 수 없었다. 이윽고 나타난 아버지의 모습에 난 충격받았다. 티셔츠에 병원 바지를 입고 휠체어에 묶인 채 상체를 앞으로 잔뜩 수그리고 계셨던 것이다. 간호사가 우리를 텔레비전 방으로 안내했는데 거기는 너무 시끄러워 이야기를 할 수 없었다. 다른 곳이 없느냐고 했더니 "선룸으로 가시죠"라는 대답이 나왔다.

이름은 멋졌지만 창이 있을 뿐 우중충하기는 매한가지였다. 아버지는 일어나 바깥을 내다보려 하다가 몸이 묶인 걸 알아차리고 발끈했다.

"리즈, 날 여기서 꺼내다오." 간절한 목소리였다.

"그러려고요. 일단 상황을 좀 파악하고요."

1층에 코디라는 사회복지사가 있었다. 딱 청소 도구 보관실만 한 코디의 사무실로 들어갔다.

"아버지를 어떻게 하시려는 거죠?"

"오늘 아침 의사 선생님이 아버님을 진찰하셨습니다. 내일 오실 테니 그때 질문을 하시면 됩니다."

"내일이라고요? 지금 여쭤봐야겠는데요. 어째서 저희 아버지가 여기 계셔야 하는 거죠?"

"내일 의사 선생님께서 말씀해주실 겁니다."

"대체 그 의사가 누구인지도 모르겠고요, 제가 아버지 의료 대리인인데 어째서 저한테 전화를 하지 않으시는 건가요? 전 내일까지 기다릴 여유가 없어요. 누구든 저한테 전화를 해주었어야 한다고요."

코디는 의사가 훌륭한 사람이라고 말했다. 오랫동안 자기와 함께 일했다고도 덧붙였다. 나는 가만히 그를 바라보았다. 정말로 내가 아버지를 거기 맡기는 것이 좋다고 생각하는 걸까? "의사 선생님 사무실 번호를 드리죠." 결국 코디가 마지못해 말했다.

업무 준비를 해가지 않은 탓에 집에 가서 몇 시간이라도 일을 해야 했다. 컴퓨터가 있었다면 거기서 작업하며 아버지 곁을 떠나지 않았을 것이다. 의사에게 메시지를 남기고 일에 집중하려 했지만 잘 되지 않았다. 결국 저녁때쯤 다시 아버지를 보러 갔다. 열네 살 아들도 데려갔다. 정신병원에 갇힌 할아버지를 보면 놀랄 수도 있지만 아버지에게는 손자가 기운을 돋워줄지 모른다고 생각했다.

우리가 병원에 있는 동안 의사가 전화를 걸어왔다. "현재 상태로는 아버님을 내보낼 수 없습니다."

"아버지를 위해 뭘 하시는 거죠? 옷도 제대로 입지 못했고 하루 종일 운동도 못 했어요. 진료 계획이 어떻게 되나요?"

의사는 아버지에게 시간이 필요하다고 했다.

"시간은 도움이 안 돼요. 아버지는 병원 생활로 섬망 상태예요. 입원이 길어지면 상태가 나빠질 뿐이라고요."

"병원 섬망이라는 건 없습니다." 이어 의사는 폭력 성향을 보이는 아버지를 요양 시설로 다시 모실 수는 없으며 전문 요양병원으로 옮기든지 아니면 자기 병원에서 호전되기를 기다려야 한다고 말했다.

그날 나는 바로 행동을 취했다. 새벽 2시까지 인터넷을 검색해 전문 요양병원을 찾아냈고 병원 섬망에 대한 자료를 검토했다. 그런 게 없다고? 그런 증세는 분명히 존재했다. 나는 자료를 정리해 보고서를 만들었다. 어디다 쓸지는 알 수 없었지만 말이다. 아버지를 당장 거기서 꺼내드려야 한다는 것만큼은 분명했다.

다음 날 요양병원 다섯 군데를 답사했다. 업무를 위해 노트북을 가져갔고 병원들을 오가는 중에 갓길에 차를 세우고 고객과 통화하거나 문서 작업을 했다. 몇 년 사이 나는 운전대 위에 노트북을 올리고 일하는 데 달인이 되어 있었다. 웹 회의에도 참석 가능했다. 다만 카메라 각도를 잘 조정해 차 안이라는 걸 아무도 모르게 해야 했다. 잘 하면 창백한 얼굴도 가릴 수 있었다.

눈물이 터져 나와 몇 번은 차를 갓길에 세워야 했다. 답사한 요양병원들이 도저히 아버지를 보내고 싶지 않은 곳이었기 때문이다. 환자들은 아무 할 일 없이 멍하니 휠체어에 앉아 있었고 사방에서 소변 냄새가 희미하게 풍겼다. 내가 두려워하던 바로 그런 모습이었다. 어떤 병원은 참을 수 없을 만큼 냄새가 지독했다. 병실들 옆쪽 출입구를 잠그지 않고 방치한 경우조차 있었다. 거기선 굳이 나를 소개하고 인사할 필요도 없을 것 같아 바로 몸을 돌려 나와버렸다. 비위생적이고 위험한 곳이었고 나는 예의를 차릴 여유가 없었다. 그런 건 내 목록에서 지워진 지 오래였다.

배려 없는 현실

다행히 요양병원 한 곳은 괜찮아 보였다. 시설이 투박하고 밤중에 다니기 어려워 보이는 동네에 위치했지만 직원들이 다정하게 눈을 맞추며 인사를 건네왔다. 다른 요양병원들에서는 직원들이 지친 모습으로 잔뜩 인상을 쓰고 있었는데 말이다.

원장도 인상이 좋았다. 내 말에 귀를 기울였고 내가 아버지를 얼마나 사랑하는지, 얼마나 잘 모시고 싶은지 이해해주는 느낌이었다. 원장은 폭력적 발작 행동이 있어도 받아줄 수 있다며 다음 날 그 병원에 가서 면담을 해보겠다고 했다. 마음이 놓였다.

면담 예정 시간은 오전 10시였다. 사회복지사 코디가 11시까지는 전화를 해줄 거라 예상했는데 연락이 없었다. 코디에게 11시 1분에 메시지를 남겼고 정오가 지난 후에야 전화를 받았다.

"아버님은 지난밤에 잘 주무셨습니다만 요양병원 원장님과 만났을 때 안타깝게도 기관총으로 우리 모두 쏴버리겠다는 말씀을 하셨어요. 아마 입원 허락이 안 날 겁니다."

"무슨 말씀이에요? 지금 호출 벨도 누르지 못하는 분이 어떻게 기관총을 쏜다는 말씀이죠?"

나는 곧바로 요양병원에 전화를 걸었다. "저희 아버지는 폭력적이지 않아요. 치매일 뿐이죠. 총은커녕 주먹도 휘두르실 수 없을걸요."

"저희는 아버님을 받아드릴 수 없습니다. 빈자리는 이미 채웠고요."

나는 흐느껴 울기 시작했다.

"진정하시지요."

화가 솟구쳤다. 원장은 생각과는 다른 사람이었다. 어째서 내 마음을 전혀 모르는 걸까? 어떻게 내가 진정할 수 있다고 생각하는 거야? 나나 아버지에 대한 배려는 조금도 없었다. 그저 빈자리를 채워 넣어야겠다는 생각뿐인 모양이었다.

도움이 필요했다. 사회복지사인 사촌에게 전화를 걸었다. 사촌이 첫마디를 떼기도 전에 나는 울음이 터졌다. "아버지가 무서워하셔!"

사촌은 노인 관련 기관에서 일하는 친구를 소개해주었다. 적절한 간호 시설을 추천해줄 수 있을 거라고 했다. 결국 그 친구가 요양병원을 소개했다. 아버지를 맡아 정신병이나 폭력이 아닌 치매를 치료하겠다고 하는 곳이었다. 나는 답사를 하고 비용 마련 방법을 고민했다. 일주일 후 아버지를 그 요양병원으로 옮겨드렸다.

나는 운이 좋았다. 하지만 돌봄 제공자들이 운에 의존해서는 안 되지 않겠는가! 노인 돌봄 체계는 잘못되어 있다. 돌봄 제공자들은 비협조적이고 고압적인 의료 체계를 혼자 힘으로 헤쳐가야 한다. 요양병원은 적자 상태이고 비용은 계속 불어난다. 돌봄 노동자들은 급여가 낮고 과로에 시달린다. 또한 노인 치매 인구가 현재 미국에서만 500만 명에 이르지만 이 병에 대한 이해도는 서글플 정도로 낮다.

상황을 파괴해야 할 때가 있다

실리콘 밸리의 기술 투자자나 스타트업 사업가들은 '파괴적 혁신'이라는 말을 자주 한다. 기존의 제품과 산업을 새롭고 좀 더 효율적인 혁신 솔루션으로 대체한다는 아이디어다. 예를 들어 넷플릭스는 텔레비전을 파괴했다. 현재 세상에서 파괴적 혁신이 필요한 산업 분야를 딱 하나만 든다면 바로 노인 돌봄이다.

나는 정신병원의 규범을 받아들이고 싶지 않았다. 아버지 상태를 악화시킬 것으로 보이는 의사 지시를 따를 생각이 없었다. 그 의사 손에 아버지를 맡겨놔야 하는 상황도 단호히 거부했다. 나는 그 과정을 파괴해야만 했다. 물론 그 과정에서 내 가족과 일도 파괴되었다. 긍정적인 의미의 혁신적 파괴는 절대 아니었다. 하지만 그 상황에서 나는 그게 최선이라고 생각했다.

부모님을 가장 잘 보살피기 위해 당신이 시스템을 파괴해야 할 때가 종종 있다. 이 경우 최선은 자신의 지식과 경험을 신뢰하고 적극적으로 의견을 개진하는 것이다. 강력하게 부모님 편이 되어야 한다.

부모님을 강력하게 옹호하기 위한 다섯 가지 방법을 보자.

1. 역할을 다하기

당신은 부모님 돌봄 팀의 핵심 팀원이고 부모님을 가장 잘 아는 사람이다. 곁다리 취급 당하는 것을 참지 말자. 당당히 의견을 제시하는 것이 마땅하다. 당신의 관찰이나 의견은 어느 전문가 견해보다 중요하다. 그러니 주눅 들 필요 없다. 의사, 간호사, 기타 돌봄 전문가들의 말을 열린 마음으로 듣자. 진단이나 처치와 관련해 인터넷 검색으로 정보를 얻을 수는 있지만 그것이 진짜 의사를 대신할 수는 없으니 말이다. 부모님을 담당하는 의료진이 당신을 좋아하는지 아닌지 신경 쓸 필요는 없지만('좋은 사람'이 되어야 하는 상황이 절대 아니다) 고함을 치기보다 미소를 보여준다면 당신 말에 상대가 귀 기울여줄 가능성이 크다. 질문을 할 때는 상대의 방어 본능을 자극하지 않도록 한다. 예를 들면 이렇게 말하는 것도 좋다. "지난밤에 저희 아버지가 테라스에 앉아 계시지 못한 이유를 좀 알 수 있을까요?" "어머니 식사를 저염식으로 제공받고 싶은데 제가 어떻게 해야 할까요?" "당신 부모님이라면 어떻게 하시겠어요? 조언 좀 부탁드려요." 부모님이 가장 좋은 보살핌을 받도록 애쓰는 동시에 그 과정에 관여하는 사람들을 존중하자.

2. 선한 의도를 가정하기

돌봄 과정에서 만나게 되는 전문가들이 당신과 부모님을 돕고 싶어 한다고 전제하자. 의도가 선하다고 가정하자. 불완전한 체계 속에서 과도한 업무에 시달리고 관료제와 싸우고 보험사들을 설득해내는 그들과 대립하지 말고 협력해야 한다. 물론 개중에는 썩은 사과도 있을지 모른다. 하지만 사과나무 전체가 썩었다고는 여기지 말자. 돌이켜보면 정신병원의 그 의사도 의도는 선했고 지금은 나도 거기에 감사한다. 무슨 억하심정이 있어 아버지를 가둬놓으려 했던 것이 아니다. 의사의 역할은 환자를 안정시키는 것이니까. 하지만 아버지를 대변해야 하는 내 입장에서 보면 정신병원에 더 있다가는 상태가 나빠지기만 할 게 분명했고 가능한 한 빨리 아버지를 빼내야 했다. 일정 조건이 충족되어야 의사의 퇴원 허락이 떨어진다는 점이 마음에 들지 않았지만 이해는 충분히 가능했다.

3. 부모님을 인격화하기

돌봐드리는 자식으로서 꼭 해야 할 일은 부모님을 보살피는 사람들에게 부모님이 환자 아닌 인간으로 다가가도록 만드는 것이다. 가령 어머니 담당 간호사에게 자신을 소개할 때 "안녕하세요? 저는 이분 딸이고 어머니를 진심으로 존경한답니다"라고 말해보자. 정신병원에서 아버지를 제대로 씻기고 입혀달라고 세 번째로 요청해야만 했을 때 나는 간호사에게 "이분은 저희 아버지예요. 제 아이들의 할아버지시고요. 저희가 사랑하고 존경하는 분이에요. 아무렇게나 대해도 되는 치매 노인이라고 여기지 말아주세요"라고 분명히 밝혔다.

4. 사전 준비하기

돌봄 전문가들은 늘 바쁘다는 점을 명심하자. 만나기 전에 질문을 정리하자. 알아둘 내용을 메모하고 필요하다면 확인을 받는다. 복용 약품 목록과 검사 결과지 사본을 가져간다. 상대의 시간을 낭비하게 만들지 말아야 한다. 인터넷 검색을 할 때는 유용한 정보도 있지만 도움이 되기보다 상처만 주는 정보도 있다는 걸 유념하자. 신뢰할 만한 연구소, 병원, 학회 등의 사이트를 살펴보자. 부모님을 담당하는 의사나 간호사에게 어디서 정보를 얻으면 좋을지 물어보는 것도 좋다. 검색은 제대로 질문하기 위한 작업이지, 멋대로 결정하기 위한 것이 아니다.

5. 자신의 권리 알기

병원이나 부모님 병실에 비치된 문서를 유심히 본 적 있는가? 잘 챙겨두자. 의료 기록 접근, 돌봄 거부, 환자 사생활 보호, 병원비 납부, 대리인 활용, 방문객 관리 등 병원 규칙을 설명하는 일종의 환자 권리장전이니 말이다. 요청 사항이 있을 때 언제고 연락할 수 있는 전화번호가 나와 있을 수도 있다. 부모님 주치의나 보험사들도 이러한 공식적 권리 문서를 갖고 있다. 요양 시설 계약서 사본도 잘 보관하자. 문제가 발생하기 전까지는 그 내용을 기억하거나 심지어 읽어볼 필요도 없지만 혹시 그런 상황이 닥쳤을 때 어디 두었는지는 알아야 한다. 돌봄 제공자에게도 권리가 있다. 미국의 여러 주에서 '돌봄 제공자에 대한 조언, 기록, 능력 인정법CARE Act: Caregiver Advise, Record, and Enable Act'을 채택하고 있는데 이는 의료 체계의 일부로서 가족원이 담당하는 중요한 역할을 인정한다는 뜻이다. 이 법에 따라 돌봄을 제공하는 가족원은 집에서 담당해야 하는 의료적 업무에 대한 설명과 실습 지도를 받을 수 있고 환자 기록 접근권을 지닌다. 자기 권리를 알고 있으면 부모님을 옹호해드리기가 훨씬 좋을 것이다.

최악을 대비하고 최선을 희망하라

부모님 편에서 옹호하는 능력을 키워가면서 당신은 잘못된 상황을 타파할 수 있다. 효과 없는 돌봄 체제, 불필요한 처치, 늘 지각하는 방문간호사를 타파할 수 있다. 또한 옹호 능력을 발휘해 좋은 상황이 지속되도록 할 수도 있다.

아버지가 옮겨 간 요양병원은 좋았지만 완벽하지는 않았다. 그래서 나는 수년 동안 갈고 닦아온 옹호 능력을 동원해 아버지에게 제일 적합한 상황을 만들고자 했다. 인지 치료 부서장을 만나 치매 환자 돌봄에 대한 생각과 접근법을 캐물었다. 가장 중요하게는 아버지를 입원시키지 않는다는 약속을 받고 싶었다. "아버님이 넘어져서 골반 뼈가 부러진다면 구급차를 부를 겁니다. 그 외에는 병원에 입원하실 일이 없을 겁니다." 의사는 이렇게 말하더니 입원 거부 서류를 내밀며 서명하라고 했다. 나는 조치에 감사했지만 그 약속이 어떻게 지켜질 수 있을지 확인을 받고 싶다고 했다. 의사는 자신이 전 직원에게 말하겠다고 약속했다. 몇 년 동안 부모님을 돌본 경험 덕분에 나는 그런 세부 사항 확인이 중요하다는 것을 알게 되었다. 사실 이런 문제는 얼마든지 물어봐도 괜찮다.

부모님이 새로운 치료를 받게 되거나 새로운 시설에 거주하게 되는 경우, 첫 한 주 동안 나는 가능한 한 많은 시간을 거기서 보내며 적응을 도왔다. 부모님 곁에서 업무를 봐도 되느냐 물었고 좋다는 허락을 받았다. 아버지 방의 탁자를 업무 책상으로 사용했고 시설 내 도서실을 웹 회의와 업무 통화 장소로 활용했다. 거기서 하는 업무가 완벽하게 생산적일 수는 없었지만 멀리 떨어져 있는 동료들이 내 상황을 눈치 채지 못할 정도로 일을 해결하는 것은 가능했다. 낮에 끝내지 못한 일은 아이들이 자러 간 후 밤중에 마저 했다. 그리고 언제 어디서든 일할 수 있는 내 유연한 업무 환경에 다시 한 번 감사했다.

시설에 머무는 동안은 아버지 돌봄에 관여하는 모든 이들과 만나려 했다. 간호사, 간병인, 물리치료사, 안내 직원, 주방 조리 담당자의 이름을 익혔다. 그룹 활동에 참여하고 구내 식당에서 밥을 먹었으며 다른 거주자들과 직소 퍼즐을 하기도 했다. 그러면서 나부터 시설 상황에 익숙해졌다. 그렇게 시간을 투자한 덕분에 직원들을 신뢰할 수 있었고 나 역시 신뢰를 얻었다. 아버지가 잠든 후에는 야간 간호사 밥과 수다를 떨기도 했다. 그는 노년의 부모를 돌보면서 요양병원에서 근무하는 '일하는 아들'이었다.

돌발 사태에 무력해질 때

아버지가 요양병원에 들어간 지 두 달 후 간호사 밥이 전화를 걸어왔다. 나는 집에서 바쁘게 출장 준비를 하는 중이었다.

"리즈, 아버님을 방금 구급차로 병원에 보냈어요."

"그게 무슨 소리예요? 갑자기 왜요?"

"보조 직원을 공격하셨어요. 죄송해요. 제 힘으로 제압이 안 되더라고요."

응급실로 달려가보니 아버지는 폭력적인 환자를 격리해놓는 폐쇄 구역에 있었다. 간호사가 나를 그리로 들여보내주었다. 바퀴 달린 침대에 누운 아버지는 너무도 늙고 허약해 보였다.

"아니, 내가 여기 있는 걸 어떻게 알고 왔니?" 아버지는 미소를 지었다. 한 시간 전의 사건을 전혀 기억하지 못하는 게 분명했다.

나는 그 구역 담당 간호사에게 앞으로 어떻게 되느냐고 물었다. 아버지가 정신병동에 들어가게 된다고 했다. 경찰이 위험 인물이라고 분류했으므로 72시간 동안 격리된다는 것이다.

그날 아침 나는 캘리포니아로 날아가게 되어 있었다. 회사는 내가 요청했던 콘퍼런스 참석 비용 3500달러를 이미 지불한 상태였다. 하지만 비행기에 올라탈 방법은 없어 보였다. 업무 출장을 잡아놓고 가지 못한 것이 몇 달 새 벌써 두 번째였다. 이런 상황이 절대 내게 유리할 리 없었지만(업계 네트워킹 기회를 놓치고 회사의 돈을 낭비해버린 셈이므로) 그래도 아버지 곁을 떠날 수는 없었다. 다시 한 번 일을 그만둘 수만 있다면 그만두고 싶다는 생각이 들었다. 하지만 난 돈이 필요했고 일이 필요했다.

상사에게 문자를 보냈다. "아버지가 다시 응급실에 가셨어요. 내일 캘리포니아에 갈 수 없는 상황이네요. 어떻게 해야 할지 모르겠습니다."

문자를 보내자마자 폐쇄 구역 문이 열리더니 경찰관 두 명이 20대 남자를 데리고 들어왔다. 수갑이 채워진 상태였다. 거리에서 칼을 휘두르다가 잡혀온 거라고 경찰이 간호사에게 설명했다. 세상에, 칼을 휘둘렀다고?!

경찰관들이 나갈 때 그 남자가 인사를 했다. "고맙습니다! 소란을 일으켜 죄송하고요. 제정신이 아니었습니다. 도움이 필요했죠."

"얌전히 굴 거지?" 경찰이 물었다.

"그럼요. 전 도움이 필요합니다."

"좋아. 그럼 잘 있게."

경찰이 수갑을 풀어주었고 간호사는 침대와 텔레비전이 있는 개인 방으로 그를 데려갔다. 나는 칼을 휘두른 불량한 청년이 90대 치매 환자보다 더 나은 대우를 받는다는 사실에 충격을 받았다.

"쾅!" 10분쯤 지나 그 남자가 들어간 방 쪽에서 큰 소리가 났다. 텔레비전을 바닥에 내던진 모양이었다. 간호사가 경비를 불러 문 밖을 지키게 했다. 다시 쾅 소리가 들렸다. 이번에는 뭘 던졌는지 모를 일이었다.

"날 내보내줘!" 그가 외치더니 방 밖으로 뛰쳐나와 복도를 내달렸다. 하지만 출구가 잠겨 있었으므로 그저 몸을 문에 쾅 쾅 부딪쳐댈 수밖에 없었다.

경비가 남자를 진정시키려 했지만 남자는 다시 반대편 출구 쪽으로 달려갔다. 아버지가 누워 잠든 바퀴 침대 바로 옆이었다. 그 문도 잠긴 상태였다.

“어르신이 주무시고 있습니다. 예의를 좀 지키세요.” 경비가 말했다.

“난 영감탱이 따위 상관 안 해. 이 여자도 상관 안 하고!” 남자가 내 앞에 서서 삿대질을 했다. 어느새 나는 사시나무처럼 떨고 있었다. 남자는 다시금 자기 방으로 돌아가면서 중간에 놓인 간호 카트를 걷어찼다.

“나가시는 게 좋겠습니다.” 경비가 내게 출입구를 가리켜 보였다.

“아버지는요?”

“아버님은 여기 계셔야 합니다.”

“아버지 혼자 두고는 못 가요.” 나는 덜덜 떨리는 다리를 애써 감추며 최대한 당당하고 용감하게 말했다.

“알겠습니다.” 경비가 바퀴 침대를 잡고 출입구로 가서 문을 열었다.

아버지와 내가 그 남자와 벽으로 차단된 안전한 공간에 있게 되자마자 나는 문자 답이 왔는지 확인했다. 상사의 답은 이랬다.

“그럼 대신 누가 가면 좋겠어요?”

이게 무슨 소리람? 분노와 절망, 피로가 동시에 밀려왔다. 응급실에 왔다고 분명히 얘기했는데 내가 후속 처리를 할 수 있는 상태라고 생각하는 걸까? “어떻게 해야 할지 모르겠습니다”라고 분명히 밝히지 않았는가. 벌써 밤 11시가 넘은 시간이었다. 지금 내가 콘퍼런스를 신경 쓸 정신이 있을 리 없지 않은가. 출장 취소가 상사나 동료들에게 어떻게 받아들여질지에 대한 걱정은 다음 날이나 다음 주에 할 수밖에 없는 상황이었다. 당장 더 큰 걱정이 있으니 말이다.

그렇게 구구절절 설명할 기운도 없었고 그런 설명이 필요하지도 않을 것 같아 나는 두 사람 이름을 써서 보냈다. 콘퍼런스에서 도움을 받을 만하고 긴급 출장이 가능한 이들이었다.

상사는 다시 “그럼 연락 좀 해보겠어요?”라고 문자를 보내왔다.

울고 싶었다. 다행히 다른 문자가 들어왔다. 관리팀에서 함께 일하는 동료였다. “방금 아버지 소식 들었어. 리즈 대신 콘퍼런스에 갈 사람 찾는 일을 내가 해주면 어때?”

나는 “응. 솔직히 난 그거 처리할 상황이 아냐”라고 답했다.

“걱정 마, 내가 해결할 테니. 아버지 잘 보살펴드려.” 그 동료는 1년 전에 알츠하이머를 앓는 어머니를 돌보느라 휴직을 한 적이 있었다. '일하는 딸'이었던 그 경험으로 나를 이해하고 도우려 나섰던 것이다.

상사나 동료들이 우리 마음을 읽어주리라 기대할 수는 없다. 같은 입장이 되어보지 않고는 절대 이해할 수 없기 때문이다. 설사 과거에 같은 경험을 했다 해도 현재 내가 처한 상황을 배려해달라고 하기는 어렵다. 그건 그들의 역할이 아니다. 그날 밤 내가 그랬듯 간절하게 이해를 바랄 수는 있지만 어떻게 될지는 마법의 영역이다. 그리고 앞서 말했듯 마법을 기대하는 건 일하는 딸들에게 금물이다. 물론 직원들이 위기 상황을 맞았을 때 그걸 처리할 수 있도록 여지를 좀 주는 것이 결국 좋은 경영이라는 생각이 들 것이다. 하지만 그래야 한다는 법은 없다. 그래서 때로는 돌봄 제공자로서 파괴를 감행하는 것이 일과 돌봄 사이의 균형 잡기 노력을 직장에 알리는 수단이 된다.

돌보는 일에서 응급 사태가 터졌고 이 때문에 업무 처리가 도저히 불가능하다면 업무 포기를 선택할 수 있다. 다만 분명히 해야 한다. "아버지가 응급실에 가셨어요. 출장을 못 가는 상황이네요. 내일 다시 경과를 보고하겠습니다. 양해를 부탁드립니다." 그리고 당신이 비행기를 타지 못해서, 또한 콘퍼런스 등록비를 환불받지 못해서 일어난 결과에 책임질 준비를 해야 한다.

하지만 정신을 좀 차릴 수 있거나 출장 취소 피해를 최소화할 수 있는 시간 여유가 조금이라도 있다면 먼저 해결책을 제안하자. "죄송하지만 가족 문제가 생겼습니다. 내일 콘퍼런스 참석이 불가능하네요. 리네트나 캐서린이 가면 어떨까 싶습니다. 의견을 주시면 내일 아침에 호텔 예약자 이름을 바꿀 수 있습니다. 콘퍼런스 주최 측에도 이메일을 보내 다른 사람이 간다고 알리겠습니다. 내일 오전 9시까지는 연락이 어렵습니다. 양해 부탁드립니다."

돌봄 제공자는 경제에 유익하다

돌봄 제공자들의 상황은 세계 경제에 영향을 미치고 있다. 이들의 상황이란 돌봄 제공과 동시에 업무도 해결하려는 상황이자, 밤샘 무급 돌봄 노동 이후 직장에 출근하려는, 도저히 불가능한 상태에서도 업무에 집중하려는, 가족에 대한 책임이 계속 커지는 와중에서 경력을 유지하려는 상황을 말한다. 세상은 일하는 여성을 필요로 한다. 미국에서 여성이 남성과 똑같이 세계 경제에 참여한다면 2025년 GDP는 28조 달러만큼 더 늘어날 것이다. 특정 기간 내 생산된 모든 재화와 서비스를 금액으로 표시한 GDP는 중요한 경제 지표다. 대다수 경제학자들은 GDP가 늘어나면 경제가 더 강해진다고 본다.

미국은 일하는 엄마들을 배려하는 모범적인 국가가 결코 아니다. 그럼에도 부모들이 계속 직장에서 일하도록 하는 정책의 필요성에 대해 국가 차원에서 논의는 이어가고 있다. 이 논의를 통해 변화가 필요하다는 인식이 환기된다. 하지만 여기서 노인 돌봄 제공자들은 심각하게 외면당하고 있다. 감당 가능한 자녀 돌봄 비용 논의에는 감당 가능한 노인 돌봄 비용 문제도 마땅히 포함돼야 한다. 노인 돌봄 필요의 지원 방안이 논의되어야 한다. 연방 정부 차원에서 안 된다면 주 정부 단위로라도 노인 돌봄 휴직 정책이 시행되어야 할 때다. 터무니없는 소리 같은가? 아버지들의 육아 휴직도 한때는 그러했다. 더욱이 어린 자녀 두 명 돌보기보다 노년기 성인 두 명 돌보기가 더욱 힘들다는 것이 대다수 미국인들의 생각이다.

일하는 딸들이 전국적으로 들고 일어나 권리 주장을 하고 시스템을 바꿔야 한다고 제안하는 것은 아니다. 그렇게 되면 좋겠지만 일하는 딸들은 이미 너무 큰 책임 아래 허덕이고 있어 사회 운동에 나설 여력이 없다. 따라서 노인 돌봄과 업무 사이의 균형을 맞추려 노력하면서 가능한 측면에서 이 시스템을 파괴해줄 것을 제안한다.

시스템을 파괴하여 문화적·법적 변화를 이끌어낼 방법은 다음 네 가지다.

1. 직장에서 노인 돌봄 제공자 모임 만들기

이 모임의 참여자들은 실생활에서 겪는 어려움의 해결책을 함께 모색하고 서로를 지원하며 노인 돌봄에 동반되는 외로움을 덜 수 있다. 당신 직장에서 이런 모임을 어떻게 만들면 좋을지 적어보자. 대상자는 누구인가? 얼마나 자주 만나면 될까? 어디서 만날까? 인사팀과 의논해 모임이 시작되도록 도움을 구하자. 인사팀이 없다면 상사에게 말해보자.

2. 대화 방향 바꾸기

직장 내 부모 지원의 필요성이 논의되고 있다면 부모를 돌보는 직원들도 지원해야 한다고 말하자. 또 관련 기사나 블로그 글을 발견하면 댓글로 적극 참여하라. 다음 사항을 언급하는 것만으로도 좋다.

① 미국에만 무급으로 가족을 돌보는 사람이 4400만 명에 달하며 이들 대부분은 직장에서 일을 한다.

② 우리 사회는 급속한 고령화 단계이며 불과 몇 년만 지나면 유급 돌봄 제공자가 부족해진다는 것이 전문가들의 예측이다.

③ 평균 출산율이 낮아지고 있다. 2015년 이후 1인당 출산이 3.8명에서 1.77명으로 떨어졌으며 이는 부모를 돌봐줄 자

녀들이 줄어든다는 뜻이다.

④ 일하면서 무급으로 부모를 돌보는 이들이 노년기 국민을 제대로 지원하지 않는 잘못된 시스템의 구멍을 메우며 사회가 돌아가게끔 하고 있다.

⑤ 돌봄 제공자와 노인들은 더 나은 대접을 받을 자격이 있다.

⑥ 노인 돌봄은 직장 개선에 대한 논의에 포함되어야 하는 주제다.

3. 돌봄 제공자 지원 단체 지원하기

우리가 일하러 간 사이에 부모님을 맡기게 되는 유급 돌봄 제공자는 대부분 여성이다. 유색 인종과 이주민이 많고 보수가 형편없다. 노동법의 보호를 받지 못해 최저 임금이 보장되지 않고 건강보험이 없으며 유급 병가도 불가능하다. 이들을 포함해 가사노동자의 업무 환경 개선을 위해 노력하는 단체들이 있다. 해당 단체 웹 사이트를 들어가보고 개인 소셜 미디어로 그 활동을 홍보하자. 무급과 유급 돌봄 제공자의 노동이 정당하게 평가받기 위해 기존 시스템을 파괴해야 한다.

4. 투표하기

선거 때 목소리를 내야 한다. 각종 단체의 자료를 활용해 어느 후보가 돌봄 관련 세금 혜택, 요양 비용 지원, 연금 저축 확대 등을 공약하는지 살펴보자. 그리고 그쪽으로 표를 던지자.

나에게 주는 격려 한마디

일하는 딸로서 우리가 할 수 있는 가장 중요한 파괴 행동은 아마도 더 많이, 더 잘해내야 한다는 죄의식 회로, 그 사고 과정의 파괴일 것이다. 당신은 한 사람이다. 팀으로 경기할지 모르지만 결국 선수 한 명일 뿐이다. 당신은 할 수 있는 한 최선을 다하고 있다. 그리고 믿을 수 없을 만큼 대단하게 해내고 있다.

자신이 훌륭한 돌봄 제공자라는 것을 잊지 않도록 격려의 말 한마디를 정해 계속 떠올려보자. 앞서 소개했듯 나는 "벗어나는 유일한 길은 통과하는 것이다"를 사용했다. 자꾸 반복해 말하다 보면 정말로 그렇게 믿게 된다.

다음에 여섯 가지 예시를 들어둔다.

1. "괜찮아. 어차피 이렇게 될 거였어."

이느 일하는 딸이 내게 알려준 자기 격려다. 어떤 일이 일어났건 절망할 필요는 없다. 어차피 일어나게 되어 있었으니까.

2. “충분히 잘하고 있어.”

그렇다, 당신은 충분히 잘하고 있다.

3. “최선을 다하고 나머지는 하늘에 맡기자.”

이 역시 일하는 딸이 나눠준 말이다. 완벽하다. 사실 이 외에 우리가 뭘 할 수 있겠는가?

4. “숨 쉬어. 다른 건 다 선택이야.”

생각해보라. 정말 맞는 말이다.

5. “난 선한 존재야.”

정확한 말이다. 당신 자체가 선물이다.

6. “삶은 힘겹지만 난 그보다 강하지.”

생각보다 당신은 훨씬 더 강하다. 날 믿어도 좋다.

명심하자. 우리가 먼저 돌봄 문화와 업무 문화를 파괴하지 않는다면 결국 돌보는 내가 파괴되고 말 것이다!

Working Daughter 8장

자기 돌보기

자기 돌보기

언니의 전화를 받고 부모님 댁으로 달려간 지 일주일이 안 된 금요일 오후였다. 나는 상사에게 업무 상황을 보고하려고 전화를 걸었다. 퀸시 병원의 로비에 놓인 휠체어에 앉은 채였다. 주차장으로 가는 자동문이 계속 열렸다가 닫히고 구급차 사이렌 소리가 들려왔지만 거기가 내가 찾을 수 있는 최대한 조용한 장소였다. 상사는 멀리 캘리포니아에 있었으므로 내가 어떤 위기 상황에 처해 있는지 알지 못했다. 주 40시간 근로에 턱없이 못 미치는 14시간을 겨우 일했을 뿐이며 기진맥진한 상태라는 것도. 그런데 상사는 내게 이렇게 말했다.

"자신을 돌봐야 해."

돌봄 제공자에게 이보다 더 사려 깊으면서도 불안한 말이 있을까? 남을 책임지고 돌보려면 돌보는 사람 자신부터 건강해야 한다. 돌봄 제공자에게 무슨 일이 생긴다면 누가 대신 책임을 다한다는 말인가? 또 돌봄 제공자는 누구의 돌봄을 받을 수 있는가? 휴식과 회복을 위한 시간을 낼 수 없다면 어떻게 다시 건강해질 것인가? 생계를 책임진 돌봄 제공자는 더 큰 압박을 받는다. 돌보는 사람을 위해서뿐 아니라 계속 생활비를 벌기 위해서라도 튼튼하게 버텨야만 한다. 부모님과 아이들을 돌보느라 휴가를 다 써버렸으니 아프다 해도 쉴 수 없는 상황이 아닌가.

"저도 자신을 돌봐야 한다는 건 알아요. 다만 어떻게 해야 하는지를 모르겠어요." 나는 대답했다. 전날 네 시간을 잤고 그때까지 먹은 것이라고는 젤리 두 봉지, 커피 두 잔, 콜라 세 캔이 전부였다. 여덟 시간의 숙면과 신선한 채소 한 봉지가 더 좋다는 건 잘 안다. 하지만 그렇게 할 방법이 없었다. 통화가 끝나고 나면 아버지가 치료받고 있는 그 병원에서 나와 여름 휴가철 금요일의 교통 정체를 뚫고 친정으로 가서 어머니 짐을 챙겨 요양 시설로 모셔다드릴 참이었다. 숙면과 샐러드는 기대할 수 없었다.

"말은 쉬워도 하기는 어렵지. 그럼 하나만 지켜. 물은 충분히 마시고 있어?" 상사가 물었다.

언제 물을 마셨는지 기억나지 않았다. "알겠어요. 수분 과다 상태로 만들어볼게요."

"좋아. 수분 공급이 핵심이야."

이틀 후 집으로 돌아온 나는 물통을 늘 갖고 다니며 하루에 3리터씩 마시기로 결심했다. 잠은 계속 부족했다. 부모님 곁에 있어드리면서 의사와 변호사, 보험사 관련 업무를 해결하고 직장 일까지 보충하려니 어쩔 수 없었다. 여전히 젤리와 다이어트 콜라를 달고 살았다. 그래도 밤에 집에 돌아오면 아무리 늦은 시간이라 해도 백포도주를 한 잔 가득 따랐다. 나를 위로하고 몸속 카페인을 희석하기 위해서였다. 젤리로 배가 안 찼을 때는 포도주와 함께 오레오 과자 한 통을 해치웠다. 모범적인 자기 관리라고는 할 수 없지만 최소한 탈수 상태는 아니었다.

악몽에 시달리는 것도 힘들었다. 어머니를 가까운 요양 시설로 옮긴다는 결정을 내린 후(그리고 그 결과 처음 들어갔던 시설의 보증금을 포기할 수밖에 없게 된 후) 어느 날 밤에는 주치의가 실수였다면서 다시 옮겨드리라고 말하는 꿈을 꿨다. 이 꿈은 조금씩 바뀌면서 반복되었다. 꿈에서 나는 바닥에 얼굴을 묻고 흐느껴 울기도 했고 상체를 벌거벗은 채 도심 공원에 있기도 했다. 심리 상담을 받았다면(받고 싶었지만 비용이 부담돼 포기했다) 아마 의사는 해몽에만 몇 시간을 써야 했을 것이다. 성인용 기저귀를 사러 갔다가 매장을 가득 채운 노인들을 보고 심란했던 날 밤에는 사람을 공격하는 유전자 조작 말벌 떼에 쫓겨 다니는, 디스토피아 영화 같은 꿈을 꾸었다. 어머니를 호스피스 병원으로 옮긴 직후에는 내가 머리카락을 다 자르고 죽어버리는 꿈을 꾸었다.

내 겉모습은 점점 흉측해졌다. 그해 여름 내내 앞니 하나가 깨진 상태로 다녀야 했다. 극도의 스트레스로 이를 갈다가 6월 말에 결국 하나가 부러졌는데 치과에 갈 시간이 없었다. 뉴욕에 가서 고객과 만나야 했을 때는 아이라인과 마스카라를 하는 것조차 힘겨웠다. 머리를 묶어 망에 집어넣으면서 올림머리처럼 보였으면 하고 바랐다. 부러진 앞니를 누가 눈치 채지 못하도록 웃거나 입을 벌리지 않으려 애썼다.

부모님을 모시고 병원에 가서 대기실에서 순서를 기다릴 때면 노년 부모를 모시고 온 딸들을 종종 만날 수 있었다. 중년 여성들로 행색이 초라했다. 어떻게 저렇게 나오나 싶었는데 창문에 비친 내 모습을 보니 별다를 것 없었다. 운동복 바지에 스웨터를 걸치고 맨얼굴에 머리를 질끈 묶었다. 뿌리 쪽으로 흰머리가 보이고 앞니는 하나 부러지고…….

"내가 제일 두려운 게 뭔지 알아?" 어느 날 언니한테 말했다. "내가 만사 다 포기하고 꽃무늬 누빔 가방을 들기 시작하는 거야." 내 취향과는 180도 달라 처박아둔 가방이었다. 하지만 병원 대기실의 중년 딸들은 다들 그 가방을 드는 것 같았다. 요양병원에서도 마찬가지였다.

언니와 함께 있었다면 "저기 또 있지?"라고 지친 모습의 중년 여성이 든 누빔 가방을 가리켜 보이며 "나도 일보직전이야"라고 말했을 것이다. 언니는 "너 정말 제정신이 아니구나"라며 웃었을 테고 말이다.

나는 어머니 몸속의 암이 전이되는 것을 막을 수 없었다. 아버지 치매가 악화되는 것도 막을 수 없었다. 하지만 어떤 가방을 들지는 결정할 수 있었다. 누빔 가방이나 팬시 코너에서 파는 가방은 정말 싫었다.

8월 3일 일요일 일기에 나는 "두 가지 일을 오가는 것도, 포도주 마시는 것도 이제 지긋지긋하다"라고 썼다. 그리고 그날 밤 딸아이가 무릎에 기어 올라와 내 이마의 주름살을 세었던 일도 적었다. 재선되어 두 번의 임기를 마친 미국 대통령이 백악관에 들어갈 때와 나갈 때를 비교한 사진을 본 적 있는가? 들어갈 때는 젊고 활기에 넘치지만 8년을 보내고 나갈 때는 16년이 지나기라도 한 듯 달라져 있지 않던가? 그 주말에 나도 갑자기 늙어버린 기분이었다.

특히나 험난한 며칠이기는 했다. 어머니를 요양 시설에 옮긴 지 겨우 두 주 만에 다시 호스피스 병원으로 모셔가야 했으니 말이다. 요양 시설에서 새로운 친구도 만나고 보살핌을 받으면서 남은 몇 달을 편안하게 지내셨으면 했던 바람은 물거품이 되었다. 호스피스에 가기 며칠 전, 어머니는 창밖의 나무에 전구가 둘러져 있다면서 성탄이 다가오면 어떻게 장식될지 궁금하다고 하셨다. 하지만 어머니는 결국 반짝이는 장식을 보지 못하셨고 성탄절까지 살아 계시지도 못했다. 임종을 앞둔 사람들에게 둘러싸여 작은 방에서 산소 탱크에 의지한 채 생애 마지막 몇 달을 보내셔야 했다.

그 모든 과정을 거치면서도 나는 수분을 꾸준히 섭취했다.

물을 마시는 이유는 여러 가지였다. 첫째, 상사에게 약속을 했으니 지키고 싶었다. 둘째, 직장에서 제대로 맡은 몫을 해내지 못하는 상황에서 최소한으로라도 나 자신을 유지해 때가 되었을 때 다시 역량을 발휘하고 싶었다. 자기 관리가 된 사람은 직장 업무에서도 성공적이라는 글을 읽었던 것이다. 마지막으로 아무리 사소하다 해도 자신을 위해 무언가 하고 있다는 점이 내 삶을 스스로 통제한다는 느낌을 주었다. 누빔 가방을 들지 않는 것과 함께 말이다.

몇 주가 지나면서 나는 자신을 위해 더 많은 것을 하기 시작했다. 주변을 산책했고 호스피스 병동 근처 운동장에서 잠깐씩 달리기도 했다. 고객 미팅 전에는 매니큐어도 발랐다. 업무 태세로 전환하기 위한 준비였다. 앞니도 치료했다. 9주 만에 다시 부러지기는 했지만. 위기 상황이 지나갔기 때문은 아니었다. 내 태도가 바뀐 덕분이었다.

부모님이 치료를 받게 되었을 때 나는 본래 생활로 돌아갈 때까지만 힘을 내면 된다고 생각했다. 하지만 몇 주가 흐르면서 이것이 새로운 일상이 되었고 거기서 살 방법을 찾아야 한다는 점을 깨달았다. 그리고 아주 사소하게라도 자신을 돌보는 것이 통제감을 준다는 점을 알게 되었다. 당시의 내게 통제감은 절실히 필요했다.

어머니의 임종이 가까운 어느 날 밤 나는 병상 옆에 앉아 있었다. 어머니는 이미 깨어 있는 시간보다 잠자는 시간이 더 길었다. 잠깐 깨어났을 때 어머니는 내 손을 잡고 "네가 제일 걱정이다"라고 말했다.

"저요? 제가 얼마나 씩씩한데요."

일상은 엉망이 되었지만 내 자아는 여전히 튼튼했다. 내가 부모님의 시설 이동을 다 책임졌다는 건 어머니도 아셨을 텐데……. 어머니는 다시 잠들었고 나는 어리둥절한 채 앉아 있었다.

어머니가 돌아가시고 몇 달 동안 나는 또다시 힘겨운 날들을 보냈다. 어머니의 죽음으로 내 책임이 가벼워질 것으로 기대했지만 돌봄 위기가 처음 강타했을 때만큼이나 스트레스를 받았다. 보험 회사를 상대하기는 참으로 힘들었다. 처리해야 할 서류가 끝이 없었고 근무 시간에 장시간 통화를 해야 했으며 아버지 주거비를 받아내는 과정은 더디기 짝이 없었다. 어머니가 살아 계실 때는 할 수 없었던 아버지의 담당 의사 면담도 여러 번 해야 했다. 직장에서는 그동안 밀린 일들로 한참 뒤처진 탓에 스스로 실패자처럼 느껴졌다. 그 와중에 고모가 돌아가셔서 집도 정리해드려야 했다. 마지막으로는 어머니를 애도해야 하는 일도 있었다. 무릎이 탁 꺾여버리는 느낌을 받은 어느 날 나는 어머니가 걱정했던 이유를 깨달았다. 내가 늘 가족의 책임을 지는 사람이어서 걱정이라고 하셨던 것이다.

돌봄 제공과 관련해 "늘 한 사람이 있다"라는 말이 있다. 형제자매 중 한 사람, 가족 중 한 사람이 결국 돌봄 제공의 거대한 책임을 혼자 진다는 것이다. 대개는 딸이다. 인생이 가장 덜 복잡한 성인 자녀, 자식이 없거나 업무 스트레스가 적은 사람이 그 역할을 맡는다고들 흔히 생각하지만 그건 아니다. 호스피스 병원의 간호사 페그는 돌봄 제공자들이 헌신, 두뇌, 능력이라는 세 가지를 갖추고 있더라는 말을 한 적이 있다. 이 세 가지를 갖춘 사람은 대개 꽉 찬 삶을 살게 마련이다. 그러면서 돌봄을 떠맡는 '한 사람'까지 되고 만다. 어머니는 우리 가족 중에서 그게 나라는 것을 아셨다. 그래서 어머니의 걱정은 염려인 동시에 칭찬이었다.

돌봄 제공이라는 내 역할이 끝나지 않고 조금씩 바뀌어갈 뿐이라는 점을 받아들였을 때 나는 어머니가 돌아가신 날 호스피스 병원에서 꾸렸던 짐 가방을 꺼냈다. 내 차 뒤 트렁크에 몇 달째 들어 있던 그 가방 안에서 비단으로 만든 작은 빨간 나비를 찾고 싶었다. 상사에게 전화했던 날 퀸시 병원 주차장에서 주운 것으로, 나비를 좋아하는 어머니를 위해 병실의 텔레비전에 붙여놨었다. 나비는 짐 가방 주머니에 있었는데 그걸 이번에는 내 책상 위 거울에 붙였다. 매일 쳐다보면 힘이 날 것 같았다. 나는 물을 마시고 다시 새 일상을 받아들였다. 나는 그렇게 해낼 수 있었다.

돌봄 노동은 미처 알아차리지 못하는 사이에 시작되어 몇 년 동안이나 그 역할로 살게 만들기도 한다. 급작스럽게 삶을 강타했다가 획 사라지기도 한다. 어떤 상황이든 가능한 한 최선을 다해 자신을 보살펴야 한다. 자신이 괜찮지 않으면 남을 도울 수 없기 때문이다. 자신의 욕구를 일단 충족시키고 나야 돌봄 제공자의 유익, 즉 남을 돌보는 데서 나오는 신체적·정신적 힘을 누릴 수 있다.

돌봄 제공자를 옭아매는 잘못된 믿음

자기를 돌볼 시간을 내기는 어려울 수 있다. 이해한다. 당신은 워낙 바쁘니 말이다. 나도 그렇다. 여성, 특히 헌신적이고 머리가 좋고 유능한 딸은 평균적으로 남성보다 더 많은 가사와 육아를 담당한다. 보이지 않는 과업들 또한 해결해낸다. 하지만 자신을 돌보지 못하는 것이 시간의 문제만은 아니다. 때로는 자신을 제약하는 믿음들이 문제가 된다. 이 믿음은 종교, 양육된 방식, 성격 유형, 오래된 습관 등에서 나온다. 그런 믿음 중 대표적인 두 가지를 살펴보고 극복 전략도 생각해보자.

1. "나만큼 할 수 있는 사람은 아무도 없어."

진짜로 그럴 수도 있다. 지금 당신이 하는 일을 그만큼 잘해낼 사람은 없을지도 모른다. 부모님이 오로지 당신의 도움을 원하시니 걱정스러워 남에게 못 맡기는 것일 수도 있다. 하지만 우리는 때로 '그럭저럭 괜찮음'을 받아들여야 한다. 물론 돌봄을 받는 사람이 원하는 바를 거절하기는 쉽지 않다. 안 된다고, 못 한다고 답하기 힘들 것이다. 하지만 그런 요청이 크나큰 스트레스를 유발한다면 꼭 해야 할 필요는 없다. 비슷한 대안을 제공할 수 있다면 더더욱 그렇다. 어떤 과정을 거치든 완료되면 그만이다.

돌봄 제공자로 당신이 하는 과업들 목록을 만들고 그중 굳이 완벽하게 하지 않아도 되는 일을 골라보자. 병원 진료에 동행하는 일은 궁금한 점을 의사에게 질문하고 답을 들어야 하기 때문에 포기할 수 없다고? 좋다. 돈 관리와 지출 또한 남의 손에 맡기기는 찜찜할 수 있다. 그렇지만 집 청소를 꼭 당신이 해야 하나? 다른 사람한테 식료품 구입을 부탁했다가 평소 안

먹는 회사 제품이 섞여 오는 게 큰 문제가 되나? 아니다. 그럼 맡겨버려라.

이런 믿음은 순교자 증후군martyr syndrome 때문에 생겨나기도 한다. 나 역시 이런 성향이 있어서 잘 안다. 순교자 증후군을 떨쳐내려면 "이 모든 부담을 짊어지고 뭘 얻으려는 거지?"라는 질문을 스스로에게 던져봐야 한다. 남들의 공감과 인정을 바라는가? 주목받는 지위를 내려놓기 싫은가? 돌봐드리는 역할이 특별한 기분을 느끼게 하는가? 고통 없는 즐거움은 누릴 자격이 안 된다고 생각하는가? 솔직하게 자기 마음을 고백해 보자. '유일한 사람'이 되는 데서 만족감이 없었다면 그건 거짓말이다.

어떤 감정이 내 행동을 이끄는지 이해하는 것은 중요하다. 자신이 선택한 것에 대해 외적 보상을 기대한다면 불안해지고 실망하기 십상이다. 그보다는 스스로 보상을 줘야 한다. 자신을 돌봐주는 것으로 공을 인정하자. 남들에게서 인정과 보상을 기다리는 데서, 희생양처럼 느끼는 데서 벗어나 자신을 통제하는 주체로 보자. 부담을 느끼는 것에서 태세를 전환해 유익을 경험하도록 하자.

2. "이런 상황에서 내 생각을 하는 건 이기적이야."

아니, 그렇지 않다. 나에게 전적으로 의지하는 사람이 있는

데 내 건강을 그저 운에 맡겨버리는 것이 오히려 이기적이지 않을까? 이 믿음을 떨쳐낼 최선의 방법은 인식 전환이다. 역사적으로 여성은 돌봄을 제공하는 존재, 자기 욕구를 우선시하지 않는 존재로 간주되었다. 당신도 이런 믿음을 내면화하고 있다면 생각해보자. 자신을 돌보는 것은 돌봄 제공의 시간을 축내는 일이 아니다. 돌봄 제공의 중요한 일부다. 다른 사람을 효과적으로 돌보기 위해 반드시 해야 하는 일이다. 여성주의 시인 오드리 로드는 "자신을 돌보는 것은 방종이 아닌 보존이고 정치적 전투다"라고 하였다. 연료가 다되어갈 때 차를 멈추고 연료를 채우는 것이 이기적인가? 아니다. 계속 주행하려면 꼭 필요한 일이다.

연료 공급은 신체적 요구 충족, 그러니까 젤리보다 몸에 좋은 걸 먹고 숙면을 취하는 것만을 의미하지 않는다. 부모님 곁에서 30분을 더 보내거나 이메일을 정리하는 대신 발톱 손질을 받거나 골프공 한 바구니를 친다 해도 죄스러워할 필요가 전혀 없다. 스트레스를 풀어주고 마음을 달랠 수 있는 일이라면 무엇이든 좋다. 경험자인 내 말을 믿기 바란다. 잔뜩 독이 오른 돌봄 제공자는 돌봄받는 이에게도 해가 된다.

이 믿음에는 더 복잡한 특성이 개입되기도 한다. No라고 대답하지 못하는 돌봄 제공자들이 많다. 여성이 특히 그렇다. 당신도 마찬가지라면 대신 Yes라고 말하라. 돌봄 제공자로서 자신에게 가장 중요하고 필요한 일 3~5개를 생각하라. 자신 돌보기도 그중 하나일 것이다. 그 3~5개를 방해하는 일들, 남들의 부탁, 추가 발생했으나 남에게 넘길 수 있는 돌봄 과업, 필수적이지 않은 업무 회의 등이 발생했을 때 거기에 No라고 말하자. 대신 당신의 가장 중요한 일들에 Yes라고 말하자. 건강을 위해 꼭 필요하다고 판단한 한 시간 운동에 Yes라 답하자. 운동을 방해하는 일에 대해서는 No라 말하기가 조금 더 쉬울 것이다. 나는 이를 'Yes를 통한 No'라고 부른다.

자신을 돌보는 방법 50가지

돌봄 제공자들이 자기 돌봄 연습을 할 수 있는 방법을 소개하겠다. 대부분 단순하다. 몇 가지 정도만 노력이 조금 필요할 것이다. 목록에서 하나를 선택해 일주일 동안 해보길 바란다. 가장 사소한 것이라도 괜찮다. 일주일 뒤 별 도움이 안 되었다고 판단되면 다른 것을 골라 그다음 주에 해보자. 그렇게 효과적인 방법을 찾은 다음에는 지속한다. 이를 통해 기운이 나고 돌봄 제공의 새로운 단계가 정착되었다고 느끼면 또 다른 방법을 추가하자.

1. 물 마시기

위기 상황이 닥친 초기에 나는 "수분 공급이 핵심이야"라는 조언을 받았다. 물 마시기는 자신을 돌보는 가장 쉬운 방법이다. 그 효과는 어마어마하다. 혈액이 산소와 다른 영양분을 세포에 옮겨주는 과정을 도와 에너지 수준을 향상시킨다. 돌봄 제공자에게 얼마나 필요한 일인가? 또한 물은 근육을 강하게 만들어 부모를 목욕시키고 부축하고 안아 옮길 힘을 준다. 미국 과학아카데미 식품영양위원회에 따르면 여성은 물을 하루 2.7리터, 남성은 3.7리터 마셔야 한다고 한다. 그러니 늘 물통을 갖고 다니자.

2. 걷기

걷기는 업무 활력을 높이고 불안감을 줄이며 신체를 이완시킨다고 한다. 유급이든 무급이든 돌봄 역시 엄연한 업무다. 일주일에 다섯 번 30분씩 걸으면 혈압이 개선되고 심장병 위험이 줄며 관절 통증도 줄고 혈당이 떨어진다.

3. 땀 흘리기

메이오 클리닉 병원에 따르면 "어떤 형태의 운동이든 스트레스를 해소해준다"고 한다. 운동은 기분을 좋게 만들고 우울감과 불안 관련 증세를 경감한다. 수면의 질을 높이고 신체 건강을 증진한다. 운동을 좋아하지 않는 유형이라면 부담이 적은 운동 앱을 찾아보자. 덜 힘들게 조금씩 하면 된다.

4. 낮잠 자기

낮잠은 에너지를 충전하는 좋은 방법이다. 15~20분의 낮잠은 집중력을 확 끌어올린다. 수면 전문가 세라 메드닉은 이보다 더 긴 낮잠이 의사 결정에 도움이 된다고 말한다. 의사 결정 또한 돌봄 제공자에게 중요한 업무다. 낮잠은 부족한 밤잠을 보충해주기도 한다. 많은 돌봄 제공자처럼 당신도 불면증에 시달린다면 낮잠이 해결책일 수 있다. 나는 사무실에 출근해 일할 때 매일 오후에 회의실 하나를 예약하곤 했다. 들어가 문을 잠그고 창문 블라인드를 내린 후 휴대전화로 20분 알람을 설정해놓고 바닥에 누워 재충전을 했다.

5. 친구들과 관계 유지하기

'친구한테 쓸 시간은 하나도 없어.' 이렇게 생각하고 있는가. 나 역시 위기 상황에서 허우적댈 때는 마찬가지였다. 하지만 문자 연락은 친구 관계를 유지하는 매우 효과적인 방법이다. 음성 통화를 하고 싶지 않은 때가 종종 있었다. 말을 할 기분이 아니라거나 잠든 어머니 옆에 있을 때라거나. 하지만 친구와 사촌들이 보내오는 문자는 반가웠다. 든든한 내 편이 있다는 느낌이 들었고 상대의 삶에 대해 물어볼 기회가 되었으며 그 시점의 나와 부모님과는 관련이 없더라도 세상이 돌아가고 있음을 확인할 수 있었다.

6. 친구들을 가까이 불러 만나기

어머니가 마지막 몇 주를 보내시는 동안 나는 가능한 한 많은 시간을 어머니 곁에서 보내려 했는데 친구들은 나와 시간을 보내고 싶어 했다. 내게 휴식과 기분 전환이 필요하다고 생각했던 것이다. 친구들 청에 못 이겨 저녁 약속을 했다. 결과적으로는 내게 더 필요하고 도움이 된 시간이었다. 호스피스 병원 바로 옆 식당을 잡았기에 약속 시간 전후에 어머니 곁을 지킬 수 있었다. 오랜만에 병원을 벗어나 제대로 된 식사를 하고 웃고 떠드는 즐거움을 누렸다. 혹시 필요하면 바로 엄마한테 달려갈 수 있는 거리였으므로 부담도 없었다.

7. 손톱 관리받기

세상이 산산조각 나버린 기분이 든다 해도, 매일 똑같은 옷을 입고 젖은 머리를 질끈 묶을 수밖에 없다 해도 매니큐어를 하면 기분이 새로워진다. 손톱이 빛나면 마음도 빛날 수 있다. 내 삶의 한 부분에 통제권을 행사한다는 느낌 역시 중요하다. 나는 네일숍에 갔을 때 서비스를 압축해달라고 부탁해 보통

40분 걸리던 손톱 관리를 20분으로 줄였다. 그래도 나를 위해 그렇게 보낸 시간 덕분에 스트레스가 해소되었다.

8. 책 읽기

책을 읽으면 머릿속 생각에서 벗어나 쉴 수 있다. 부모님이 편찮으신 여름과 가을 동안 나는 정신병동에 대한 책 한 권, 그리고 암에 대한 책 두 권을 읽었다. 무거운 주제였고 가슴 아픈 현실을 상기시키긴 했어도 다른 사람의 이야기를 접하면서 내 고민을 잠시 멈출 수 있어 좋았다. 폭소가 터지는 재미있는 책도 읽었다. 진지한 책과 재미있는 책 모두 생각에 휴식을 준다.

9. 멍하니 텔레비전 보기

남을 돌보는 긴 하루의 끝에 기다려지는 것이 있다면 정말로 도움이 된다. 포도주 한 잔일 수도 있고 바보상자 텔레비전도 괜찮다. 하루하루가 도전이거나 전쟁인 상황에서 한두 시간 벗어나자는 얘기다. 아주 힘들었던 한 주를 보낸 후 나는 언니한테 "지금부터 두 시간은 드라마에 빠져서 보낼 거야"라고 말했다. 언니는 내가 드라마를 본다는 사실보다 그걸 당당하게 밝혔다는 것에 놀랐다. 때로는 드라마의 멋진 주인공이 의사보다 더 도움이 되는 법이다!

10. 만들기

돌보는 일은 뜨개질이나 장신구 제작을 해볼 좋은 기회가 될 수 있다. 침대 옆에서, 병원 대기실에서, 약국에서 등등 기다려야 하는 시간이 많기 때문이다. 뭔가 만드는 작업을 하면 스트레스가 줄어들고 돌봄에서 얻기 어려운 성취감까지 생긴다.

11. 아이들과 시간 보내기

노화와 죽음의 대척점에 있는 것이 젊음이다. 바닥에 주저앉아 놀자. 웃고 노래하자. 아무 생각 없이 놀면 된다.

12. 자원봉사

자기 몸과 마음의 고통에서 탈출하는 제일 쉬운 방법이 남을 돕는 것이다. 돌봄 일을 하다 보면 외로움을 자주 겪게 된다. 자원봉사를 하면 당신과 도움받는 사람, 동료 봉사자, 그리고 목표가 연결된다. 나는 어머니가 마지막 몇 주를 보내는 동안 아이 학교에서 열릴 핼러윈 댄스파티 운영위원이 되었다. 정신 나간 짓으로 보일 수도 있지만 슬픔과 스트레스 가득한 시간에 달리 마음 쓸 곳, 기대할 미래를 만들어주는 효과가 있었다.

13. 무작위 친절에 동참하기

어머니가 돌아가시기 며칠 전 친구가 아들의 기일을 기념

해 모르는 사람에게 친절을 베풀어달라고 부탁했다. 나는 호스피스 병원에 가는 길에 드라이브스루로 커피를 사면서 뒤차가 낼 돈까지 치렀고 그 작은 행동으로 기분이 아주 좋아졌다.

14. 귀 기울여 들어주기

세상이 무너져 내린다는 느낌이 들고 혼자 헤쳐나가야 한다는 절망감이 찾아올 때 잠시 자기 문제를 제쳐두고 친구의 고민을 들어보자. 당신의 어려움보다 작든 크든 상관없다. 누구든 자기 말을 들어줄 사람을 필요로 한다. 그런 사람이 되어주는 건 기분 좋은 일이다.

15. 상담 치료 받기

투병과 죽음의 문제를 해결하느라 스트레스가 감당 못 할 정도로 쌓인다면 전문가의 도움을 받아 복잡한 감정들을 정리하는 것이 큰 도움이 된다. 더욱이 보험으로 상담 치료 비용을 해결할 수 있다면 망설이지 말자. 정신 건강은 신체 건강과 직결된다.

16. 바깥으로 나가기

병원이나 요양 시설 같은 곳에서 대부분의 시간을 보내고 있다면 밖으로 나가 신선한 공기를 쐬자. 하늘을 쳐다보고 구름도 헤아려보자. 자연에게서 치유받을 것이다. 녹지에서 시간을 보내는 사람은 스트레스 수준이 낮다는 연구가 많다.

17. 일기 쓰기

나는 위기 상황일 때 매일 일기를 썼다. 자리 잡고 앉아 쓸 짬이 나지 않을 때면 휴대전화에 녹음했다. 무엇을 했는지, 어떤 느낌을 받았는지 되살리는 건 기록을 남기는 의미였을 뿐 아니라 내 감정을 이해하는 방법이기도 했다. 텍사스 오스틴 대학교 심리학자 제임스 페니베이커는 일기 쓰기가 신체 건강에 긍정적 영향을 미친다고 했다. 자기감정을 잘 이해하도록 함으로써 면역 체계를 강화하고 스트레스 상황을 잘 처리하도록 돕는다는 것이다.

18. 온라인 쇼핑하기

스트레스가 심하다면 자신을 달래줄 뭔가가 필요하다. 부모님이 아프실 때 나는 온라인으로 비싸지 않은 목걸이 몇 개를 샀다. 목걸이를 바꿔 걸면서 기분도 바꿀 수 있었다.

19. 포도주나 차 마시기

부모님 두 분이 다 편찮으실 때 나는 밤마다 포도주 마시는 시간을 고대했다. 한 잔을 다 마시기도 전에 잠드는 일이 많긴 했지만 포도주를 따르는 행동 자체가 기나긴 하루에 마침표를 찍는 나만의 방식이었다. 내용물보다는 상징적 행동이 더 중요했다. 또 하루를 살아낸 것이다!

20. 요가하기

규칙적으로 요가를 하면 낮에는 몸이 이완되고 밤에는 숙면을 취할 수 있다. 학원에 가서 배우려면 시간이 많이 들지만 온라인 영상이나 앱을 활용하면 쉽게 연습할 수 있다.

21. 음악 듣기

뇌과학자들은 음악 듣기가 긍정적 감정을 높여준다고 말한다. 마음에 드는 음악을 휴대전화에 받아놓자. 스트레스가 폭발하는 순간을 위한 재생 목록을 미리 만들어두면 더욱 좋다.

22. 청소하기

집이 깔끔하면, 특히 쓸데없는 물건들을 치워버리면 우리는 삶을 잘 관리하고 있다는 느낌을 받게 된다. 물론 청소에서 기쁨을 얻는 유형이 아니라면 할 일 목록에 청소를 보탤 필요는 없다. 다만 잡동사니를 조금씩 정리해나간다든지, 사람을 구해 청소를 맡기는 호사를 하루 누려보자. 기분이 확 달라질 것이다.

23. 자신에게 꽃 선물하기

돌봄 제공자로서 수많은 일을 처리하고 있을 테니 자신을 위해 하나만 더하자. 꽃 한 다발을 사서 부엌이나 책상에 올려 두라. 어디서 온 꽃이냐고 누가 묻거든 당신을 사랑하는 사람이 보냈다고 대답하면 된다.

24. 마사지 받기

매주 자신을 위해 투자할 한 시간을 낼 수 있다면 마사지가 훌륭한 선택이다. 연구에 따르면 마사지는 스트레스, 고통, 근육 긴장을 효과적으로 풀어준다.

25. 심호흡하기

심호흡 연습을 해보자. 심호흡을 하면 스트레스 상황에서 흔히 느끼게 되는 '싸우거나 도망치거나' 반응이 억제되고 분노와 불안이 낮아져 마음이 안정된다. 숫자를 넷까지 세면서 코로 숨을 들이마시고 다시 넷까지 세면서 내뱉는다. 하루에 10분, 아니 5분만 해도 효과가 분명히 나타난다고 한다. 매일 아침 하루를 시작하면서, 혹은 하루를 마치는 밤 시간에 심호흡을 해보자.

26. 명상하기

명상은 스트레스를 줄일 뿐 아니라 면역계를 활성화한다. 과로와 스트레스에 시달리는 돌봄 제공자에게는 꼭 필요한 효과다. 책이나 웹 사이트, 앱을 통해 명상법을 배울 수 있다. 매일 짧은 시간이라도 명상을 시도해보자.

27. 지지해주는 팀에 들어가기

돌봄 제공자로서 우리의 감정은 복잡하다. 아무도 내 고통을 몰라주는 것 같은 생각이 들기도 한다. 하지만 같은 처지의 돌봄 제공자들은 충분히 공감해줄 수 있다. 지지해주는 팀에 들어가면 고립감이 줄고 직접적인 도움이나 조언도 받을 수 있다. SNS 등에서 팀을 찾아보자.

28. 감사 연습하기

돌보는 일에 시달리다 보면 행복하고 감사한 일을 잊기 쉽다. 매일 아침 눈뜨면서부터 할 일에 짓눌리고 언제 죽음과 대면할지 몰라 두렵다. 하지만 아침에 일어났다는 것, 그것 자체도 감사할 거리다. 감사할 거리를 생각하는 시간에 우리는 힘든 상황을 한 발짝 떨어져 바라보고 스트레스를 낮추며 더 행복해진다고 한다. 1~5분으로 타이머를 맞춰두고 크고 작은 감사거리를 생각해보자. 자신의 건강에, 앞에 놓인 진한 커피 한

잔에 감사하자. 까다롭게 고르지 않아도 된다. 그저 감사하라.

29. 목욕하기

너덜너덜해졌다는 기분이 들면 잠깐 욕조에 몸을 담그기만 해도 스트레스가 줄고 체내 순환이 개선되며 근육이 이완되고 숙면하게 된다. 거품 목욕제나 촛불, 마사지 오일까지 더한다면 금상첨화다.

30. 동물과 시간 보내기

동물들이 환자의 회복에 도움을 준다는 자료가 많다. 그런데 동물은 돌봄 제공자에게도 도움이 된다. 외로움을 달래주고 무조건적인 사랑을 베풀어주니까. 힘겨운 돌봄의 길에서 당신에게 꼭 필요한 그 사랑 말이다.

31. 베이킹 하기

베이킹은 치료 효과가 크다고 알려져 있다. 감각이 자극되고 명상의 기회도 되기 때문이다. 컵케이크나 쿠키를 만들어보면 어떨까? 만든 것을 먹을지, 선물할지는 마음 가는 대로.

32. 골프공 한 바구니 치기

가까운 골프 연습장에 가서 공 한 바구니를 받아라. 골프를

쳐보았다면 집중하고 스윙했을 때 얼마나 머리를 맑아지는지 알 것이다. 골프 초보자라면 공을 제대로 때리는 데 열중하느라 걱정거리를 깨끗이 잊어버리게 된다. 실력이 어떻든 공을 치면 기분이 좋아진다. 야구 연습장에서도 같은 효과를 볼 수 있다.

33. 도움을 청하고 받기

혼자 해내기에는 일이 너무 많다는 점을 인정하라. 그런데 누군가 도울 일이 없느냐고 물으면 많은 이들이, 특히 여성들이 "고맙지만 제가 할 수 있어요"라고 대답한다. 당신이 나와 비슷하다면 이 말을 입 밖에 내는 순간 바로 후회하겠지만 그러면서도 평생의 말버릇을 버리기란 참으로 어렵다. 도움을 주겠다는 사람은 정말 돕고 싶어서 그런 말을 한다는 것, 그리고 그걸 거절하면 상대에게서 유능감과 뿌듯해할 기회를 빼앗는 셈이 된다는 걸 생각하자.

34. 기상 습관 유지하기

성공한 이들은 아침마다 일정한 절차를 거친다는 말을 한다. 알람을 놓치고 늦잠을 자는 날이 아니라면 당신도 아침 시간을 관리할 수 있다. 새로운 하루를 준비하면서 하고 싶은 일들을 해보자. 운동, 명상, 감사하기 연습 등등. 잠자리에서 기분 좋게 나올 방법이라면 뭐든 좋다. 그것을 일상의 규칙으로 만들자.

35. 초콜릿 먹기

내 사촌 한 명은 저녁 식사 후 밤마다 다크 초콜릿 한 조각을 먹는다. 그 맛을 음미하다 보면 저절로 행복한 기분이 든다고 한다. 나는 고작 초콜릿 한 조각이 그런 효과를 낸다는 것이 미심쩍었다. 하지만 연구 결과는 사촌의 말을 입증해준다. 다크 초콜릿은 뇌 속 엔도르핀을 늘린다. 그러니 당신도 초콜릿의 즐거움을 누려보라. 돌봄 제공자는 어떻게든 엔도르핀을 높여야 한다. 물론 난 한 조각에 그치지 않고 한 봉지를 다 먹어치우는 일이 많다.

36. 식물 기르기

돌봄 제공자는 지속적으로 죽음이라는 문제에 당면하게 된다. 그 영향을 상쇄하기 위해 화분이나 정원에 식물을 심고 가꿔보자. 마음에 위로가 될 것이다. 연구에 따르면 식물 기르기가 스트레스를 해소해준다고 한다.

37. 외식하기

돌보는 일을 하다 보면 늘 누군가의 시중을 들게 된다. 시간과 예산이 허락하는 한 식당에 가서 서빙을 받으며 식사하는 기회를 만들자.

38. 소셜 미디어 멀리하기

물론 소셜 미디어는 가족, 친구와 연락을 유지할 수 있는 좋은 도구다. 내 소식을 즉각 널리 알리는 수단이기도 하다. 그런데 소셜 미디어를 오래 들여다보는 사람들은 남들과 자신의 삶을 비교하면서 우울감이 높아진다고 한다. 정신병원을 오가면서 여름을 다 보낸 사람이 해변에서 휴가를 즐기는 친구들 사진에서 어떤 위로를 받을 수 있겠는가? 차라리 책을 읽는 편이 낫다!

39. 애착 담요 확보하기

애착 담요라니, 걸음마 아기나 만화 〈피너츠〉의 라이너스에게나 필요한 물건이라 여기는가? 돌봄 제공자의 삶은 불안으로 가득하다. 내가 제대로 결정을 한 걸까? 이 상황이 얼마나 오래 지속될까? 끝까지 해낼 수 있을까? 그럴 때 편안함을 주는 물건을 곁에 두면 도움이 된다. 폭신한 스웨터나 부드러운 담요는 병원에 냉방이 세서 한기가 느껴질 때 유용하다. 안정감과 위로를 주는 물건이라면 사실 장신구든, 조약돌이든, 행운의 동전이든 다 좋다.

40. 노래하기

노래를 부르면 몸 전체로 발성이 된다. 그 진동은 기분을 바꿔놓는다. 나는 어머니의 호스피스 병원이 가까워지면 늘 좋아하는 노래를 틀었다. 차 안에서 볼륨을 올리고 노래를 따라 하면서 그날 마주치게 될 상황에 준비 태세를 갖추었다. 당신도 다음번에 부모님을 돌보러 갈 때는 차창을 닫고 노래를 한 곡조 뽑아보자.

41. 동기 부여 명언 읽기

부담스러운 과업으로 가득한 하루를 뚫고 나가게 해줄 무언가가 필요한가? 기운을 북돋아주는 명언을 읽어보자. 명언집을 사도 좋고 인터넷에서 찾아 매일 봐도 좋다.

42. 팟캐스트 듣기

날로 늘어나는 팟캐스트 중에는 흥미로운 내용이 많고 언제든 짬 날 때 들을 수 있어 편리하다. 멋진 이야기, 동기 부여 인터뷰, 생활의 지혜 등 마음에 드는 것으로 골라잡으면 된다.

43. 자신만의 휴식 장소 만들기

좋아하는 안락의자도, 공원 벤치도, 강변 산책로도, 카페 구석 자리도 좋다. 언제든 휴식이 필요할 때 찾아갈 수 있는 장소를 정해두고 활용하자.

44. 기도하기

기도는 힘을 준다. 종교가 있다면 매일 기도하라. 자동차 안, 대기실, 줄 서서 기다릴 때 등 언제 어디서든 기도하자. 기도하는 사람은 완벽하지 않아도 힘을 낼 수 있다.

45. 춤추기

춤추기는 이완 방법이 된다. 걱정을 잊고 일상에서 떠나 웃을 방법이기도 하다. 스웨덴의 한 연구를 보면 우울증을 겪는 이들에게 매주 춤을 추게 했더니 긍정적인 감정이 크게 높아졌다고 한다. 춤을 배우든, 춤출 수 있는 장소에 가든, 방에서 혼자 추든 좋으니 몸을 흔들어보자.

46. 칭찬하기

책임지고 돌보는 역할을 하다 보면 세상에 일하는 사람은 나 혼자뿐이라는 느낌을 받기도 한다. 그럴 때 칭찬으로 남의 기분을 좋게 만들어주면 관점이 전환되고 자신 역시 기분이 좋아진다. 힘들었던 때 나는 친구들에게 "넌 정말 대단해, 나처럼!"이라는 메모와 함께 예쁜 초를 선물하곤 했다. 남을 격려하며 나도 격려하는 방법이었다.

47. 전시 관람하기

예술은 영혼을 고양시키고 기운을 북돋는다. 한 시간, 오후 시간, 아니면 하루를 가까운 미술관에서 보내자. 그림을 감상하다 보면 금방 기분이 전환될 것이다.

48. 하루 휴가 내기

매일 일하러 갈 수 있는 사람은 없다. 우리 모두 휴식이 필요하다. 하루 휴가를 내고 그 하루 동안에는 할 일 목록을 머릿속에서 지워버리자. 물론 할 일은 남아 있겠지만 벗어나서 보내는 시간이 필요하다.

49. 치실 하기

반년에 한 번은 치과에 가서 검진을 해야 한다. 하지만 삶이 복잡해지면 제일 먼저 포기하는 일이 치과 검진이다. 나도 여러 달 동안 부러진 앞니를 방치했다. 일하는 딸들은 1년에 한 번도 치과를 찾지 않을 가능성이 높다.

치과를 가든 안 가든 매일 밤 치실을 하자. 이렇게 치간을 청소하면 플라크 형성이 방지되고 치아 부식과 잇몸병이 예방된다. 나는 치실을 할 때 성취감을 느끼곤 한다. '애들을 학교에 태워주고 아버지를 병원 진료에 모시고 가고 회사에서 프레젠테이션도 멋지게 해낸 후에 지금은 치실도 하고 있잖아.

정말 대단해!'

50. 간병 서비스 이용하기

어쩌면 하루 휴가로 충분치 않을 수도 있다. 출장을 가야 할 수도 있고 업무에 매달려야 할 수도 있다. 그럴 때는 한 달 정도 간병 서비스를 이용하면 어떨까. 믿을 만한 분께 맡기고 필요한 시간을 확보하는 것이다.

자, 이렇게 무려 50가지나 되는 방법이 있으니 골라잡아 시작해보자.

Working Daughter — 9장

계획하기

계획하기

"엄마 계획을 말해줘요. 내가 이런 일을 똑같이 겪지 않도록 말이에요."

조카딸이 언니한테 말했다. 2014년 위기의 여름 동안 제 엄마를 따라 조부모님을 만나러 왔다가 집으로 돌아가는 길이었다. 조카가 나중에 언니를 돌보지 않겠다는 뜻으로 그런 말을 한 것은 아니라고 생각한다. 그저 언니가 어머니 이주를 돕고 친정집을 정리하며 필요 없는 물건을 버리는 모습을 보고, 또 입원한 아버지도 찾아뵈어야 하는 한 주 동안의 힘겨운 일정을 소화하며 부모님 모두 결국 집으로 돌아오실 수 없다는 사실에 슬퍼하는 모습을 보고 나온 반응이었으리라.

우리 딸도 여덟 살 때 조카 못지않게 직설적인 말을 한 적이 있다. 어머니가 넘어져 코가 부러진 2011년 여름, 친정집에 머물 때였다. 왜 할머니랑 화장실을 같이 가느냐고 물어왔다. 미처 대답하기도 전에 딸은 눈을 휘둥그레 뜨더니 "아, 엄마가 안에서 할머니를 도와드리는 거구나?"라고 말했다. 그러더니 덧붙였다. "나중에 엄마가 늙어서 도움이 필요하면 오빠한테 부탁해." 자기 아닌 오빠가 엄마를 돌볼 거라고 여긴 것이다.

돌봄 제공을 하다 보면 당신도 노년기 대책을 세워야겠다는 생각이 들 것이다. 우리 언니나 나처럼 자녀들한테서 "엄마가 겪은 일을 나도 똑같이 겪게 하지 말아줘요"라는 말을 듣게 될 수도 있다. 아니면 부모를 돌보면서 직장 일을 하고 가사와 양육까지 해결하느라 동동거리며 살고 있는 당신이 먼저 자녀들만은 다르게 살았으면 하고 바랄 수 있다. 당신이 늙고 도움이 필요한 상황이 된다 해도 자식들이 마음 편히 일할 수 있게끔 해주고 싶기 때문이다.

일하는 딸들은 "내 자식은 절대 이런 일을 당하지 않게 할 거예요"라는 말을 많이 한다. 부모님이 나이 들면서 건강, 주거, 재정 문제로 고통당하는 모습을 지켜보다 보면 자신의 미래를 위해 무엇이든 준비해야겠다는 생각이 든다. 자녀가 없는 경우 더더욱 노후 계획을 세워야 할 수도 있다. 동기가 무엇이든 지금부터 준비를 해나가야 한다.

물건 처분이라는 과제

어머니의 옛날 통장이며 보험 서류 정리를 도우며 오후 시간을 보낸 후 나는 바로 행동에 돌입했다. 거실 책상에 앉아 있는 남편에게 "그 책상 당장 정리해야 해!"라고 외쳤다. 내가 아는 가족들이 대부분 그렇듯 우리 집 주방에도 잡동사니 가득한 서랍장이 있었다. 어디에 쓰이는지 알 수 없는 열쇠들, 드라이버, 각종 테이프, 생일 케이크용 초, 손전등 등이 마구 쑤셔 넣어진 서랍장이었다. 거실 책상 서랍에도 영수증이며 동전, 잉크가 말라 제대로 나오지도 않는 펜 무더기 등이 가득했다. "지금 책상을 정리하지 않으면 우리 아이들이 나중에 해야 해. 그렇게 만들지는 말자고!"

내가 물건 정리에 팔을 걷어붙인 데에는 이유가 있다. 어릴 때 자랐던 집을 부모님한테 샀는데 다락과 지하실 정리를 해주시지 않은 탓에 나는 35년 동안 쌓인 물건도 함께 사 들인 셈이 되었던 것이다. 턴테이블이 붙은 오디오만 해도 두 세트였다. 하나 정도는 레트로 유행에 맞춰 소장할 만했지만 두 개씩은 필요 없었다. 커다란 나무 책상이 세 개였고 1930년대식 반투명 유리잔이 가득 든 식기 진열장도 있었다. 필요 없는 가구는 바깥에 내놓고 '필요한 분 가져가세요'라고 딱지를 붙이고 싶었지만 혼자 옮기기에는 너무 무거운 데다 남편은 "언젠가 필요할지 몰라"라면서 아무것도 버리지 않으려는 사람이었다.

우리 부모님이 남겨주신 것으로도 모자랐는지 시어머니의 물건까지 떠안게 되었다. 어느 날 퇴근해 집에 와보니 단풍나무로 만든 거대한 식탁과 의자들이 떡하니 자리 잡고 있었다. 결혼할 때 샀던 저렴한, 하지만 내가 좋아하는 식탁은 벽으로 밀쳐진 채였다.

"이게 다 뭐야?" 남편에게 물었다.

"어머니 거야. 이제 안 쓴다고 하시네."

"나도 안 쓰고 싶은데."

"내버리기에는 너무 좋은 물건이잖아. 누가 가져갔으면 하시더라고."

"그래서 우리 차지가 된 거야?"

"왜 그래? 정말 좋은 가구잖아."

"그래. 우리가 75세라면 어울릴 물건이지."

부모님 집을 치우게 되었을 때 나는 인근에 중고품 가게 두 곳이 개업했다는 걸 알고 신이 났다. 하지만 그 가게에서 어떤 물건을 사 들이는지 검색해보니 기대와 달랐다. 트윈 침대 사절, 그릇장 사절, 단풍나무 가구는 종류 불문 사절. 내가 치우고 싶었던 물건들은 대부분 사절이었다. 결국 마당에 내다 놓고 팔기로 했다. 어느 토요일 아침에 그릇장이며 차 서빙 수레,

나무 흔들의자, 식탁 세트, 안락의자, 침실 가구, 온갖 장식품이 가득 담긴 상자들 등등을 낑낑대며 옮겼다. 마침 그 주에 바로 옆 가족 별장에 와 계셨던 고모가 그걸 보고는 대경실색을 했다.

"세상에, 설마 저 식탁 세트를 팔아버릴 작정인 거냐? 저 탁자는 또 어떻고! 얼마나 좋은 단풍나무 재질인 줄 아니? 너희 어머니가 저걸 사던 날이 아직도 생생하다. 우리가 얼마나 부러워했는데……. 대체 얼마를 받고 판다는 거냐?"

나는 포스트잇으로 붙인 가격표를 급히 몸으로 가리려 했다. 사실 거저나 다름없었다.

고모는 딸을 불렀고 침실 탁자를 가리켰다. "저걸 차에 실을 수 있겠니? 내가 사려고."

"고마워." 사촌이 내게 인사했다. 언젠가 그 좋은 재질의 탁자를 치우는 일은 사촌 몫이 될 터였다.

PBS 방송국 온라인 매거진에 실린 기사 「미안하지만 부모님 물건은 아무도 원치 않아요」가 1년이 넘도록 널리 읽히고 공유되는 것도 어쩌면 당연하다. 그 기사의 핵심은 부모님 물건을 처분할 시장이 점점 사라지고 있다는 점이다. 단풍나무, 심지어는 마호가니로 만든 고급 가구들, 본차이나 도자기, 가죽 장정이 된 책들은 갈 곳을 잃었다. 젊은 세대는 부모님 세대와 달리 물건에 애착을 그리 느끼지 않는다. 환경에 미치는 영향을 최소화하려 하고 간편하게 이사 다니고 싶어 한다. 전통 있는 유명 브랜드 식탁보다는 이케아 조립 탁자를 선호한다.

그러므로 미래를 계획하는 가장 쉬운 첫걸음은 물건 정리다. '언젠가 정리해야지' 하고 생각했는가? 훗날 자녀들의 스트레스를 조금이라도 줄여주고 싶다면 어떻게 정리할지 고민을 시작하자. 돌봄 제공의 일 중에 부모님 집 정리는 제일 힘든 일은 아니지만 시간과 돈이 드는 일이자, 늙은 부모에게나 성인 자녀에게나 감정적인 부담을 가하는 일임은 분명하다.

어머니가 아끼던 고급 가구를 없애면서, 또 찻잔과 디저트 접시 세트를 치우면서 나는 슬픔과 죄책감을 느꼈다. 어릴 때부터 생일이나 기념일, 명절 때 어김없이 등장하던 그릇들이어서 너무도 추억이 많았다. 하지만 마음을 굳게 먹고 그릇을 상자에 담아 부모님이 짧게 머물렀던 요양 시설에 가져다주었다. 그곳에서 매달 열리는 차 모임 때 찬사를 받으며 쓰일 수 있을 테니까.

가족이나 친구에게 당신 물건 중 갖고 싶은 것이 있는지 물어보자. 하지만 당신의 결혼 기념 그릇을 평생 간직해야 한다는 부담은 절대 느끼지 말라는 말도 꼭 해주자. 사용하다가 얼마든지 처분해도 좋다고 말이다. 나의 그릇장을 처분해도 좋다는 허락은 그들이 원하는 삶을 살아도 좋다는 분명한 허락이기도 하다.

자녀에게 자유를 주자

자녀가 있다면 훗날 당신을 돌봐주리라 기대할지도 모르겠다. 가족을 소중히 여기게끔 키웠으니 말이다. 그래도 자녀들에게 각자 나름의 삶을 살면 좋겠다는 것, 자녀가 해주는 일에 고마워하고 해주지 못하는 일은 잊어버리겠다는 것을 분명히 말해두자. 어느 일하는 딸은 "난 골칫거리가 되지 않겠어. 늙어도 스스로를 챙기겠어. 가능한 한 독립적으로 살 거야. 절대 자식들한테 이런 고생은 안 시킬 거야"라는 말을 주문처럼 되뇐다고 했다. 자녀가 성인이 되면 줄 편지를 미리 써놓았다는 경우도 여럿 보았다. 자기 삶, 자기 일, 자기 가족을 우선시하는 것에 절대 죄책감을 느끼지 말라는 당부의 편지였다. 돌봄 제공 경험의 지혜를 자녀들과 나누는 아름다운 행동이 아닐 수 없다.

자녀가 있든 없든, 미래를 계획하며 지금 실행할 수 있는 다른 단계들도 있다. 우선 부모님 삶의 영역들로 살펴보았던 건강, 재정적·법적 측면, 삶의 질, 장례를 이제 당신의 삶으로 가져와 생각해보자. 그리고 다음 체크 리스트를 활용해 정리해보자.

노년을 준비하는 체크 리스트

1. 건강 측면

검진

부모님을 돌보는 동안 자기 건강 관리에는 소홀한 이들이 많다. 돌봄 임무가 마무리되었을 때 받아야 할 병원 진료를 정리해두자. 유방 촬영을 언제 마지막으로 했는가? 대장 내시경은 받은 적이 있는가? 치과에 가야 할 시기를 넘겨버리지는 않았는가?

섭식 관리

섭식 전문가나 주치의와 만나 식생활 상담을 받으면 좋다. 건강한 변화를 시도하는 데 늦은 때는 없다.

운동

움직여야 한다! 볼일 보러 다니는 게 운동의 전부라면 신체 활동을 늘리자. 하루 몇 분이라도 좋다. 근육과 뼈를 강화하는 동작, 요가, 스트레칭 등등. 돌봄 제공의 유익 중 하나로 신체적 강인함을 꼽는 연구도 있으니 힘을 내자!

2. 재정적·법적 측면

사전의료지시서

연명 치료에 대한 의향을 밝히는 데 너무 이른 때는 없다. 위기 상황이 닥치기 전에 미리 작성해두도록 하자.

유언장

부모님이 유언장을 남기는 것은 유산 처리에 그 의견을 반영하는 중요한 방법이다. 우리도 마찬가지다. 아직 유언장이 없다면 지금이 작성하기 좋은 때다. 이미 만들어두었다면 혹시 바꿔야 할 내용이 있는지 검토하자.

은퇴 자금

은퇴 후를 위해 충분히 돈을 모으고 있는가? 아니라면 현재 상황에서 어떤 조정이 필요한가? 전문가 상담을 받아보자. 비용이 부담된다면 회사에서 직원 복지 차원으로 상담을 연결해 주지는 않는지 알아본다.

자산 관리

지금껏 부모님의 돈 문제를 해결해왔으니 이제 자신에게로 시선을 돌려보자. 주택연금에 가입하는 것이 좋을까? 장기요양보험에 들어야 할까?

3. 삶의 질

주택과 주거

55세인 내 사촌은 자녀들이 독립하고 남편 은퇴가 다가오자, 나중에 집을 유지할 수 없게 되었을 때 들어갈 요양 시설을 찾기 시작했다. 현명한 행동이었다. 당신은 노년에도 현재의 집에서 살고 싶은가? 다른 가족이나 큰 병원 근처로 옮겨 가고 싶은가? 준비되기 전에 결정을 내려야 하는 건 아니지만 향후 주거에 대해 미리 생각하고 가족과 친구들에게 알리는 것도 괜찮다.

4. 죽음

장례식 계획

묫자리를 정했는가? 화장을 원하는가? 장례비 선납이 가능한가? 선납이 무조건 좋은 선택인 것은 아니다. 이사를 할 수도 있고 그 돈이 저축 계좌에서 더 큰 역할을 할 수도 있으니 말이다. 하지만 전체적인 장례 계획을 세워놓는 것이 좋다. 가족이나 친구에게 자신의 바람을 미리 알려줘 그때 가서 고민하지 않도록 해주자.

돌봄 이후의 삶

장기 계획은 나이 들면서 당신이 받는 스트레스, 그리고 가족·친구의 스트레스를 다 줄여줄 수 있어 중요하다. 단기 계획 역시 중요하다. 자신이 돌봄을 받는 상황이 될 때까지 돌보는 일이 계속될 것 같다고 느끼고 있을지 모르겠다. 하지만 그럼에도 삶의 다른 면들을 누리고 돌봄 이후의 삶을 계획할 필요가 있다. 믿기 어렵겠지만 의사 진료, 온갖 볼일, 서류 작업을 넘어선 인생이 분명 실제로 존재한다. 돌봄 외의 삶을 더 적극적으로 추구하면 할수록 자기 삶에 대한 통제감도 커질 것이다.

나도 간혹 상상을 하곤 했다. 노인 돌봄 의무가 없는 삶은 어떤 것일까. 한밤중의 긴급 연락을 놓치지 않으려고 베개 아래 휴대전화를 놓고 잠들지 않아도 되고 매일 몇 시간 정도 여유를 부릴 수 있다니, 생각만으로도 황홀했다. 하지만 다시 생각하니 돌봄 의무가 없다는 건 부모가 없다는 뜻이었다. 정말 슬픈 일이었다. 죄책감이 밀려왔다. 부모님이 없었으면 좋겠다는 생각을 하다니! 그리고 다시 슬퍼졌다. 머릿속에서조차 솔직해질 수 없다면 대체 어떻게 해야 한다는 걸까?

두 가지 진실을 모두 받아들이자

하지만 돌봄 경험으로 나는 동시에 두 가지 진실을 받아들일 수 있다는 점을 배웠다. 우리는 어떤 것을 두려워하면서도 동시에 간절히 기다릴 수 있다. 부모님이 돌아가시면 슬픔을 느끼지만 더 이상 고통받지 않으셔도 되니 안도감도 느낀다. 병원을 오가고 의료 처치를 하고 두 집 살림을 돌보는 시간이어서 지나가길 바라면서도 부모님이 떠나신 후를 생각하면 슬퍼진다. 하지만 이렇듯 미래를 생각하는 것은 지극히 정상적이고 건강한 사고일 뿐 아니라 돌봄 책임을 적극적으로 지면서도 내 삶을 어떻게 우선순위에 놓을지 계획하는 데 강력한 도구가 된다.

돌봄이 끝난 뒤 삶에 대한 목표를 명확히 함으로써 나는 부모님을 돌보는 동안 계획을 세울 수 있었다. 그 이후에도 직장에서 일을 할 수 있기를 바랐고 남편과 아이들과 탄탄한 관계를 맺고 싶었으며 삶을 즐길 만큼 충분히 건강했으면 했다. 그래서 돌봄 역할을 이어간 몇 년 동안 아무리 힘들어도 직장 일을 지속했다. 시간과 에너지가 바닥 난 기분이어도 남편과 아이들을 위한 짬을 냈다. 젤리와 콜라, 포도주만으로는 살 수 없었으므로 채소를 챙겨 먹었다. 그리고 부모님을 잘 보살폈다는 자부심을 오래 간직하고 싶었으므로 돌봄 책임자로서의 역할을 게을리하지 않았다.

무엇을 원하는지 안다면 그것을 실현하기 위한 행동이 가능해진다. 직장의 회의 참석과 부모님의 병원 진료 사이에서 선택을 해야 한다고? 장기 계획이 있다면 여러 차원을 고려할 수 있다. 당장 오늘 미치는 결과는 무엇인가? 더 장기적인 영향은 무엇인가?

돌봄 이후의 삶을 계획하기 위한 8단계를 보자.

1. 현재 자기 모습 받아들이기

1장에서 다루었듯 첫 단계는 받아들이기다. 미래를 계획하기에 앞서 현재를 받아들여야 한다.

나는 일하는 딸들로부터 돌봄 제공으로 삶이 엉망이 되었다는, 이전의 삶이 멈춰버렸다는 하소연을 자주 듣는다. 충분히 이해가 간다. 나 역시 그랬다. 직장 업무를 제대로 처리하기가 점점 더 어려워지면서, 남편과 다툼이 잦아지고 아이들과 보내는 시간이 계속 줄어들면서, 친구를 만나거나 운동하고 잘 챙겨 먹는 일을 꿈도 꾸기 어려워지면서 똑같이 느꼈다.

하지만 삶에 정지 버튼은 없다. 오늘 아침 깨어나 맞은 현실, 그것이 당신의 삶이다. 마음에 들지 않을 수 있다. 이런 계획은 세워본 적 없을 것이다. 상상조차 해보지 않았을지 모른다. 하지만 분명 당신의 삶이 맞다. 오래 저축하며 준비했던 휴가나 새로 시작하려 했던 일 등 몇 가지는 정지 상태가 될 수 있지만 삶 자체는 정지하지 않는다. 그럼 어째야 할까? 현재 자기 모습을 받아들이면 된다.

2. 상황 평가하기

삶의 하위 요소들을 분류하고 각각을 솔직하게 평가하자. 예를 들어 건강, 인간관계, 경력 관리, 돈, 개인적 관심이 하위 요소가 될 수 있다. 건강 요소에 대한 평가는 "늘 자신을 잘 챙겨왔지만 최근 들어 운동에 게을러졌고 검진을 거르고 있다" 혹은 "건강을 우선시한 적이 한 번도 없고 최근에는 안 좋은 생활 습관이 걱정되기 시작했다. 돌봄 제공이 내 신체적·정신적 건강에 부정적 영향을 미칠까 봐 우려된다" 식으로 쓰면 된다. 경력 관리 면에서는 "소셜 미디어 사용에 더 능숙해져 업무에 활용할 필요가 있다" 혹은 "새 직장을 찾고 싶지만 필요한 관계를 유지하거나 새로 맺는 노력이 부족하다"라는 식의 평가가 가능하다.

3. 목표 설정하기

적극적인 돌봄 활동을 하지 않게 되었을 때 각 하위 요소가 어떤 상태에 있기를 바라는지 생각해본다. 예를 들어 신기술을 학습할 필요가 있다고 하자. 그럴 경우 정규 수업을 듣기는 어렵지만 온라인 강좌를 신청해 짬 날 때 공부하는 것은 가능하다. 마케팅, 소프트웨어 개발, 회계 등 모든 영역에서 온라인 강좌가 운영되고 있다. 이직을 위한 네트워크 관리가 부족한가? 커피 모임이나 점심 모임 참석은 어렵다. 언제 돌봄 비상 상황이 발생해 취소해야 할지 모르니 말이다. 하지만 일주일에 한 번 아니면 한 달에 한 번 이메일을 보내면서 관계를 유지하는 대안도 있다.

경제적으로 어떤 수준에 이르기를 원하는지도 생각해보자. 아직 도달하지 못했다면 향후 3년, 혹은 5년 동안 어떤 노력을 기울여야 할까? 업무에 집중하기 어려울 수 있지만 그렇다고 업무를 소홀히 하는 것이 답일까? 한 발만 담그고 있다면 때가 왔을 때 어떻게 미래 목표를 추구할 수 있다는 말인가? 경력 관리와 경제적 목표는 연결되어 있다. 은퇴 자금이 아직 충분히 마련되지 않았다면 그 상황이 경력 관리 계획을 좌우하게 된다. 업무를 줄여서는 돈을 모을 수 없다고 판단되면 줄이지 말아야 한다. 유급 돌봄 제공자, 사회 복지 서비스, 형제자매, 이웃 등 자원을 총동원해 부모님 돌보는 일을 분담하자. 직장 일을 한다고 죄책감을 느낄 이유는 전혀 없다. 그런 생각이 혹시라도 떠오르면 단호히 지워버리는 연습을 하자. 일하는 딸들의 권리 장전을 기억하라. 당신은 생활비를 벌 권리가 있다.

4. 계획 수립하기

각 하위 영역에서 목표를 이루기 위해 해야 하는 일 1~3개를 정하자. 영역별로 세 개가 넘으면 안 된다. 그러면 계획이 아니라 희망 사항이 되어버린다. 미래 목표가 새로운 직장을 찾거나 업무에 복귀하는 것이라면 이를 위해 무엇이 필요할까? 프리랜서로 일해야 하나? 아니면 파트타임으로? 돌봄이 끝난 후 직무 경력을 한 차원 높이는 것이 목표라면 어떨까? 상사와 의논해야 할까? 다른 업무를 해야 할까? 신체 건강을 유지하거나 회복하는 것이 목표라면 운동 일정을 잡아야 할 것이다. 마지막으로 삶의 현재 단계에서 성취할 수 있는 것이 무엇인지도 생각할 필요가 있다. 이 작업이 끝나고 나면 당신의 '절대 포기할 수 없는 일'들이 정리될 것이다.

5. 현재 있는 곳에서 시작하기

삶의 현재 단계에서 당신이 어디 있어야 마땅하다느니, 돌봄 위기 이전의 상황이 어땠느니 생각하느라 에너지를 낭비하지 말자. 현재 단계에서 앞으로 나아갈 방향을 찾아야 한다. 우리 삶은 오늘 일어나는 일들이지, 돌봄이 끝난 후 일어날 일들이 아니다. 돌봄 제공자로서든 아니면 어떤 상황에서든 가장 슬픈 일은 그저 기다리는 것이다. 상황이 더 나아지기를, 누군가 치유가 되기를, 업무가 쉬워지기를, 체중이 줄기를, 완벽한 연인이 나타나기를 그저 기다리는 것 말이다. 명심하자. 우리는 돌봄 경험이 끝날 때까지 숨을 참고 버티는 게 아니라 그 경험 속에서 살 수 있어야 비로소 강해진다.

6. 변화의 방법 찾기

돌봄 이후의 인생 목표가 분명해지고 목표 달성 방법까지 나왔으니 이제 어떤 변화가 필요할지 생각해야 한다. 건강이 최우선순위라면 책임을 회피하는 형제자매들과 돌봄을 분담해 당신이 자신을 돌볼 수 있는 시간을 확보해야 하지 않을까? 인간관계 유지가 최우선순위인데 돌봄 제공으로 관계가 소원해지고 있다면 어떻게 관계에 투자할 시간을 내야 할까? 업무를 계속해 직장을 잃지 않는 것이 최우선순위라면 조력자를 찾아 업무에 집중할 수 있도록 해야 한다. 회사를 운영하는 입장이라면 운영을 대신 맡아줄 사람을 찾는 방법도 있다.

7. 어떤 감정을 바라는지 생각하기

당신 삶의 주요 하위 요소별로 목표와 계획을 수립했다면 이제 감정에 대해 생각할 때다. 돌봄 역할을 마쳤을 때 어떤 감정을 갖기를 바라는가? 당신의 돌봄 경험이 어떻게 기억되면 좋겠는가? 당신 자신이나 가족에게 최선의 선택을 했다고 느끼고 싶은가? 부모님을 돌보는 힘겨운 과정 속에서도 자녀들에게 소홀하지 않았다고 느끼고 싶은가? 종일 붙어 있을 수는 없었지만 그래도 돌봄 책임자 역할을 훌륭히 완수했다고 느끼고 싶은가? 경계 설정을 잘해낸 일을 자랑스러워하고 싶은가? 자신의 한계를 알고 적절히 도움을 요청해 현명하게 대처했다고 기억하고 싶은가? 늘 그렇듯 여기에도 정답은 없다. 최선의 답은 스스로 솔직할 때 얻을 수 있다. 다만 한 마디만 해두겠다. 당신이 정한 최선을 다했다면, 망설임이나 두려움 없이 굳세게 그 최선을 이어나갔다면 돌봄이 끝난 후 충분히 자부심을 느끼게 될 것이다. 이를 실현할 계획을 세워보자.

8. 미래 계획을 현재의 기준으로 삼기

지금까지 마련한 계획을 의사 결정의 기준으로 활용하자. 당신의 욕구와 돌봄받는 사람의 욕구가 충돌한다면, 거기서 내리는 선택이 당신의 현재와 미래에 어떤 영향을 미칠지 검토한다. 경직된 사고를 지양하고 유연해지자. 계획은 지침일 뿐, 절대적인 명령이 아니다. 하지만 돌봄과 삶의 강력한 도구임은 분명하다.

계획은 깨지기 위해 존재한다

계획을 수립하고 실천하는 과정에서는 아이젠하워의 다음 말을 기억하자. "계획은 쓸모없지만 그럼에도 필수적임을 매번 깨닫는다." 계획은 애초에 생각한 대로 달성되기 어렵다. 생각해보자. 돌봄이 당신의 인생 계획에 들어 있었나? 계획 수립은 미래의 방향을 설정하는 데 그 가치가 있다. 계획대로 완벽하게 살아내기는 어려울 수 있다. 아니, 삶의 온갖 돌발 요소들로 아예 계획 이행이 불가능해지기도 한다. 하지만 계획을 세우는 과정에서 우리는 삶에서 가장 중시하는 것이 무엇인지, 그것을 유지하며 사는 방법이 무엇일지 알게 된다. 계획이 있다면 삶은 더 명확해진다.

궁극적으로 계획 수립에서 개인의 가치 체계가 드러난다. 장기 계획이든 단기 목표 설정이든, 두 가지 대안 중 당장 하나를 선택할 때든, 계획을 보면 당신이 무엇을 중시하는지 알 수 있다. 언젠가 당신의 자녀들이 돌봄 과정을 선택할 때가 올 것이다. 미래에 대한 생각을 가족과 나눈다면 그것은 커다란 선물이 아닐 수 없다. 당신이 가장 중시하는 것과 가족 각자가 가장 중시하는 것을 알고 계획을 세울 수 있으니 말이다.

일하는 딸들 중 많은 수가 그렇듯 당신 역시 자녀에게는 절대 돌봄 제공 역할을 맡기지 않을 작정이라면 다음을 기억하

자. 돌봄은 분명 힘든 일이고 어쩌면 삶에서 가장 큰 도전이다. 스트레스가 가득하고 크나큰 부담을 준다. 하지만 동시에 그 무엇보다 많은 보상을 주는 일이기도 하다. 가장 취약한 상황에 처한 상대를 보살피고 과거와는 다른 부모-자녀 관계를 맺을 수 있으며 미처 몰랐던 감정적 유대를 형성할 기회다. 당신 가족이 맞이할 그런 기회를 굳이 차단해야 할까?

Working Daughter — 10장

성찰하기

성찰하기

"기억에서 지워지지 않는 그런 장면도 있어요." 간호사 제프가 말했다.

2014년 6월이었다. 아버지의 기억력이 더 나빠지고 행동도 이상해져서 검사를 받으시게 하려고 응급실에 모시고 간 지 40시간이 지난 때였다. 거기서 아버지는 섬망 증세가 심해졌고 강력한 향정신성 약물의 효과로 걷기조차 힘든 상태가 되었다. 우리 집 근처 병원으로 옮기려고 대기하던 중에 아버지가 화장실에 갔다. 나는 바깥에 서 있었는데 화장실 안에서 간호사가 아버지가 넘어지지 않도록 애쓰는 소리가 들렸다. 문을 두드리며 돕겠다고 했다.

"괜찮으시겠어요?" 그러면서 간호사는 영원히 기억에서 지워지지 않는 장면이 될 수도 있다고 주의를 주었다.

그 말이 옳았다. 부모님의 마지막 몇 년은 마치 영화의 장면처럼 가끔씩 머릿속에 떠오른다. 절로 눈물이 쏟아지는 슬픈 기억도 있다. 휠체어에 탄 채 병원 밖으로 이끌려 나온 아버지는 어리둥절한 상태여서 내게 작별인사조차 하지 못했다. 어머니는 호스피스 병원에서 보낸 마지막 며칠 동안 눈조차 뜰 수 없었다. 돌아가시기 몇 시간 전의 할아버지를 우리 딸이 끌어안던 모습, 내가 공항 화장실에서 훌쩍거리면서도 어쩔 수 없이 업무 출장 비행기에 올라타던 것도 생각난다.

반면 행복한 장면, 서글프지만 미소 짓게 되는 장면도 있다. 아버지의 인지 치료 시설 테라스에서 함께 햄버거를 먹던 일, 어머니의 호스피스 병원 정원에서 세 자매가 피자 파티를 벌인 것, 돌아가시기 몇 주 전 내가 어머니 손톱을 칠해드린 일 등등. 노인 전문 변호사와 서둘러 미팅을 마친 후 불과 몇 시간 만에 회사 회의실에 자신만만하게 걸어 들어가 멋진 프레젠테이션을 해내 신규 고객들의 박수를 받았던 내 모습도 보인다.

지워지지 않고 떠오르는 장면이 있듯 계속 기억에 남는 그런 감정도 있다. 이제 슬픔은 내 삶의 일부, 일상의 일부가 되었고 나는 그 사실을 담담히 받아들인다. 남들 보는 앞에서 울음을 터뜨린다는 사실도. 심지어 뉴욕행 기차 안에서 옆자리에 앉은 신사가 휴대전화에 대고 성과니 역량 얘기를 하는 와중에도 난 울어버렸다.

더 이상 부모님과 공유할 수 없는 것들, 노래, 향기, TV 광고, 우리 아이들이 해낸 성취 같은 온갖 일들로 예기치 않게 눈물이 뚝뚝 떨어진다. 나는 사람들에게 내 눈물은 그냥 무시해 버리라고, "전 수도꼭지처럼 눈물을 흘리지만 뭐 괜찮아요"라고 말한다. 그게 내 모습이다. 부모님을 돌봤던 경험으로 나는 간혹 극단까지 갔지만 그래도 망가지지는 않았다. 그저 달라졌을 뿐이다. 돌봄 위기가 발생한 초기에 병원 주차장에서 주운 나비는 나의 변태를 예고한 것이 아니었나 싶다.

당시 나는 돌봄 제공자의 유익에 대해, 즉 돌봄 경험으로 생리적·심리적으로 여러 유익한 점을 얻을 수 있다는 주장을 알지 못했다. 일하는 딸들과의 인터뷰를 통해 그 주장을 확인하지도 못한 상태였다.

40대로 세 자녀를 둔 시몬은 돌봄 경험을 "내 인생에서 가장 힘들었던 시기"라고 표현했다. 어머니가 끔찍한 사고로 돌아가신 후 실의에 빠진 아버지를 돌봐야 했던 시몬은 직장에 유연근무를 요청했고 하루 24시간을 업무에, 엄마 노릇에, 아버지 돌봄으로 쉴 새 없이 빼곡하게 채워 보냈다. 그럼에도 시몬은 돌봄을 통해 인생을 어떻게 살아가야 하는지 고민할 기회를 얻었고 더 좋은 엄마, 더 성실한 직원이 될 수 있었다고 말했다.

"저는 이제 일은 일이고 집은 집일 뿐이라고 하는 세상에 살지 않아요. 어린아이들, 부모님, 일이 한꺼번에 존재하는 게 현실이죠. 아이가 엄마를 바라보며 삶을 이해하게 만드는 건 좋은 일이에요. 삶이 그저 끔찍하고 스트레스뿐이라고 생각하지 않도록 하고 싶어요."

우리를 죽이지 않는 것은 우리를 강하게 만든다

연구자들도 돌봄이 스트레스 가득한 일이라는 점을 부정하지 않는다. 모두가 분명히 아는 일이다. 다만 스트레스만이 아니라 유익도 있으며, 그 둘이 동시에 주어질 수 있다는 게 결론이다. 가족 돌봄 제공자들이 주문처럼 말하듯 우리를 죽이지 않는 것은 결국 우리를 더 강하게 만드는 법이다.

연구자들은 돌봄 스트레스가 누군가 고통받는 모습을 보는 데서 온다고 설명한다. 이는 돌보든 돌보지 않든 어차피 겪어야 하는 일이다. 그리고 부모님이 나이 들고 아프고 결국 돌아가시는 모습을 지켜보는 스트레스의 치료제는 결국 적극적인 돌봄 역할이라고 한다.

미시건대학교 내과학 교수인 스테파니 브라운 또한 뇌과학

연구를 통해, 돌보는 역할을 선택하는 것이 돌봄 스트레스를 막아준다고 밝혔다. 주당 평균 열네 시간 이상 누군가를 돌본 사람이 돌봄 역할을 하지 않는 사람에 비해 더 오래 살고 사망 위험이 절반으로 줄어든다는 것이다. 돌보는 행동은 옥시토신 호르몬을 배출하게 한다. 사랑 호르몬이라고도 불리는 옥시토신은 긍정적 피드백의 통제를 받고 따라서 행동을 강화해 배출량이 더 늘어난다.

브라운은 "남을 돕는 행동은 스트레스 완충 역할을 해 도와주는 사람의 신체 건강을 증진시킨다. 더 나아가 돕는 행동에 관련된 옥시토신 같은 호르몬은 시상하부-뇌하수체-부신축의 활동성을 줄여 세포 재생 및 세포 영양분 축적에 기여한다"라고 하였다. 그러니까 고통받는 사람, 위기에 처한 사람을 도와줄 때 우리 뇌는 긍정적인 느낌의 화학 물질을 배출해 미래의 스트레스를 줄인다는 얘기다.

미국의 전국여론조사센터에서 조사한 결과, 돌봄 제공자의 83퍼센트가 돌봄을 긍정적인 경험으로 생각한다고 답했다. 과거에 자신이 받았던 돌봄을 되갚는다는 느낌, 사랑하는 사람이 제대로 보살핌을 받고 있다는 만족감, 자녀들에게 모범을 보인다는 뿌듯함, 개인적 성장, 삶의 의미와 목적성 증대 등이 긍정적인 측면으로 꼽혔다.

당신이 지금 돌봄의 수렁 속에서 허우적대며 긍정적 측면이라곤 보이지 않는 것 같아도, 절망하지 말았으면 좋겠다. 힘든 돌봄 과업을 수행하고 거기에 더해 일과 결혼 생활, 자녀 양육의 균형을 맞춰나가는 동안에는 돌봄의 유익을 깨닫지 못했다고 말하는 이들이 많다. 나중에 돌이켜볼 때에야 돌봄 경험에서 무엇을 얻었는지 알게 된다는 것이다.

린다도 그런 경우다. 린다는 돌보는 일을 하면서 스트레스를 유독 많이 받았다. 부동산 개발업자인 린다는 미네소타에서 함께 살던 부모님을 떠나 남편과 캘리포니아로 이주한 지 두 달 후 어머니가 암 진단을 받았다. 곧 린다는 업무 일정을 조정하며 6주에 한 번씩 미네소타와 캘리포니아를 오가기 시작했다. 하지만 어머니는 만날 때마다 린다에게 "넌 왜 그냥 여기 있으면 안 되는 거냐?"라고 물었다고 한다.

"멀리 떨어져 산다는 것에 죄책감을 느꼈어요. 아버지는 정반대로 제가 죄책감을 느끼지 않게끔 늘 격려해주셨어요. 저 자신의 삶을 살아야 한다고요. 그래도 어머니는 다른 사람 아닌 자식들이 자기를 돌봐주면 좋겠다고 하셨죠."

린다는 감정적인 면에서 도움을 드리려 했다고 말한다. "곁에서 직접 뭘 해드리기는 어려웠어요. 그래도 아버지가 요양시설로 가신 후에는 매일 통화를 했어요. 우리는 원래 매일 연락하는 그런 가족이 아니었지만 지금은 그렇게 되었어요. 대개 저녁때 전화를 걸죠. 저녁때 일이 생기면 일정을 조정하려

해요. 별로 어렵지 않은 일이에요. 전 늘 전화기에 붙어 있다시피 한답니다." 캘리포니아에 있을 때는 부모님과 통화하느라, 미네소타에서는 일하느라 늘 전화기를 쥐고 살았다.

때로 린다는 부모님과 두 주 정도를 함께 보내기도 했다. "한번은 너무너무 힘들어 하루도 더 못 버티겠다는 생각이 들었어요. 집에 가고 싶다는 마음뿐이었죠. 부모님 댁에서는 바닥에 에어 매트리스를 깔고 잤는데 그 잠자리조차 심리적으로 힘들더라고요. 결국 추가 비용을 내고 집에 가는 항공편을 하루 앞당겼어요. 부모님은 아무것도 모르셨죠. 제가 전혀 티를 내지 않았거든요."

어머니가 돌아가신 후 파킨슨병이었던 아버지가 요양 시설에서 요양병원으로 옮기게 되었다. "최악의 순간은 빨리 와주길 바란다는 요양병원 전화를 받았을 때였어요. 그때 저는 다른 나라에 가 있었죠. 아버지가 넘어져서 골반이 부러졌다는 소식이었어요."

린다는 바로 다음 비행기를 탔고 아버지가 돌아가시기 전 닷새를 함께 보냈다. 임종 전에 아버지는 린다가 어머니를 능숙하게 돌본 일, 아버지 곁의 간호 전문가들을 잘 관리한 일을 언급하며 "그 재능을 살려 무언가 하면 좋겠구나"라는 말을 남겼다.

"정말 많은 것을 생각하게 된답니다." 린다는 경험을 돌이켜보며 말했다. "아버지가 돌아가신 뒤로 삶을 어떻게 살아가야 할지 고민하게 되었어요." 얼마 지나지 않아 린다는 직업을 바꿔 노인들에게 재택 돌봄과 간호 서비스를 제공하는 회사 관리팀에 들어갔다. "직장 동료가 직접 프랜차이즈를 열라고 농담 삼아 해준 말이 계속 머릿속에 남더군요." 결국 린다는 사장으로 변신했다.

"부모님 돌본 경험이 없었다면 노인들에게 이 정도로 깊이 공감하지 못했을 거예요. 그 경험을 통해 더 강하고 더 인내하고 더 수용하는, 더 나은 사람이 된 것 같아요. 인생을 통틀어 그만큼 커다란 감정적 도전은 없었어요. 삶을 더 사랑하게 된 느낌이에요. 훨씬 더 현명해졌다는 생각도 들고요. 완전히 다른 사람이 되었다고 할까요."

린다의 경험은 연구 결과를 그대로 반영한다. 돌봄 경험은 분명 스트레스, 피로, 불확실성을 가져온다. 하지만 돌보는 부담을 크게 느끼면서도 린다의 전반적인 행복감은 결국 커졌고 새로운 경력 개발 기회까지 생겼다. 돌봄 제공은 그 부담에 시달리는 와중에는 건강, 일, 중요한 인간관계에 부정적인 영향을 미칠 수 있다. 하지만 돌봄 과정의 마지막까지 그렇게 이어진다는 법은 없다. 다른 결과가 가능하다.

스탠퍼드대학교 건강심리학자로 『스트레스의 힘』를 쓴 켈리 맥고니걸은 돌봄 제공과 같은 스트레스 상황에서는 우리

뇌가 옥시토신뿐 아니라 도파민을 분비해 감정적 반응을 통제하고 보상을 얻으려는 행동을 하게 만든다고 말한다.

"스트레스 감소에 관련된 산업은 음식, 알코올, 넷플릭스 감상, 컬러링 책 등으로 자신을 달래라고 권한다. 물론 효과를 보일 때도 있지만 결국은 도피 행동이다. 스트레스를 직시하고 돌봄 행동을 선택하는 것은 연결을 만든다. 그 연결이 스트레스 회복 탄력성의 메커니즘이다."

처음부터 돌봄을 선택하는 사람이 있는 이유가 이것일지도 모른다. 당면한 문제에 대한 본능적인 반응일 수 있다.

맥고니걸은 돌봄 제공이 가장 일반적인 스트레스 원인이라는 것에 동의하면서 동시에 회복탄력성의 근원이기도 하다고 말한다. "양쪽을 모두 갖고 갈 능력을 키워야 한다. 부담에 시달리면서도 힘을 얻을 수 있다." 두 가지가 동시에 진실이 될 수 있는 것이다.

자, 어떻게 그 능력을 키울 수 있을까? 돌봄 제공자의 유익을 돌봄이 끝난 후뿐 아니라 돌보는 과정에서도 깨달을 방법은 무엇일까? 돌봄 상황을 겪으면서 동시에 성찰을 시작한다면 가능하다.

〈인본주의 심리학 저널The Journal of Humanistic Psychology〉은 성찰을 이렇게 정의한다. "경험으로 촉발된 관심사를 검토하고 분석하는 과정으로, 여기서 자아의 의미가 창조·규명되고 그 결과 개념적 관점이 변화한다." 돌보는 동시에 성찰을 하면 자신이 겪는 복잡한 감정을 규정하고 판단할 수 있다. 성찰이 있는 돌봄은 우리를 파괴하지 않을뿐더러 더 단단하게 만들어준다. 경력은 망가지는 게 아니라 변곡점을 거친다. 나이 듦, 질병, 죽음은 지혜, 아름다움, 평화를 드러내는 계기가 된다.

내가 주인공인 돌봄 이야기

스토리텔링은 자아 성찰의 강력한 도구다. 인식하든 못 하든 우리 각자는 삶의 이야기를 만들어가고 있다. 스스로에게 들려주는 그 이야기는 아주 중요하다. 자신과 세계에 대한 인식에 영향을 미치고 심리적·신체적 건강에도 작용하기 때문이다. 당신이 써가는 이야기를 의식하고 잘 보존하라. 있었던 곳만이 아니라 가고 싶은 곳 또한 알게 될 테니 말이다. 작가 노라 에프런이 웰즐리대학교 졸업 축사에서 말했듯 "우리는 삶의 희생양이 아닌 주인공이 되어야 한다."

돌봄 이야기를 만들고 성찰하는 네 단계

당신의 이야기는 무엇인가? 조용한 장소를 찾아 다음 질문들에 솔직하게 답해보자. 그 대답이 당신의 이야기를 드러낼 것이다. 이야기가 마음에 들지 않는다면 새로 쓰면 될 일이다!

배경

당신의 돌봄 이야기는 어떤 것인가? 경험을 묘사해보자. 언제 시작되었나? 어떤 일이 일어났나? 어떻게 끝났는가? 아니면 현재 진행 상황인가?

등장인물

이 이야기에서 당신의 역할은 무엇인가? 무엇을 했는가? 하지 않기로 선택한 일은 무엇인가? 누가 관련되어 있는가? 그들과 어떻게 상호 작용했는가? 당신은 무엇을 잘했는가? 특히 힘겨운 부분은 무엇이었나?

전개

돌봄 상황에서 어려운 점은 무엇이었나? 좋았던 점은? 어떤 능력을 활용했나? 새로이 계발한 능력이 있다면? 새로 맺은 관계는 무엇이었나? 그 관계는 잘 끝났나? 잊어버리고 싶은 부분이 있다면? 되살리고 싶은 부분은 무엇인가?

결말

당신이 본 것, 행동한 것, 알게 된 것에 기반해 삶에서 계속

하고 싶은 일은 무엇인가? 그만두고 싶은 일은? 새로 시작하고 싶은 것이 있다면? 인생의 다음 장을 위해 어떤 행동을 취해야 한다고 보는가?

성찰을 통해 거듭나다

다른 주에 사시던 어머니를 모셔와 함께 살았던 애비는 긍정적인 돌봄 이야기를 만들어냈고 그 결과 거의 모든 상황에서 장점을 볼 수 있었다.

이벤트 기획과 진행 일을 하던 애비는 어머니를 모시게 되면서 직장 일을 조정해야 했다. “운 좋게도 제 직종과 회사는 유연근무가 가능했어요. 토요일이나 일요일에 일하는 경우가 많아서 다른 때 쉴 수 있었지요. 밤늦게 열리는 행사가 대부분이니 근무 시간도 선택의 여지가 컸고요.”

회사 관리팀의 지원이 자녀를 키우는 경우와 부모님을 돌보는 경우에 불공평하게 적용된다는 것을 알게 된 애비는 상황을 바꾸려 애썼다. “그전까지 회사가 인식 못 하던 일들을 알려주기 시작했어요. 자녀를 키우는 직원들이 워낙 많으니 아이가 아파 병원에 데려갈 때는 별문제 없이 다들 넘어갔죠. 배우자가 있다면 야근도 가능하고요. 하지만 전 9시 이후에 일하려면 돈을 주고 사람을 써야 해요." 애비는 자신이 출근할 때 간병인이 집에 오도록 했다. "간병인이 갑자기 못 오는 경우 저도 발이 묶여버려요"라고 애비가 말해주기 전까지 직장 상사는 문제를 깨닫지 못했다.

자기 경험을 성찰하고 돌봄 경험으로 알게 된 것을 되짚어 보던 애비는 다른 일하는 딸들을 돕고 싶다는 마음이 들었다. 현재 애비는 본업에 더해 컨설팅 업체를 운영하며 교육 프로그램을 진행하는 한편, 개인 컨설팅 서비스를 통해 돌봄 제공자들이 돌봄 계획을 수립하고 자격 있는 인력을 고용할 수 있도록 돕고 있다.

이 모든 것을 해내기 위해 애비는 자기 돌봄을 최우선순위에 두었다. "남을 위해 분투하는 것만큼 나를 위해 열심히 분투해야 한다는 것을 알았어요. 엄마와 저를 위해 몸에 좋은 음식을 만들어야 하죠. 돌봄 제공 역할을 영원히 하게 되지는 않을 거예요. 그러니 운동도 해야죠."

애비처럼 크리사도 어머니를 돌보았다. 1장에서 소개했듯 크리사의 어머니는 매년 부모님 묘에 꽃을 가져가던 분이다. 그런데 애비와 달리 크리사는 자신을 보살피지 않았다. 그런 면에서 크리사가 써오던 돌봄 이야기는 개선될 필요가 있었다.

"의사가 말하더군요. 스트레스가 너무 심하다고요. 치매인 어머니보다 제 건강이 더 걱정이라나요. 자식들도 제가 스트레스를 줄이지 않으면 결국 어머니보다 먼저 장례식장에 갈 판이라고 성화였고요."

하지만 어머니를 요양 시설로 보내기는 힘들었다. 죄책감이 너무 컸다. "어머니는 늘 이런 말을 하는 분이에요. 자기를 사랑한다면 그럴 수 없는 거라고. 한동안은 전화도 받기 싫었어요. 어머니는 그저 관심받고 싶어 했고 저는 신경전을 벌여야 했죠."

자기 건강을 지키기 위해 크리사는 더 이상 어머니로 인한 죄책감에 시달리지 않겠다는 결심을 했다. "어머니는 괜찮은 상태였어요. 신체적으로도 별문제 없었고요. 그래서 죄책감에서 벗어나기로 작정했죠. 이제 어머니가 '날 사랑한다면 어쩌고' 하는 말을 시작하면 바로 받아친답니다. 사랑하지 않는다면 여기 있지도 않을 거라고 말이죠." 크리사는 자기 이야기를 새롭게 바꾸었다. "이제는 신체적, 정신적, 경제적으로 가능한 한도 안에서 최선을 다하고 있어요."

크리사는 이렇게 당부한다. "어떤 법도 당신 삶을 포기해야 한다고 말하는 경우는 없어요. 타인 삶의 마지막을 책임지고 싶다면 그만큼 당신 인생도 잘 살아야 하는 거예요." 나도 완전히 동의한다.

새로운 다음 페이지를 위하여

2017년 7월, 아버지가 돌아가신 후 나는 몇 년 만에 자유를 느꼈다. 나 자신만을 위한 시간이 생겼다는 게 낯설었지만 곧 익숙해졌다. 밤마다 휴대전화가 충전 상태인지 걱정하지 않아도 되고, 아침에 일어나자마자 내 일정 어디에 아버지 찾아뵙기를 끼워 넣을지 고민할 필요가 없으며, 회사 사람과 통화할 때 병원 복도 혹은 갓길에 정차한 차 안인데도 집에서 일하는 척 통화하지 않아도 되는 것에 익숙해졌다.

상사는 내가 곧 일에 전념할 거라고, 새로운 열정과 헌신을 보일 거라고 기대했다. 나도 내가 그럴 줄 알았다. 하지만 아니었다. 나는 업무 출장은 가급적 피하고 어쩔 수 없을 때에만 다녀왔다. 장시간 근무에도, 주말 근무에도 열의가 없었고 집에서 가족들과 보내는 시간에도 충실하지 않았다. 너무 많은 것을 이미 놓쳐버렸다고 생각했다.

내가 몸담은 업계는 변화와 도전의 거센 바람을 맞고 있었다. 관리팀 동료들은 새로운 환경에서 살아남고 위기를 뚫고 나가려면 "뭐든 하라"고, "110퍼센트를 쏟으라"고 독려했다. 하지만 나는 기존의 주당 45시간 근무 이상을 해낼 의지가 없었다. 3년 동안 가족의 위기를 헤쳐오면서 일을 놓지 않기 위해 뭐든 해온 결과였다. 회사는 내게 필요한 유연근무를 허용

해주었지만 그렇게 낙인찍히는 것은 어쩔 수 없었다. 나는 여전히 관리팀의 일원이었지만 내 의견은 전처럼 비중 있게 받아들여지지 못했다. 그리고 어느 날 동료에게서 나를 신뢰하지 못하겠다는 말까지 들었을 때, 그리고 그 이유로 어머니가 호스피스 병원에 있을 당시 내가 마감 일정을 지키지 못했던 일이 언급됐을 때 나는 가족 때문에 업무에 늘 영향받는 사람이라는 이미지로 자리 잡혀버렸다는 걸 깨달았다.

나는 번아웃 상태였다. 아버지를 정신병동에서 빼내 좋은 요양병원으로 옮기려고 모든 수단을 동원해 싸웠고 어머니의 말기 암 치료 거부 결정을 옹호하고 나서기도 했다. 우리 아이들이 조부모와 작별 인사할 때 위로해주었고 사랑하는 부모님이 삶을 끝내는 순간 손을 잡아주었다. 그 모두가 다른 무엇에 비할 수 없이 중요한 일이었다.

나는 내 능력을 중요한 곳에 쓰고 싶었고 그래서 기업인을 위한 프로그램 두 곳에 지원해 들어갔다. 다음 단계에서 정확히 무엇을 하게 될지는 몰랐지만 의미 있는 일, 즉 노인 돌봄과 직장 일과 삶 사이에서 균형을 잡느라 동동거리는 딸들을 지원하는 일을 하고 싶었다. 물론 그러면서도 생활비를 버는 일은 계속해야 했다.

2018년 2월, 회사는 직원 감축의 일환으로 내 업무 시간을 줄였다. 실망스러웠지만 놀라지는 않았다. 선택에 따른 결과였으니까. 그러고 일주일 뒤, 51세인 남편이 췌장암 진단을 받았고 그 바람에 나는 다시 돌봄 제공자가 되었다.

남편 돌보기는 부모 돌보기와 달랐지만 비슷한 점도 많았다. 나는 이것이 삶이라는 걸 받아들여야 했다. 다시 우선순위를 정해야 했다. 기업인 프로그램을 그만두고 남편에게 집중해 시간을 썼다. 어느새 10대가 된 아이들을 실어 나르는 일도 했다. 최악을 준비하면서도 삶의 좋은 면을 보려고 했다. 그리고 다시 한 번 나는 바쁘고 지치고, 그 어느 때보다도 절실한 월수입과 건강보험 때문에 불안해하면서 직업을 유지해야 했다.

진단 몇 개월 후 남편이 항암 치료를 잘 견뎌주고 삶이 그럭저럭 통제 가능하다고 느낄 때였다. 우리 회사는 성과를 내면서 다시 성장하고 있었다. 상사가 내 직무와 관련해 면담을 하자고 했다.

"현재 맡은 일이 마음에 들지 않을 것 같아요. 꿈꾸는 일이 뭔지 한번 말해보겠어요?"

나는 당장 이렇게 답하고 싶었다. "꿈이라고요? 전 쉰한 살이고 남편이 아픈 데다가 대학까지 공부시켜야 할 자식도 둘 있어요. 회사를 경영하든 바닥을 닦든 상관없어요. 그저 안정적으로 월급을 받고 싶을 뿐이에요."

물론 그대로 입 밖에 내지는 않았다. 나는 절실했고 거기에 맞는 대답을 만들어냈다. 하지만 상사의 질문과 내 대답을 다시 떠올려 생각해보면서 삶의 다음 단계를 발견했고 내 이야기를 고쳐 썼다. 돌봄 제공의 결과로 경력에 큰 타격을 입은 여자의 이야기가 아닌, 직장과 가족, 다른 일하는 딸들 모두에게 더 큰 가치를 지니게 된 여자의 이야기로 말이다.

나는 마케팅 업무에 전과 똑같은 열정은 지니지 못했을지 모르지만 회사의 가치가 올라가게끔 훌륭하게 일을 해내는 데 자부심을 갖고 있다. 내 다음 경력이 어디로 갈지는 모르지만 세상이 돌봄의 가치를 인정하는 데 기여하는 방향이리라는 건 분명하다. 우리 가족의 미래가 어떤 것일지 역시 모르지만 내가 가장 큰 가치를 두는 곳이 가정이고 가족 돌봄이라는 건 분명하다. 이 깨달음이 돌봄 경험으로 내가 얻은 유익이다.

감사의 말

호스피스 시설에 계신 어머니를 뵈러 아버지와 함께 간 날이었다. 어머니는 마지막 몇 달을 거기서 보내고 있었다. 부모님은 내게 보살펴줘서 고맙다고 했고 보답할 수 있는 방법을 물으셨다. 나는 말했다. "그렇게 물어보시니 말씀드리는데요, 제가 베스트셀러를 쓰게끔 해주시면 어떨까요? 나중에 이 모든 얘기를 써도 괜찮다고 허락해주시겠어요?" 부모님은 큰 소리로 웃고 허락하셨다. 이 책 집필과 내 모든 노력을 격려해주신 두 분께 감사하다.

이 책을 쓰기에 앞서 1년 동안 여기에 담긴 이야기를 고스란히 살아내야 했을 때 나를 지지해준 가족에게 감사를 전한다. 꼭 필요할 순간에 있어준, 그리고 매 상황에서 웃을 일을 찾아내준 언니들에게 감사한다. 사랑과 도움, 먹을 것을 제공하는 친지들에게 감사한다. 그리고 무엇보다도 나를 사랑해주는 우리 남편 케빈과 아이들 조, 케이트에게 고맙다.

자신의 경험을 들려준 일하는 딸들과 아들들, 조언과 통찰을 준 전문가들에게도 감사한다. 지난 몇 년간 헌신적인 보살핌을 베푸는 이들을 정말 많이 만났고 감동받았다. 특히 스탠리 R 티펫Tippett 호스피스 홈의 베브, 그리고 트래디션스 오브 데덤Traditions of Dedham과 찰웰 하우스Charlwell House의 직원들에게 감사의 마음을 전한다.

내 생각을 공유해준 수전 스타작실바Staszak-Silva, 그리고 이 책을 현실로 만들어준 로먼 앤드 리틀필드Rowman & Littlefield 편집부에 감사한다. 에이전트, 편집인, 코치, 치어리더, 가이드 등 무수히 많은 역할을 맡아준 고 리터러리Go Literary의 아마리아 오렌스타인Orenstein에게 특별히 감사한다.

마지막으로 일하는 딸Working Daughter 커뮤니티 회원들에게 고마움을 보낸다. 그들이 나를 매일 일으켜 세워준다.

참고 문헌

머리말

Caregiving.org. "The Metlife Juggling Act Study: Balancing Caregiving with Work and the Costs Involved." MetLife Mature Market Institute, National Alliance for Caregiving, and the National Center on Women and Aging, November 1999. http://www.caregiving.org/data/jugglingstudy.pdf.

Frost, Robert. *North of Boston*. New York: Henry Holt, 1915; Bartleby.com, 1999. www.bartleby.com/118/.

National Alliance for Caregiving and AARP. "Caregiving in the U.S." June 2015. https://www.aarp.org/content/dam/aarp/ppi/2015/caregiving-in-the-united-states-2015-report-revised.pdf.

1장

"2018 Alzheimer's Disease Fact and Figures." Alzheimer's Association. https://www.alz.org/media/HomeOffice/Facts%20and%20Figures/facts-and-figures.pdf.

Alter, Charlotte. "11 Surprising Facts About Women and Poverty From the Shriver Report." Time, January 13, 2014. http://time.com/2026/11-surprising-facts-about-women-andpoverty-from-the-shriver-report/.

"Baby Boomers Retire." Pew Research, December 29, 2010. http://www.pewresearch.org/facttank/2010/12/29/baby-boomers-retire/.

Baker, Beth. "Improving Paid Caregivers' Work Lives." Next Avenue, April 15, 2015. https://www.nextavenue.org/improving-paid-caregivers-work-lives/.

"Basic Statistics About Home Care." The National Association for Home Care and Hospice, 2010. http://www.nahc.org/assets/1/7/10hc_stats.pdf.

"Caregivers of Older Adults: A Focused Look at Those Caring for Someone Age 50+." AARP,June 2015. https://www.aarp.org/content/dam/aarp/ppi/2015/caregivers-of-older-adultsfocused-look.pdf.

Cubanski, Juliette, and Tricia Neuman. "10 Essential Facts About Medicare's Financial Outlook." Henry J. Kaiser Family Foundation, February 2, 2017. https://www.kff.org/medicare/issue-brief/10-essential-facts-about-medicares-financial-outlook/.

"FastStats." National Center for Health Statistics, Centers for Disease Control and Prevention. Accessed October 30, 2018. https://www.cdc.gov/nchs/fastats/life-expectancy.htm.

Feinberg, Lynn, and Rita Choula. "Understanding the Impact of Work and Family Caregiving." AARP Public Policy Institute. Accessed October 30, 2018. https://www.aarp.org/content/dam/aarp/research/public_policy_institute/ltc/2012/understanding-impact-family-caregiving-work-AARP-ppi-ltc.pdf.

Feinberg, Lynn, Susan C. Reinhard, Ari Houser, and Rita Choula. "Valuing the Invaluable: 2011 Update The Growing Contributions and Costs of Family Caregiving." AARP Public Policy Institute. https://assets.aarp.org/rgcenter/ppi/ltc/i51-caregiving.pdf.

Ianzito, Christina. "The Hidden Male Caregiver." AARP. Accessed October 30, 2018. https://www.aarp.org/caregiving/life-balance/info-2017/hidden-male-caregiver.html.

Kramer, Betty J., PhD. "Gain in the Caregiving Experience: Where Are We? What Next?" *The Gerontologist* 37 (1997): 218–32.

"Life Expectancy at Birth and at Age 65." Centers for Disease Control and Protections. Accessed October 31, 2018. https://www.cdc.gov/nchs/data/hus/2017/006.pdf.

National Alliance for Caregiving and AARP. "Caregiving in the U.S." June 2015. https://www.aarp.org/content/dam/aarp/ppi/2015/caregiving-in-the-united-states-2015-report-revised.pdf.

Ortman, Jennifer M., Victoria A. Velkoff, and Howard Hogan. "An Aging Nation: The Older Population in the United States." United States Census Bureau, May 2014. https://www.census.gov/prod/2014pubs/p25-1140.pdf.

"Pay Equity and Discrimination." The Institute for Women's Policy, Research. Accessed October 30, 2018. https://iwpr.org/issue/employment-education-economic-change/pay-equity-discrimination/.

Redfoot, Donald, Lynn Feinberg, and Ari Houser. "The Aging of the Baby Boom and the Growing Care Gap: A Look at Future Declines in the Availability of Family Caregivers." AARP Public Policy Institute. https://www.aarp.org/content/dam/aarp/research/public_policy_institute/ltc/2013/baby-boom-and-the-growing-care-gap-insight-AARP-ppi-ltc.pdf.

Rosofsky, Ira, PhD. "Caregiver Stress: Would You Like Some Angst with That Sandwich Generation?" *Psychology Today*, April 12, 2009. https://www.psychologytoday.com/us/blog/adventures-in-old-age/200904/caregiver-stress-would-you-some-angst-sandwich-generation.

Roth, David L., PhD, Lisa Fredman, PhD, and William E. Haley. "Informal Caregiving and Its Impact on Health: A Reappraisal from Population-Based Studies." *The Gerontologist* 55, no. 2 (April 1, 2015): 309–19. https://doi.org/10.1093/geront/gnu177.

Span, Paula. "Caregiving's Hidden Benefits." *New York Times*, October 12, 2011. https://newoldage.blogs.nytimes.com/2011/10/12/caregivings-hidden-benefits/?mtrref=www.google.com.

"Work and Eldercare." Family Caregiver Alliance. Accessed October 30, 2018. https://www.caregiver.org/work-and-eldercare.

3장

Caring.com. "80% of Caregivers Report Strain on Their Marriages." February 5, 2009. https://www.caring.com/about/news-room/press-release-caregiver-

marital-stress.
Centers for Disease Control and Prevention. "QuickStats: Percentage of Adults Who Often Felt Very Tired or Exhausted in the Past 3 Months, by Sex and Age Group—National Health Interview Survey, United States, 2010–2011." April 12, 2013. https://www.cdc.gov/mmwr/preview/mmwrhtml/mm6214a5.htm.
Johnston, Katie. "Nearly 1 in 4 US Workers Go Without Paid Time Off." *Boston Globe*, August 14, 2014. https://www.bostonglobe.com/business/2014/08/13/one-few-countriesthat-doesn-mandate-paid-vacation-time/eqodEqumohPyca5kt6hrZO/story.html.
National Alliance for Caregiving and AARP. "Caregiving in the U.S." June 2015. https://www.aarp.org/content/dam/aarp/ppi/2015/caregiving-in-the-united-states-2015-report-revised.pdf.
U.S. Bureau of Labor Statistics. "American Time Use Survey." Last modified December 20, 2016. https://www.bls.gov/tus/charts/household.htm.163
U.S. Bureau of Labor Statistics. "Volunteering in the United States, 2015." February 25, 2016. https://www.bls.gov/news.release/volun.nr0.htm.

4장

AfterEllen.com, The Linster. "Variations on Your Theme (Song)." July 14, 2008. https://www.afterellen.com/general-news/34691-variations-on-your-theme-song#3tdBe0lgoPhjRrDZ.99.
Baskin, Kara. "Female Executives Discuss How Motherhood Has Helped Them on the Job." *Boston Globe*, October 4, 2017. https://www.bostonglobe.com/magazine/2017/10/24/female-executives-discuss-how-motherhood-has-helped-them-job/EkT2i2aAVZaSpC1PqjZmyI/story.html.
Bernard, Tara Siegel. "The Unspoken Stigma of Workplace Flexibility." *New York Times*, June 4, 2013. https://www.nytimes.com/2013/06/15/your-

money/the-unspoken-stigma-of-workplace-flexibility.html.
Casserly, Meghan. "Forbes Woman and TheBump.Com 'Parenthood and Economy 2012' Survey Results." *Forbes*, September 12, 2012. https://www.forbes.com/sites/meghancasserly/2012/09/12/forbeswoman-and-thebump-com-parenthood-and-economy-2012-surveyresults/#313ed5c83212.

Deloitte. "Deloitte Announces 16 Weeks of Fully Paid Family Leave Time for Caregiving." September 8, 2016. https://www2.deloitte.com/us/en/pages/about-deloitte/articles/pressreleases/deloitte-announces-sixteen-weeks-of-fully-paid-family-leave-time-for-caregiving.html.

Federal Reserve Bank of St. Louis. "Long-Term Unemployment Affected Older Women Most Following Recession." November 17, 2015. https://www.stlouisfed.org/on-the-economy/2015/november/older-women-recession-long-term-unemployment.

Flinn, Brenda. "Millennials: The Emerging Generation of Family Caregivers." *AARP*, May 22, 2018. https://www.aarp.org/ppi/info-2018/millennial-family-caregiving.html.

Ghilarducci, Teresa. "Why Women Over 50 Can't Find Jobs." *PBS*, January 14, 2016. https://www.pbs.org/newshour/economy/women-over-50-face-cant-find-jobs.

Jenkins, JoAnn. "Caregiving Costly to Family Caregivers." *AARP*, https://www.aarp.org/caregiving/financial-legal/info-2017/family-caregiving-costly-jj.html.

Mahadevan, Alex. "Women Are Leaving the Workforce at a Staggering Rate." *AOL*, August 23, 2017. https://www.aol.com/article/finance/2017/08/23/women-are-leaving-the-workforce-at-a-staggering-rate-heres-why/23159057/.

Martin, Emmie. "Here's How Much Money American Women Earn at Every Age." *CNBC*, September 12, 2017. https://www.cnbc.com/2017/09/12/heres-how-much-money-americanwomen-earn-at-every-age.html.

MetLife. "U.S. Business Loses from $17.1 Billion to $33.6 Billion Per Year in Productivity for Caregivers Who Take Time from Their

Work Responsibilities; Online Calculator Available for Employers to Determine Costs." July 11, 2006. https://www.businesswire.com/news/home/20060711005250/en/U.S.-Business-Loses-17.1-Billion-33.6-Billion.

Pitts-Catsouphes, M., C. Matz-Costa, and E. Besen. "Age and Generations. Understanding Experiences in the Workplace." Research Highlight 6, The Sloan Center on Aging and Work, Boston College, March 2009. https://www.bc.edu/content/dam/files/research_sites/agingandwork/pdf/publications/RH06_Age_Generations.pdf.

Plumb, Emma. "Take 5: Stanford Economist Nicholas Bloom on the Business Case for Telecommuting." 1 Million for Work Flexibility, accessed October 30, 2018. https://www.workflexibility.org/take-five-stanford-economist-nicholas-bloom-business-case-telecommuting/.

Toossi, Mitra, and Teresa L. Morisi. "Women in the Workforce Before, During, and After the Great Recession." U.S. Bureau of Labor Statistics, July 2017. https://www.bls.gov/spotlight/2017/women-in-the-workforce-before-during-and-after-the-great-recession/pdf/women-inthe-workforce-before-during-and-after-the-great-recession.pdf.

Transamerica Center for Retirement Studies. "Striking Similarities and Disconcerting Disconnects: Employers, Workers and Retirement Security 18th Annual Transamerica Retirement Survey." August 2018. https://www.transamericacenter.org/docs/default-source/retirementsurvey-of-employers/tcrs2018_sr_employer-retirement-research.pdf.

U.S. Bureau of Labor Statistics. "93 Percent of Managers and 46 Percent of Service Workers Had Paid Sick Leave Benefits in March 2017." *TED: The Economics Daily*, August 2, 2017. https://www.bls.gov/opub/ted/2017/93-percent-of-managers-and-46-percent-of-service-workers-had-paid-sick-leave-benefits-in-march-2017.htm.

Vodafone. "Vodafone Global Survey Reveals Rapid Adoption of Flexible Working." February 8, 2016. https://www.vodafone.com/content/index/media/vodafone-group-releases/2016/flexible-working-survey.html#.

Walmart. "Working at Walmart. Opportunities and Benefits." Accessed October 30, 2018. https://corporate.walmart.com/our-story/working-at-walmart.

5장

Centers for Disease Control and Prevention, National Center for Injury Prevention and Control. Web-Based Injury Statistics Query and Reporting System (WISQARS) [online]. Accessed August 5, 2016. https://www.cdc.gov/injury/wisqars/.

Jefferson, Robin Seaton. "New Survey Finds Adult Children Want Their Parents to Age at Home." *Forbes*, August 20, 2017. https://www.forbes.com/sites/robinseatonjefferson/2017/04/30/new-survey-finds-adult-children-want-their-parents-to-age-at-home/#15c72bffb44b.

The White House. "Presidential Proclamation—National Family Caregivers Month, 2016." October 31, 2016. https://obamawhitehouse.archives.gov/the-press-office/2016/10/31/presidential-proclamation-national-family-caregivers-month-2016.

6장

Bouchal, Shelley Raffin, RN, PhD, Lillian Rallison, RN, PhD, Nancy J. Moules, RN, PhD, and Shane Sinclair, PhD. "Holding On and Letting Go: Families' Experiences of Anticipatory Mourning in Terminal Cancer." University of Calgary, March 10, 2015. https://doi.org/10.1177/0030222815574700.

Busch, Mark. "How to Preplan Your Funeral." *Busch*, March 26, 2016. www.busch.com/blog/how-to-preplan-your-funeral.

Dizikes, Peter. "3 Questions: Joseph Coughlin on Innovation for an Aging

Population." *MIT News*, November 8, 2017. http://news.mit.edu/2017/3-questions-joseph-coughlininnovation-aging-population-1108.

PwC. "Formal Cost of Long-Term Care Services: How Can Society Meet a Growing Need?" Accessed October 30, 2018. https://www.pwc.com/us/en/industries/insurance/library/longterm-care-services.html.

Samuel, Lawrence R., PhD. "Americans in General Are Uncomfortable Thinking About Death." *Psychology Today*, June 23, 2015.

U.S. Department of Veteran Affairs. "Veterans." Accessed October 30, 2018. ttps://www.benefits.va.gov/persona/veteran-elderly.asp.

7장

AARP. "New State Law to Help Family Caregivers." *AARP*, accessed October 30, 2018. https://www.aarp.org/politics-society/advocacy/caregiving-advocacy/info-2014/aarp-createsmodel-state-bill.html.

Christensen, Clayton M., Michael E. Raynor, and Rory McDonald. "What Is Disruptive Innovation?" *Harvard Business Review*, December 2015. https://hbr.org/2015/12/what-isdisruptive-innovation.

Gleckman, Howard. "A New Snapshot of America's 44 Million Family Caregivers: Who They Are and What They Do." *Forbes*, June 4, 2015. https://www.forbes.com/sites/howardgleckman/2015/06/04/a-new-snapshot-of-americas-44-million-family-caregiverswho-they-are-and-what-they-do/#4907e3bf3ab2.

Hartmann, Heidi, PhD, Jeff Hayes, PhD, Rebecca Huber, Kelly Rolfes-Haase, and Jooyeoun Suh, PhD. "The Shifting Supply and Demand of Care Work: The Growing Role of People of Color and Immigrants." Institute for Women's Policy Research, June 27, 2018.

Rossen, L. M., M. J. K. Osterman, B. E. Hamilton, and J. A. Martin. "Quarterly Provisional Estimates for Selected Birth Indicators, 2016–Quarter 1, 2018." National Center for Health Statistics. National Vital

Statistics System, Vital Statistics Rapid Release Program, 2018. https://www.cdc.gov/nchs/nvss/vsrr/natality-dashboard.htm.

U.S. Department of Labor Wage and Hour Division. "Fact Sheet #25: Home Health Care and the Companionship Services Exemption Under the Fair Labor Standards Act (FLSA)." September 2013. https://www.dol.gov/whd/regs/compliance/whdfs25.pdf.

Woetzel, Jonathan, Anu Madgavkar, Kweilin Ellingrud, Eric Labaye, Sandrine Devillard, Eric Kutcher, James Manyika, Richard Dobbs, and Mekala Krishnan. "How Advancing Women's Equality Can Add $12 Trillion to Global Growth." McKinsey Global Report, September 2015. https://www.mckinsey.com/featured-insights/employment-and-growth/howadvancing-womens-equality-can-add-12-trillion-to-global-growth.

8장

American Dental Association. "Federal Government, ADA Emphasize Importance of Flossing and Interdental Cleaners." August 4, 2016. https://www.ada.org/en/press-room/newsreleases/2016-archive/august/statement-from-the-american-dental-association-about-interdental-cleaners.

Brady, Sinead. "Self-Care Can Make You More Successful at Work." Image, January 23, 2018. https://www.image.ie/business/self-care-can-make-successful-work.

Breus, Michael J., PhD. "Yoga Can Help with Insomnia." *Psychology Today*, October 4, 2012.

https://www.psychologytoday.com/us/blog/sleep-newzzz/201210/yoga-can-help-insomnia.

Centers for Disease Control and Prevention, National Center for Injury Prevention and Control.

Web-Based Injury Statistics Query and Reporting System (WISQARS) [online]. Accessed August 5, 2016. https://www.cdc.gov/injury/wisqars/.

"Cold Weather Fitness Guide." American Heart Association. Accessed October 30, 2018. https://www.heart.org/idc/groups/heart-public/@wcm/@fc/documents/downloadable/ucm_457235.pdf.

Davidson, R. J., J. Kabat-Zinn, J. Schumacher, M. Rosenkranz, D. Muller, S. F. Santorelli, F. Urbanowski, A. Harrington, K. Bonus, and J. F. Sheridan. "Alterations in Brain and Immune Function Produced by Mindfulness Meditation." *Psychosomatic Medicine*, 2003. https://www.ncbi.nlm.nih.gov/pubmed/12883106.

"Dietary Reference Intakes: Water, Potassium, Sodium, Chloride, and Sulfate." The National Academies of Sciences, Engineering, Medicine, February 11, 2014. http://www.nationalacademies.org/hmd/Reports/2004/Dietary-Reference-Intakes-Water-Potassium-Sodium-Chloride-and-Sulfate.aspx.

Emmons, Robert. "Why Gratitude Is Good." *Greater Good Magazine*, Greater Good Science Center at UC Berkeley, November 16, 2010. https://greatergood.berkeley.edu/article/item/why_gratitude_is_good.

"Fifteen Benefits of Drinking Water." Medical News Today, July 16, 2018. https://www.medicalnewstoday.com/articles/290814.php.

Fredericks, Kim. "Here's What You Need to Know About the Health Benefits of Chocolate." *Reader's Digest*, accessed October 30, 2018. https://www.rd.com/health/wellness/healthbenefits-of-chocolate/.

Horn, Stacy. "Singing Changes Your Brain: Group Singing Has Been Scientifically Proven to Lower Stress, Relieve Anxiety, and Elevate Endorphins." *Time*, August 16, 2013. http://ideas.time.com/2013/08/16/singing-changes-your-brain/.

"It's Official—Spending Time Outside Is Good for You." University of East Anglia, June 7, 2018. https://www.uea.ac.uk/about/-/it-s-official-spending-time-outside-is-good-for-you.

Kaimal, Girija, Kendra Ray, and Juan Muniz. "Reduction of Cortisol Levels and Participants' Responses Following Art Making." May 23, 2016. https://www.tandfonline.com/doi/full/10.1080/07421656.2016.1166832.

Lewis, Danny. "Feeling Down? Scientists Say Cooking and Baking

Could Help You Feel Better." *Smithsonian Magazine*, November 29, 2016. https://www.smithsonianmag.com/smart-news/feeling-down-scientists-say-cooking-and-baking-may-help-you-feel-better-180961223/#JyQLW7SzTJ7Oku25.99.

Lorde, Audre. *A Burst of Light and Other Essays*. Ithaca, NY: Firebrand Books, 1988.

Mayo Clinic. "Exercise and Stress: Get Moving to Manage Stress." Accessed October 30, 2018. https://www.mayoclinic.org/healthy-lifestyle/stress-management/in-depth/exerciseand-stress/art-20044469.

Mayo Clinic. "Massage Therapy." August 10, 2017. https://www.mayoclinic.org/tests-procedures/massage-therapy/about/pac-20384595.

Mayo Clinic. "Support Groups: Make Connections, Get Help." June 26, 2018. https://www.mayoclinic.org/healthy-lifestyle/stress-management/in-depth/support-groups/art-20044655.

Moore, Kimberly Sena, PhD. "Why Listening to Music Makes Us Feel Good." *Psychology Today*, January 20, 2011. https://www.psychologytoday.com/us/blog/your-musical-self/201101/why-listening-music-makes-us-feel-good.

Murray, Bridget. "Writing to Heal." *American Psychological Association* 33, no. 6 (June 2002). https://www.apa.org/monitor/jun02/writing.aspx.

"Take A Nap! Change Your Life," Sara Mednick, accessed October 30, 2018, https://www.saramednick.com.

Thøgersen-Ntoumani, C., E. A. Loughren, F. E. Kinnafick, I. M. Taylor, J. L. Duda, and K. R. Fox. "Changes in Work Affect in Response to Lunchtime Walking in Previously Physically Inactive Employees: A Randomized Trial." *Scandinavian Journal of Medicine and Science in Sports*, December 2015. https://www.ncbi.nlm.nih.gov/pubmed/25559067.

Shakya, Holly B., and Nicholas A. Christakis. "A New, More Rigorous Study Confirms: The More You Use Facebook, the Worse You Feel." *Harvard Business Review*, April 10, 2017. https://hbr.org/2017/04/a-new-more-rigorous-study-confirms-the-more-you-use-facebookthe-worse-you-feel.

Stromback, M., M. Wiklund, E. S. Renberg, and E. B. Malmgren-Olsson.

"Complex Symptomatology among Young Women Who Present with Stress-Related Problems." *Scandinavian Journal of Caring Sciences* 29, no. 2 (2015): 234–47.https://www.ncbi.nlm.nih.gov/pubmed/24953100.

Van Den Berg, Agnes E., and Mariëtte H. G. Custers. "Gardening Promotes Neuroendocrine and Affective Restoration from Stress." *Journal of Health Psychology*, June 3, 2010. http://journals.sagepub.com/doi/10.1177/1359105310365577.

9장

Eisenberg, Richard. "Sorry, Nobody Wants Your Parents' Stuff." *Next Avenue,* February 9, 2017. www.nextavenue.org.

iRelaunch. https://www.irelaunch.com.

ReBootAccel. https://rebootaccel.com.

10장

American Psychological Association. "Positive Aspects of Caregiving." May 2014. https://www.apa.org/pi/about/publications/caregivers/faq/positive-aspects.aspx.

Boyd, Evelyn M., and Ann W. Fales. "Reflective Learning Key to Learning from Experience." *Journal of Humanistic Psychology*, April 1, 1983. https://doi.org/10.1177/0022167883232011.

Brown, Stephanie L., Dylan M. Smith, Richard Schulz, Mohammed U. Kabeto, Peter A. Ubel, Michael Poulin, Jaehee Yi, Catherine Kim, and Kenneth M. Langa. "Caregiving Behavior Is

Associated With Decreased Mortality Risk." *Psychological Science*, April 20, 2009. https://www.ncbi.nlm.nih.gov/pmc/articles/PMC2865652/.

Ephron, Nora, "'62 Addressed the Graduates in 1996." Wellesley

College Commencement Archives, https://www.wellesley.edu/events/commencement/archives/1996commencement.

Hamby, Sherry, PhD. "Resilience and . . . 4 Benefits to Sharing Your Story." *Psychology Today*, September 3, 2013. https://www.psychologytoday.com/us/blog/the-web-violence/201309/resilience-and-4-benefits-sharing-your-story.

MacGill, Markus. "What Is the Link between Love and Oxytocin?" *Medical News Today*, September 4, 2017. https://www.medicalnewstoday.com/articles/275795.php.

옮긴이 이상원

서울대학교 가정관리학과와 노어노문학과를 졸업하고 한국외국어대학교 통번역대학원에서 석사와 박사학위를 받았다. 현재 서울대학교 기초교육원 강의 교수로 글쓰기를 비롯한 교양 강좌를 운영한다.『안톤 체호프 단편선』,『레베카』,『홍위병』,『콘택트』 등 90여 권의 번역서를 냈고, 저서로『서울대 인문학 글쓰기 강의』,『매우 사적인 글쓰기 수업』,『번역은 연애와 같아서』 등이 있다. 췌장암 말기인 어머니 곁을 지킨 경험을 담아『엄마와 함께한 세 번의 여행』을 쓰기도 했다.

일하는 딸

1판 1쇄 펴낸 날 2022년 1월 10일

지은이 | 리즈 오도넬
옮긴이 | 이상원

교　정 | 심재경
경영지원 | 진달래

펴낸이 | 박경란
펴낸곳 | 심플라이프
등　록 | 제406-251002011000219호(2011년 8월 8일)
주　소 | 경기도 파주시 광인사길 88 3층 302호 (문발동)
전　화 | 031-941-3887, 3880
팩　스 | 031-941-3667
이메일 | simplebooks@daum.net
블로그 | blog.naver.com/simplebooks

ISBN 979-11-86757-77-2 03190